데이터로 이해하는 HR 실무

R을 활용한
피플 애널리틱스

정동일
문영주
이다인
송승민
오소욱
공민정
김민서

박영사

책에는 딥러닝과 같이 복잡한 데이터 분석기법은 포함하지 않았다. 그 이유는 크게 두 가지이다. 첫째는 여기에 포함된 분석 방법만으로도 대부분의 HR 이슈를 다루는 데 큰 어려움이 없기 때문이다. 두 번째 이유는 보다 현실적이다. 알고리즘 기반의 복잡한 분석기법들을 상세히 소개하려면 상당한 분량을 할애해야 하는데, 이렇게 되면 리포트가 산만해지고 HR 맥락에서 너무 멀어질 수밖에 없다. 이것은 이 책이 지향하는 바와는 거리가 있다. 이 책에 포함된 분석 방법만 잘 익히고 적용할 수 있다면, 현장에서 발생하는 대부분의 HR 이슈를 다루는 데 큰 문제는 없을 것이다.

책의 활용 방법

본론에 해당하는 2장부터 8장까지는 서로 독립적이다. 따라서 처음부터 끝까지 순서대로 따라갈 필요는 없다. 각자의 관심에 맞춰 읽는 순서를 정해도 무방하다.

이슈 리포트는 기업이 직면하고 있는 문제에 대한 분석 리포트이다. 따라서 맨 앞에 나오는 문제 정의를 꼭 숙지한 뒤, 분석에 활용한 데이터의 형태, 구조, 변수 구성 등을 꼼꼼히 확인해 보기 바란다. 리포트에는 분석 단계별로 분석 과정을 상세히 설명했고 분석 결과에 대한 해석도 이해하기 쉽도록 제시했다. 이 책과 함께 제공되는 분석 데이터와 R 스크립트를 가지고 하나씩 실습해 보기를 권한다.

이슈 리포트에서는 주요 분석 방법에 대해 알기 쉽게 설명해 놓았다. 다만, 이 책이 방법론 학습을 목적으로 한 것이 아니기 때문에, 각 분석 방법을 A부터 Z까지 상세히 설명하는 것은 지양했다. 대신에 분석 방법의 목적, 논리, 적용 상황, 결과 해석 방법 등을 이해하기 쉽게 풀어서 설명하려고 노력했다. 분석 방법의 통계적, 수리적 기초까지 학습할 수는 없지만 분석을 따라가는 데에는 문제 없을 것이다. 분석 방법을 조금 더 깊게 공부하고 싶은 독자는 관련된 방법론 도서를 찾아보기를 권한다.

이슈 리포트를 활용하여 학습하는 데 필요한 사항이나 학습 팁을 몇 가지 소개한다.

① 이슈 리포트에서 사용하는 데이터와 R 스크립트는 다음 사이트에서 다운받을 수 있다[박영사 홈페이지(www.pybook.co.kr) ▸ 도서자료실 / smuba.net ▸ 자료실].

② 이 책은 R 프로그래밍을 학습하기 위한 책은 아니다. 하지만 실습에서 R을 활용하기 때문에 초급 수준의 R 프로그래밍 지식을 가지고 있으면 좋다. 함께 제공되는 R 스크립트를 보고 각 코드가 무엇을 의미하는지 대략적으로 이해할 수 있는 수준이면 충분하다. 실습을 따라 하다가 어려움을 느낀다면, 잠시 짬을 내어 R 기초 정도를 먼저 학습해 보는 것도 좋다. 유튜브나 블로그에도 좋은 학습자료가 많다. 굳이 두꺼운 R 프로그래밍 도서를 처음부터 끝까지 공부하지 않아도 괜찮다.

③ 이슈 리포트에는 R 코드 한줄 한줄에 대한 설명을 상세히 적어 놓았다. 각 장의 맨 뒤에 있는 코드 번호에 맞추어 본문에도 번호를 달아놓았다. 번호를 따라가면서 코드를 실행하면 좋을 것이다.

④ 이슈 리포트 본문에는 각 코드가 어떻게 작동하는지, 무엇을 의미하는지, 어떤 결과를 얻고자 하는 것인지 등을 설명해 놓았다. 가급적 상세히 설명은 해 놓았으나, 혹시 이해가 안 되는 부분이 있다면 AI 도구들을 활용해 보면 좋다. 코드를 복사해서 붙여 넣고 설명을 요청하면 각 코드에 대한 상세한 설명을 확인할 수 있다.

⑤ 책에 나와 있는 코드를 실행하다 보면 오류가 날 수도 있다. 코드 자체의 문제라기보다는 버전이나 패키지와 관련된 오류일 가능성이 높다. 만약 패키지가 설치되지 않아서 생기는 오류라면, install.packages("설치할 패키지 이름")와 같이 패키지를 먼저 설치하고 코드를 실행하면 된다. 예를 들어, library(randomForest)를 실행했는데 오류가 난다면 randomForest 패키지가 설치되어 있지 않기 때문이다. 따라서 install.packages("randomForest")를 먼저 실행하여 패키지를 설치한 후 library(randomForest)를 실행하면 문제없이 다음으로 넘어갈 수 있다.

좋은 피플 애널리틱스 실무 도서를 만들어보겠다는 일념 하나로 시작했던 작은 프로젝트가 이렇게 멋진 도서로 결실을 맺을 수 있었던 것은 그동안 물심양면으로 힘써 주신 박영사 덕분이다. 기획, 편집, 교정, 디자인 등 단계마다 애써주신 박영사 관계자 모든 분께 진심을 담아 감사의 말씀을 드린다. 마지막으로 이 책이 독자들의 경력과 학업에 조금이나마 도움이 되기를 바라면서, 새로운 HR 이슈들과 분석 방법론을 담은 후속 도서로 다시 만날 수 있기를 기대한다.

저자들을 대표하여
정동일 드림

목차

I. 피플 애널리틱스

II. 인재 선발

III. 성과관리

IV. 보상관리

V. 직원 몰입

VI. 이직관리

VII. 조직문화

VIII. 다양성관리

I

피플 애널리틱스

Ⅰ 피플 애널리틱스

1 피플 애널리틱스란 무엇인가?

피플 애널리틱스(People Analytics) 혹은 HR 애널리틱스(HR Analytics)에 대한 관심이 빠르게 증가하고 있다. 이 추세를 잘 보여주는 것이 아래 나와 있는 구글 트렌드이다. 2007년부터 2024년까지 이 두 용어에 대한 언급량이 지속적으로 늘어나고 있다. 코로나 팬데믹 상황에서 다소 주춤하기는 했지만, 그 이후 증가세를 빠르게 회복했다. 비즈니스 현장에서도 피플 애널리틱스가 상당히 큰 주목을 받고 있다. 피플 애널리틱스를 전담하는 팀을 별도로 신설하여 운영하는 기업이 꾸준히 늘어나고 있다. 별도 팀을 신설하기 어려운 기업에서는 기존 HR 부서에 데이터 분석 담당자를 배치하거나, 데이터 팀과의 협력을 강화하는 등 피플 애널리틱스를 HR 업무에 통합하고자 하는 노력을 가속화하고 있다.

그림 1-1 피플 애널리틱스와 HR 애널리틱스 구글 트렌드

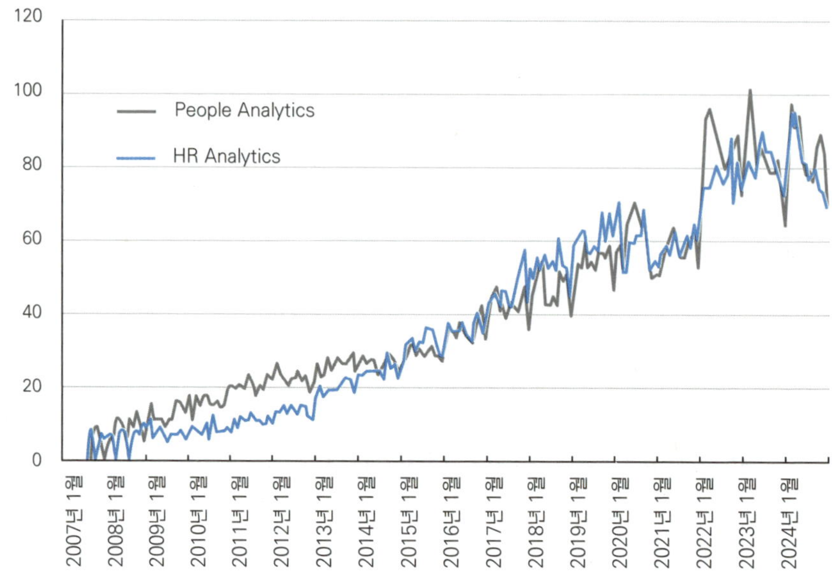

피플 애널리틱스는 일반적으로 데이터 분석 기법과 기술을 활용하여 조직 내 인적 자원관리와 관련된 의사결정을 지원하는 접근 방식으로 정의된다. 직원 채용, 직원 개발, 성과관리, 보상관리, 직원 유지 및 퇴사 예측, 조직문화 관리 등 다양한 인적자원관리 프로세스에서 데이터를 기반으로 실행 가능한 인사이트를 도출하는 데 초점을 둔다.

피플 애널리틱스라는 개념이 등장한 것은 비교적 최근이지만, 그 뿌리는 경영학의 태동기인 20세기 초까지 거슬러 올라간다. 흔히 과학적 관리론의 창시자라 불리는 프레데릭 테일러는 효율성을 극대화하기 위해 노동 과정을 측정하고 최적화하는 과학적 접근 방식을 도입해야 한다고 주장했다. 과학적 관리론은 작업 현장에서 주먹구구식으로 이루어지던 관리 방식을 과학적 작업설계로 대체하여 노동생산성을 높이려는 시도라고 할 수 있다. 물론 이 접근법은 생산성 향상이라는 좁은 측면에 초점을 두었지만, 큰 틀에서는 객관적 데이터에 대한 과학적 분석을 지향하는 피플 애널리틱스 접근법과 궤를 같이한다고 볼 수 있다.

1990년대를 전후하여 ERP(Enterprise Resource Planning) 시스템과 같은 디지털 도구

가 경영에 도입되면서 조직 내 데이터를 체계적으로 관리하고 분석할 수 있는 기반이 마련되었다. 특히 HRIS(Human Resource Information System)는 피플 애널리틱스의 발전에 중요한 마중물이 되었다. 직원들의 인사데이터를 중앙에서 관리하기 시작하면서 데이터가 빠르게 축적되었고, 분산된 데이터 간의 결합도 가능해졌기 때문이다.

그러나 피플 애널리틱스가 본격화된 데에는 대용량 데이터 처리에 필요한 컴퓨팅 파워의 고도화와 데이터 분석 기술의 발전이 큰 역할을 담당했다. 이러한 기술적 진전으로 인해 데이터베이스에 저장된 인사데이터의 활용 가능성이 크게 향상되었다. 이에 맞추어 선도 IT 기업들이 피플 애널리틱스를 본격적으로 도입하기 시작했다. 예를 들어, 구글과 IBM은 직원들의 이직률을 낮추고 인재 전쟁에서 앞서나가기 위해 피플 애널리틱스를 활용하기 시작했다. 구글은 직원 설문조사와 성과 데이터를 분석하여 이직 가능성이 높은 직원들을 사전에 식별하고, 이들의 만족도를 높이기 위한 맞춤형 대책을 시행할 수 있었다. IBM은 직원 이탈을 예측하기 위한 머신러닝 모델을 구축하여 이탈 고위험 직원을 식별하고, 직원 맞춤형 유지 전략을 제공하였다. AT&T는 급변하는 기술 환경 속에서 미래 기술에 필요한 인재를 예측하고 기존 직원들에게 필요한 스킬을 교육하기 위해 피플 애널리틱스를 활용했다.

지금도 피플 애널리틱스는 꾸준히 발전하고 있다. 빅데이터와 AI 기술의 진전에 힘입어 텍스트, 음성, 이미지 등 다양한 종류의 비정형 데이터로 그 적용 범위가 확장되고 있으며, 머신러닝이나 딥러닝 등 알고리즘 기반의 분석 도구를 활용한 예측분석이나 처방적 분석도 점점 늘어나고 있다.

2 피플 애널리틱스의 핵심 구성요소

피플 애널리틱스를 떠받치는 핵심 기둥은 크게 데이터, 분석 기법, HR 맥락 등 세 가지로 나뉜다.

2.1. 데이터

피플 애널리틱스를 구성하는 첫 번째 요소는 데이터이다. 가장 기본이 되는 데이터는 각 기업이 보유하고 있는 인사데이터베이스로부터 획득한다. 인사데이터베이스에는 각 직원의 나이, 성별, 근속 연수, 학력, 직급과 같은 기본 직원 정보뿐만 아니라, 업무 성과, KPI 달성률, 평가 점수 등 성과와 관련된 데이터도 포함되어 있다. 특히 현재의 성과와 더불어 과거의 성과 기록을 함께 추출하면 직원의 성과가 시간에 따라 어떻게 변화하는지를 파악할 수도 있다. 그 외에도 인사데이터베이스에는 근태, 승진, 임금, 프로젝트 참여 등 직원들이 조직 내에 남겨놓은 다양한 유형의 '발자국'이 기록되어 있다.

인사데이터베이스를 제외하고도 정기적 혹은 부정기적으로 시행되는 설문조사, 약식 설문조사인 펄스 서베이(pulse survey), 만족도 평가 등의 데이터를 활용하는 것도 가능하다. 특히 소수의 문항을 가지고 주기적으로 이루어지는 펄스 서베이는 조직에서 발생하는 작은 변화를 감지하는 데 유용하게 활용된다. 예컨대, 매일 아침 컴퓨터를 켤 때 서너 개의 간단한 설문이 화면에 뜨도록 하는 방식으로 데이터를 모으면 직원들의 감정과 생각이 어떻게 변화하는지를 즉각적으로 확인할 수 있다. 직원들 간의 이메일 송수신 기록과 같은 전자기록도 피플 애널리틱스에서 유용하게 활용된다. 사내 커뮤니케이션 패턴을 분석하면 업무 수행에 있어서 핵심적인 인물이 누구인지, 업무 바틀넥이 어디에 존재하는지 등을 손쉽게 파악할 수 있다. 그 외에도 소셜네트워크서비스 데이터나 외부 데이터도 피플 애널리틱스에서 유용하게 활용될 수 있는 데이터이다.

데이터 수집에서는 데이터의 품질과 정확성을 보장하는 것이 매우 중요하다. 데이터 분석가들 사이에서 회자 되는 경구가 하나 있다. 바로 "garbage in, garbage out"라는 말인데, 줄여서 GIGO라고도 부른다. 한마디로 쓰레기 같은 데이터가 들어가면 쓰레기 같은 결과가 나온다는 뜻이다. 제대로 된 피플 애널리틱스를 위해서는 좋은 데이터를 얻는 데 충분한 시간과 노력을 들여야 한다.

2.2. 분석 기법

두 번째 핵심 요소는 분석 기법이다. 피플 애널리틱스와 관련된 이슈들은 대체로 조직의 구성원을 그 대상으로 한다. 따라서 직원 규모가 매우 큰 기업이 아니라면 사용하는 데이터의 규모가 그렇게 크지는 않다. 데이터 규모가 크지 않을 때에는 기술통계, t-검정, 분산분석과 같은 전통적 단변량 분석이나 회귀분석 종류의 다변량 분석을 사용해도 크게 문제가 되지 않는다. 때에 따라서는 고급 통계기법이 필요할 수도 있다. 예를 들어, 직원 이탈이나 승진과 같이 특정 사건이 발생할 확률을 분석하고 싶다면 로지스틱 회귀분석이나 생존분석을 활용할 수 있다. 성과평가의 변화 패턴을 분석할 때에는 시퀀스 분석을 적용할 수 있다. 통계적 방법론에 기반을 두고 있는 이와 같은 분석 기법을 활용하려면 일정한 수준의 통계적 지식을 갖추는 것이 좋다. 어떤 상황에서 어떤 통계 기법을 활용할 수 있는지, 그리고 그 결과를 어떻게 해석해야 하는지를 정확히 알고 있어야 한다.

하지만 데이터 규모가 매우 큰 경우, 혹은 텍스트나 이미지와 같은 비정형 데이터를 사용해야 한다면, 통계적 기법을 적용하기 어려운 경우가 많다. 이런 때에는 대규모 비정형 빅데이터를 분석하기 위한 머신러닝 기법이나 딥러닝 기법을 사용해야 한다. 이러한 분석 기법들은 복잡한 데이터에 내재된 일련의 패턴을 발견하거나 원인과 결과 간의 비선형성을 모형화하여 결과를 비교적 정확히 예측할 수 있다. 예를 들어, 머신러닝 알고리즘을 활용하여 직원의 이탈 가능성, 성과 예측, 채용 성공 가능성 등을 예측할 수 있다. 사람들 간의 커뮤니케이션, 키워드 간의 연관관계, 부서 간 상호작용과 같이 특정 객체 간의 관계를 나타내는 관계적 데이터를 가지고 있다면, 소셜 네트워크분석 기법을 적용하는 것이 좋다. 이외에도 감정분석, 토픽모델링처럼 텍스트를 분석할 수 있는 다양한 분석기법도 존재한다.

어떤 상황에서 어떤 분석 기법을 적용할 것인가를 결정하는 게 그리 쉽지 않은 경우도 많다. 분석 상황과 기법이 항상 일대일로 매칭되는 것도 아니고, 하나의 주제에 다양한 분석 기법을 다각도로 적용해야 하는 경우도 적지 않기 때문이다. 따라서 유능한 피플 애널리스트가 되려면, 통계적 지식이나 빅데이터 분석 방법론 등에 관한 깊이 있는 지식을 쌓는 것도 중요하지만, 다양한 데이터 분석 상황을 경험해 보는 역시 매우 중요하다.

2.3. 분석의 맥락

피플 애널리틱스를 데이터 분석 기술로만 생각한다면, 이는 대단히 큰 착각이다. 데이터와 분석 기법은 그야말로 도구일 뿐 그 자체가 비즈니스 가치를 갖는 것은 아니다. 아무리 맛있는 음식 재료와 날카로운 칼을 가지고 있다고 해도, 어떤 요리를 어떻게 만들어야 하는지를 모른다면 그 재료나 칼은 무용지물이나 마찬가지다. 따라서 피플 애널리스트들은 데이터와 분석 기법을 통해 어떤 비즈니스 가치를 창출할 것인지에 대한 명확한 이해를 갖추고 있어야 한다. HR 이슈와 그 이슈가 생성되는 맥락을 제대로 이해하지 못하면 효과적인 데이터 분석을 진행할 수 없다. 아무리 좋은 데이터를 가지고 탁월한 분석을 수행했더라도 맥락에 대한 정확하고 깊이 있는 이해가 전제되지 않는다면 가치 있는 인사이트를 도출하기는 매우 어렵다.

분석을 통해 도출한 인사이트는 경영진과 HR 부서가 더 나은 결정을 내리는 데 활용되어야 한다. 따라서 데이터 분석의 결과를 HR 맥락에 맞게 어떻게 요약할지도 매우 중요하다. 바쁜 경영진에게 분석의 과정을 세세히 보고하는 것은 적절하지 않다. 시각화 도구나 구체적인 수치를 제시하여 경영진이나 의사결정자가 쉽게 이해할 수 있도록 해야 한다. 분석 결과를 토대로 구체적인 추천 사항을 제공하는 것도 빼놓지 말아야 한다. 이렇게 하기 위해서는 주제와 관련된 HR 이슈의 맥락을 정확히 파악하는 것이 핵심이다. 따라서 피플 애널리스트들은 좋은 데이터를 수집하는 역량이나 복잡한 데이터를 분석할 수 있는 역량뿐만 아니라, 비즈니스 맥락에 대한 정확하고 풍부한 이해를 갖추도록 노력해야 한다.

3 이 책의 구성

이어질 각 장에서는 이 세 가지 구성요소, 즉 데이터, 분석기법, HR 맥락을 결합하여 채용관리, 성과관리, 보상관리, 직원 몰입, 이직관리, 조직문화, 다양성관리 등 HR의 7개 핵심 주제에 대한 이슈 리포트를 소개했다. 각 장에서는 먼저 각 주제와 관련된 핵심 쟁점을 간략히 정리하고, 실제 인사데이터를 활용한 데이터 분석을 이슈 리포트 형식으로 소개했다. 이슈 리포트에서는 R을 활용하여 HR 관련 이슈를 어떻게 분석했는지를 비교적 상세히 소개했다. 이슈 리포트의 세부 구성은 장마다 조금씩 다르지만, 대체로 다음과 같은 내용을 담고 있다.

- 문제 정의: 기업이 안고 있는 문제나 데이터 분석을 통해 확인하고자 하는 것
- 활용 데이터 소개: 기업 데이터베이스에서 추출한 데이터와 설문조사 데이터를 병행하여 활용
- 데이터 전처리: 분석에 적합한 형태로 가공
- 데이터 탐색: 기초통계량, 빈도 분석, 간단한 시각화 등을 통한 데이터 요약
- 주요 분석: 문제 정의에 대응하는 데이터 분석으로서 다양한 분석 방법 포괄
- 핵심 인사이트: 분석을 통해 도출한 인사이트
- R 코드: 이슈 리포트 수행을 위해 작성한 R 스크립트

각 장을 이렇게 구성한 이유는 간단하다. 이 흐름을 따라가면서 피플 애널리틱스에서 데이터, 분석 기법, HR 맥락이 어떻게 접목되는지를 자연스럽게 체득할 수 있도록 하기 위해서이다. 이슈 리포트를 따라 실습하다 보면, 문제 정의를 통한 HR 맥락의 이해, 이슈에 맞는 데이터 선정, 활용할 수 있는 분석 기법과 결과 해석, 그리고 그 과정을 통해 도출되는 HR 인사이트로 이어지는 피플 애널리틱스의 전 과정을 경험해 볼 수 있을 것이다.

II

인재 선발

Ⅱ 인재 선발

1 인재 선발

선발은 조직이 필요로 하는 인재를 적합한 직무에 배치하기 위해 선별하여 채용하는 절차를 의미한다. 선발은 조직의 성공을 좌우하는 핵심적인 요소 중 하나이다. 조직이 성과를 달성하기 위해서는 지원자의 역량, 성격, 경험 등을 종합적으로 고려하여 조직의 목표와 직무 요구 사항에 가장 부합하는 사람을 선발해야 하기 때문이다.

적합한 인재는 직무에 필요한 지식, 기술, 태도를 갖추고 있다. 따라서 이러한 인재를 선발하면 업무의 효율성과 성과를 극대화할 수 있다. 올바른 선발이 이루어지면, 직원은 자신의 강점을 살려 더 많은 성과를 창출할 수 있으며, 이는 조직의 생산성과 수익에 긍정적인 영향을 미치게 된다. 그뿐만 아니라, 적합한 인재는 조직의 가치와 문화를 이해하고 팀워크를 촉진한다. 또한 이들은 조직과 업무에 대한 몰입도가 높다. 몰입도가 높은 직원은 자발적으로 업무를 추진하며 리더십을 발휘하거나 창의적인 해결책을 제시하는 등 조직 성과를 향상시키는 데 기여할 수 있다.

그러나 직원을 잘못 선발하는 경우, 조직은 매우 큰 부담을 떠안게 된다. 두말할 필요 없이 잘못된 선발은 조직의 성과에 부정적인 영향을 미친다. 나아가 조직 내에서 다양한 문제나 직원 간 갈등을 유발하여 조직의 활력을 떨어뜨릴 수 있다. 또한 조직 부적응에 따른 이직이 빈번하게 발생하는 경우, 재채용이나 교육훈련에 막대한 비용이 소요되기도 한다. 이러한 측면에서, 처음부터 조직에 오래 남아 개인과 조직의 성장에 기여할 수 있는 인재를 선발하는 것이 매우 중요하다.

2 선발 기준의 변화: 오버스펙에서 온스펙으로

선발 과정은 일반적으로 개인의 역량을 기반으로 이루어진다. 역량과 능력은 비슷하게 들릴 수는 있으나 그 의미하는 바가 약간은 다르다. 능력은 개인이 어떤 일을 수행할 수 있는 기본적인 힘이나 자질을 뜻한다. 이와는 달리 역량은 개인의 능력을 실제로 적용하고 발휘하여 성과를 만들어내는 데 필요한 종합적인 자질을 의미한다. 역량 연구의 원조로 널리 알려진 맥클리랜드(McClelland)는 역량을 "개인 성과를 예측하거나 설명할 수 있는 다양한 심리적, 행동적 특성"으로 정의한다[1].

그렇다면, 어떤 역량을 갖춘 인재를 선발하는 것이 좋을까? 과거에는 학력과 경력 등 모든 면에서 우수한 오버스펙(over-spec) 인재를 선호하는 경향이 있었다. 그러나 최근에는 이러한 기준에 미묘한 변화가 일어나고 있다. 모든 면에서 우월한(excellent fit) 오버스펙 인재보다는 조직의 필요에 적합한(right fit) 역량을 갖춘 온스펙 인재를 추구하는 추세가 강화되고 있다. 온스펙 인재가 바로 장기적으로 조직에 기여할 수 있는 인재이기 때문이다. 여기서 적합성이란 단순히 직무 스킬과 관련된 것만을 가리키는 것이 아니다. 조직의 가치와 문화에 대한 적합성 또한 중요하다. 따라서 인재를 선발할 때는 직무 적합성과 더불어 조직문화 적합성을 함께 고려하는 것이 바람직하다.

1 McClelland, D. C. (1973). Testing for Competence Rather than for "Intelligence". American Psychologist, 28(1), 1-14.

그림 2-1 **적합한 인재의 개념**

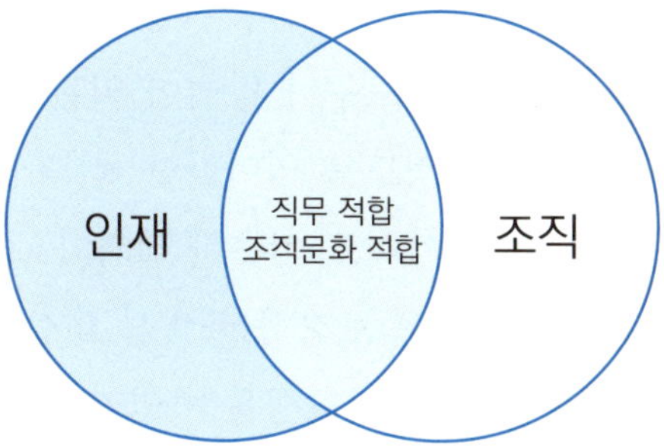

직무 적합성은 지원자가 직무를 성공적으로 수행하기 위해 필요한 역량과 경험을 얼마나 잘 갖추고 있는지를 평가하는 기준이다. 예를 들어, 의사라면 진료와 치료를 위한 의학적 지식, 수술 기술, 진단 경험이 평가 요소가 될 수 있다. 직무 적합성을 검증하기 위해서는 이력서 평가, 면접 평가, 업무 수행 능력 평가 등 다각적인 평가를 통해 지원자의 핵심 역량이 직무 요구 사항에 부합하는지를 확인하는 것이 필수적이다.

조직문화 적합성은 지원자가 조직의 가치관, 목표, 일하는 방식에 얼마나 잘 적응할 수 있는지를 평가하는 기준이다. 이는 지원자가 조직 내에서 원활히 협력하고 장기적으로 기여할 수 있을지를 판단하는 요소이다. 아무리 뛰어난 기술적 역량을 갖춘 지원자라도 조직문화와 맞지 않으면 팀워크와 적응에 문제가 발생할 수 있다.

3 효과적인 선발을 위한 방안

선발 과정에서 직면하는 주요 도전 과제는 크게 두 가지이다. 그 하나는 평가 도구의 신뢰도와 타당도를 확보하는 것이고, 다른 하나는 면접관의 편견을 최소화하는 것이다.

3.1. 신뢰도와 타당도 확보

선발의 신뢰도는 지원자의 역량을 측정하기 위한 평가 도구의 일관성을 뜻한다. 즉, 선발 과정에서 사용되는 평가 도구나 방법이 일관성 있어서, 동일한 상황에서 항상 동일한 결과를 도출하는 정도를 의미한다. 신뢰성이 높은 측정 도구를 사용하면, 특정 지원자를 여러 번 평가해도 비슷한 결과가 나오게 된다. 따라서 신뢰성은 선발 과정에서 예측의 안정성을 보장하는 핵심 요소라고 할 수 있다.

한편, 선발의 타당도는 측정 도구의 정확성을 가리킨다. 선발 과정에서 사용하는 평가 도구나 방법이 실제로 목표하는 직무에 필요한 역량과 미래 성과를 예측하는 데 얼마나 적합한지를 의미한다. 예를 들어, 영업직을 선발할 때 고객과의 소통 능력과 설득력 등을 평가한다면, 이 선발 방법은 해당 직무와 관련하여 높은 타당도를 갖는다고 할 수 있다. 타당도가 낮은 도구를 사용하면 직무와는 무관한 특성을 평가하게 되고, 결과적으로 직무나 조직에 적합하지 않은 인재를 선발할 위험이 그만큼 증가한다.

그림 2-2 신뢰도와 타당도 이해

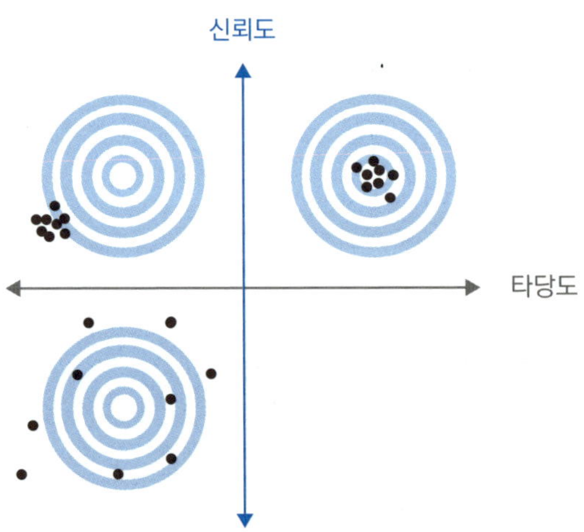

[그림 2-2]의 과녁 그림을 보면 신뢰도와 타당도가 의미하는 바를 조금 더 쉽게 이해할 수 있다. 과녁의 정중앙이 적합도가 높은 인재가 가지고 있는 특성을 가리킨다고 가정해 보자. 위의 두 개 과녁은 신뢰도가 높은 평가 도구를 사용한 경우이

다. 과녁을 향해 화살을 쏘면, 거의 같은 위치에 화살이 탄착한다. 한편, 아래에 있는 그림은 탄착점이 사방으로 흩어져 있다. 손이 흔들리거나 호흡이 고르지 못해서 활을 쏠 때마다 다른 곳으로 화살이 날아가기 때문일 것이다. 신뢰도가 낮은 평가 도구를 사용할 때 나타나는 현상이 바로 이런 것이다.

타당도가 높은 과녁과 낮은 과녁은 좌우에 배치되어 있다. 먼저 우측에 있는 과녁은 높은 타당도를 보여준다. 영점이 잘 잡힌 활을 쏘는 것처럼, 선발하고자 하는 지원자의 특성을 정확히 포착한 경우이다. 그러나 왼쪽에 있는 과녁은 낮은 타당도를 보여준다. 아무리 호흡을 잘 가다듬고 손의 흔들림을 제어한다고 하더라도 영점이 잡히지 않은 활을 쏘면 과녁의 정중앙을 맞힐 수 없다. 이와 마찬가지로 타당도가 낮은 평가 도구를 사용하면 지원자가 가진 역량을 정확히 측정하고 판별할 수 없다.

선발 과정에서 신뢰도와 타당도를 확보하기 위해서는 능력 중심 채용과 구조화된 면접이 필요하다. 능력 중심 채용은 지원자의 학력이나 배경보다 직무 수행에 필요한 역량과 경험을 중심으로 평가하는 방식이다. 이는 직무에 적합한 인재를 선발하고, 지원자에 대한 편견을 줄여 다양한 인재를 확보하는 데 기여한다. 구조화된 면접은 표준화된 질문과 평가 기준을 통해 평가의 일관성을 높인다. 또한 면접관 간의 편차를 줄여 신뢰도와 타당도를 높일 수 있다.

3.2. 면접자의 편견 최소화

선발 과정에서 오류를 줄이기 위해서는 면접관이 가질 수 있는 편견을 최소화하는 것이 중요하다. 의식적이든 무의식적이든 면접관은 지원자에 대한 편견을 가질 수 있고, 이에 따라 여러 가지 오류를 범할 수 있다. 따라서 선발을 위한 면접이 시행되기 전에는 이러한 오류를 방지하기 위한 면접관 교육과 편견 인식 훈련이 선행되어야 한다. [표 2-1]에는 면접관이 흔히 범할 수 있는 오류들이 제시되어 있다.

표 2-1 면접관이 흔히 범할 수 있는 오류

첫인상 효과 (First Impression Effect)	면접 초반에 지원자의 외모, 태도, 말투 등을 보고 얻은 첫인상을 바탕으로 전체 평가를 결정짓는 경향
최근성 효과 (Recency Effect)	면접 후반부에 얻은 정보가 전체 평가에 지나치게 영향을 미쳐, 초기의 정보가 쉽게 잊히는 경향
후광 효과 (Halo Effect)	한 가지 긍정적인 특성이 전체 평가에 과도하게 영향을 미쳐, 실제 능력과 무관하게 긍정적인 평가가 이루어지는 경향
유사성 편향 (Similarity Bias)	면접관이 자신과 유사한 배경이나 성향을 보인 지원자를 선호하는 경향
확증 편향 (Confirmation Bias)	면접관이 자신의 선입견에 맞는 정보만 선택적으로 받아들이고, 반대되는 정보는 무시하는 경향

신뢰도와 타당도가 높은 평가 도구를 사용한다고 해도, 만약 면접관이 이러한 오류를 범하게 되면 제대로 된 인재 선발은 불가능하다. 이에 대한 대응으로 최근에는 전통적인 면접 방식을 넘어 데이터에 기반한 과학적 평가 방식이 점차 보편화되고 있다. 기업들은 다양한 최신 기술과 데이터를 바탕으로 지원자의 역량을 객관적으로 평가하고, 선발 과정의 공정성과 효율성을 높이기 위해 노력하고 있다. 예를 들어, AI 면접에서는 지원자의 표정, 목소리, 반응 패턴 등을 분석하여 면접관의 편향을 최소화하고자 한다. AI 면접은 대규모 채용에서 특히 유용하게 사용될 수 있다. 빠르고 일관성 있는 평가를 가능하게 하기 때문이다. 또한, 빅데이터와 머신러닝을 활용하여 직무 적합성을 예측하는 알고리즘을 구축함으로써, 지원자의 과거 성과와 미래 성과 가능성을 정밀하게 분석할 수도 있다. 이러한 분석을 통해 장기적으로 조직에 기여할 최적의 인재를 선발할 수 있다.

선발 과정에서는 직무 적합성과 함께 조직문화 적합성을 평가하는 것 역시 중요하다. 데이터에 기반한 선발은 이 두 가지 요소를 동시에 평가하여 지원자의 장기적인 기여 가능성을 예측하는 데에도 도움을 준다. 그렇다고 최신 기술과 데이터 기반 선발이 만병통치약이 될 수는 없다. 면접관의 직관이나 통찰력 역시 무시되어서는 안 된다. 면접관의 역량과 최신 데이터 기술을 적절히 결합한다면, 지원자의 성과를 보다 정확히 예측하고 선발 과정의 공정성과 효율성을 크게 개선할 수 있을 것이다.

채용 데이터를 활용한 부서 맞춤형 인재 선발 전략

1 문제 정의

L사는 최근 몇 년간 신입 직원들의 낮은 업무 성과로 인해 어려움을 겪고 있다. 특히, 신입 직원들이 직무에 적응하지 못하면서 초기 교육 비용이 급증하고 있으며, 이들의 잦은 이직으로 인해 팀의 안정성과 성과에도 부정적 영향이 감지되고 있다. 이에 따라 각 부서에서 채용 과정의 적합성에 대한 불만과 개선 요구가 점점 커지고 있다. 특히, 부서별 특성과 요구 사항이 서로 다름에도 불구하고 선발 과정에서 동일한 지표로 인재를 선발하고 있다는 문제점이 제기되기도 하였다. 예를 들어, 창의성과 문제해결 능력이 중요한 부서와 팀워크와 조직 적응력이 중요한 부서에 대해 모두 동일한 기준으로 인재를 선발하는 것은 맞지 않다는 것이다.

또한, 최근 이루어진 조직진단에서 채용 과정에서 수집한 데이터를 효과적으로 활용하지 못하고 있다는 점이 문제로 지적되기도 했다. 이에 따라 L사의 피플팀에서는 사내 인사 데이터베이스에서 채용 과정에서 수집한 데이터와 신입 직원의 성과 데이터를 추출하여 이를 면밀히 분석하기로 하였다.

L사의 선발 프로세스는 서류 전형, 인적성 검사, 면접의 세 단계로 구성된다. 첫 번째 단계인 서류 전형에서는 필수 자격요건 충족 여부를 판단하는 적합/부적합 방식으로 진행된다.

두 번째 단계는 인적성 검사이다. 인성 검사에서는 지원자의 직무 수행 가능성과 기본적 태도를 평가한다. 인성 검사는 주로 Big Five(5대 성격 특성)를 기반으로 한다. Big Five는 외향성, 친화성, 성실성, 정서 안정성, 개방성 등을 포함하며 지원자의 성격적 강점과 조직 적응 가능성을 평가한다. 이 외에도 반생산적 직업 행동(Counterproductive Work Behavior)을 평가하여 조직 내 부정적 행동 가능성을 사전에 파악하고, 거짓 응답 탐지를 통해 응답의 신뢰성과 일관성을 검토한다. 이러한 평가 요소를 통해 조직 적합성과 직무 수행 능력을 종합적으로 평가한다. 인적성 검사 중 적성검사 부분에서는 필기시험 형식을 통해 각 직무에서 요구하는 전문 역량을 평가한다. 평가 항목은 지원 직무별로 필요한 기술적 지식이나 전문성을 포함하며, 공통으로 언어 영역과 수리 영역을 통해 지원자의 논리적 사고력과 문제해결 능력을 측정한다.

마지막으로 면접 평가는 서류 전형과 인적성 검사를 통과한 3배수를 대상으로 한다. 최종적으로 지원자의 직무 수행 역량과 조직 적합성을 종합적으로 판단하며, 3인의 면접관이 평가한 점수의 평균으로 최종 점수가 산출된다. 평가 기준은 부서와 관계없이 L기업의 인재상을 바탕으로 팀워크, 조직 이해, 문제해결 능력 등을 포함한다.

채용 과정에서 수집한 지원자 정보는 크게 조직문화 적합성과 직무 적합성을 판단하기 위한 기초 자료라고 할 수 있다. Big Five 중심의 인성 검사는 지원자의 성격 특성을 파악함으로써 조직문화에 적응할 수 있는지를 평가하는 데 활용될 수 있다. 적성검사(전문성, 수리, 언어)와 역량평가(팀워크, 조직 이해, 문제해결 역량)는 직무 적합성을 측정하는 평가도구가 될 수 있다. 이러한 선발 데이터를 성과, 이직, 직무 수행 등의 데이터와 결합하면 조직 기여도가 높은 인재를 선발하기 위한 채용 기준을 재설계하는 데 크게 도움이 될 것으로 판단된다. 이러한 관점에서 이 리포트에서는 크게 다음 세 가지 과제를 다룬다.

① 고성과자와 저성과자는 선발 당시 인적성검사와 역량평가 결과에서 어떤 차이를 보이는가?

② 사업부 수준에서 문화 적합성과 직무 적합성은 신입 직원의 성과를 어떻게 예측하는가?

③ 이러한 분석을 토대로 고성과 인재를 선발하기 위한 합리적 채용 기준을 도출할 수 있는가?

2 활용 데이터 소개

사용할 데이터 셋은 'ch2_select.xlsx'이며, 지난 5년 간 L사에 입사한 919명의 선발 당시 평가 결과, 직원 기본 정보, 입사 후 성과평가 결과 등의 정보가 포함되어 있다. 상세한 설명은 아래 표에 제시되어 있다. 다만, 두 가지에 대한 추가 설명을 덧붙인다. 첫째, Big Five에는 정서적 불안정성을 측정하는 항목이 있는데, 분석의 효율성을 위해 정서적 안정성으로 변화하였으며, 그에 맞춰 역코딩을 진행하였다. 둘째, 인적성 검사 중 인성 검사 항목(Big Five)은 문화 적합성을 살펴보기 위해 사용하였고, 적성평가와 역량평가는 직무 적합성을 측정하는 항목으로 활용하였다.

<table>
<tr><th>직원번호</th><td colspan="2">직원 고유 번호</td></tr>
<tr><th>성별</th><td colspan="2">0: 여성 / 1: 남성</td></tr>
<tr><th>연령대</th><td colspan="2">1: 20대 / 2: 30대 / 3: 40대 이상</td></tr>
<tr><th>결혼여부</th><td colspan="2">0: 미혼 / 1: 기혼</td></tr>
<tr><th>사업부</th><td colspan="2">AD: 경영지원팀
FI: 파이낸스팀
SL: 영업팀
ST: 기술엔지니어링팀
LG: 법무팀
ETC: 그 외</td></tr>
<tr><th>개방성</th><td>인성1: 새로운 경험에 대한 개방적이고 창의적인 성향</td><td rowspan="5">문화
적합성</td></tr>
<tr><th>성실성</th><td>인성2: 강한 책임감과 목표 달성을 위한 계획적 행동 성향</td></tr>
<tr><th>외향성</th><td>인성3: 사회적이고 활동적인 성향</td></tr>
<tr><th>우호성</th><td>인성4: 타인과 협력하고 긍정적인 관계를 형성하려는 성향</td></tr>
<tr><th>정서적안정성</th><td>인성5: 감정적 안정성을 의미</td></tr>
</table>

전문성	적성1: 직무와 관련된 기술 및 지식	직무 적합성
수리	적성2: 수리적 문제 해결 능력	
언어	적성3: 언어적 사고 및 추론 능력	
팀워크	역량1: 협력과 공동작업에서의 능력	
조직이해	역량2: 조직구조와 문화에 대한 이해	
문제해결	역량3: 주어진 상황에서 문제를 해결하는 능력	
성과	입사 1년 후 성과 0: 저성과자 / 1: 고성과자	

* 문화 적합성: 성격 5요인은 인성검사 결과를 5점 척도로 측정한 후, 각 항목의 평균값으로 산출

* 직무 적합성: 적성 검사(전문성, 수리, 언어)와 면접을 통해 평가된 역량 점수(팀워크, 조직이해, 문제해결)를 각각 5점 척도로 변환하여 산출

3 데이터 전처리

데이터를 분석하기 위해서는 먼저 데이터를 분석에 적합한 형태로 만들어주어야 한다. 우선 전처리, 기초통계량 확인, 시각화 등에 필요한 기본 라이브러리를 불러온다(1~6). read_excel() 함수를 이용하여 엑셀로 만들어진 데이터셋을 불러온 뒤 df라는 이름의 데이터프레임에 저장한다(7). View() 명령어를 실행하여 데이터프레임을 별도의 창에 띄우고 데이터의 구조와 형태를 확인한다(8). str() 명령어를 실행하여 데이터프레임에 포함된 각 변수의 데이터 타입을 확인한다(9).

```
> str(df)
tibble [919 × 17] (S3: tbl_df/tbl/data.frame)
 $ 직원번호   : num  [1:919]   192 903 706 701 83 102 140 147 360 426 ...
 $ 성별       : num  [1:919]   0 1 1 0 1 1 1 0 0 1 ...
 $ 연령대     : chr  [1:919]   "20대" "40대이상" "20대" "20대" ...
 $ 결혼여부   : num  [1:919]   1 1 0 0 0 1 1 1 1 1 ...
```

```
$ 사업부        : chr   [1:919]   "AD" "ST" "AD" "AD" ...
$ 개방성        : num   [1:919]   2.2 2.95 3 3.14 2.35 2.35 3.5 3.65 3.5 3.25 ...
$ 성실성        : num   [1:919]   2 3 3 2.23 4.49 5 4.06 4.32 4.8 3.5 ...
$ 외향성        : num   [1:919]   1.86 1.22 3.7 1.78 3.17 1.4 3.93 3.74 3.7 1.33 ...
$ 우호성        : num   [1:919]   5 5 5 5 5 5 5 5 5 5 ...
$ 정서적안정성  : num   [1:919]   2.94 2.25 4 3.57 4.56 3.75 4.56 2.8 4.52 4.56 ...
$ 팀워크        : num   [1:919]   4 4 2.31 3.38 3.03 3.3 3.26 2.8 3.85 4.99 ...
$ 조직이해      : num   [1:919]   3.82 3.18 4.09 2.89 2.96 4.97 4.96 4.07 2.98 4.43 ...
$ 문제해결      : num   [1:919]   3.96 3.38 2.16 3.09 2.32 3.88 4.76 2.56 1.89 4.58 ...
$ 전문성        : num   [1:919]   4 2.63 2.61 3.18 4.41 4.71 3.02 5 4.48 4.46 ...
$ 수리          : num   [1:919]   4.4 3.1 3.8 3 4.3 2.5 2.3 3.5 3.9 4.3 ...
$ 언어          : num   [1:919]   2.2 3.3 3.9 2.9 4.5 4.3 4 3.6 2.1 5 ...
$ 성과          : num   [1:919]   0 0 0 0 1 1 1 1 1 1 ...
```

출력 결과를 보면, 연령대와 사업부의 데이터 타입은 chr로 되어 있고 나머지는 num으로 되어 있다. chr는 문자열 변수를 의미하고 num은 수치형 변수를 가리킨다. "20대", "40대이상"과 같이 값이 문자로 되어 있는 문자열 변수는 특별한 경우를 제외하고는 대체로 범주형 변수이다. 각 문자열이 특정한 범주를 의미한다는 것이다. 또 성별, 결혼여부, 성과는 값이 숫자로 되어 있지만, 실제로는 범주형 변수들이다. 예를 들어, 성별에서 0은 여성을, 1은 남성을 가리키는데, 0과 1은 여성과 남성이라는 범주에 임의로 부여된 숫자일 뿐 수치로서의 의미는 전혀 없다. 따라서 연령대, 사업부, 성별, 결혼여부, 성과는 범주형 변수이고 나머지는 수치형 변수라고 보면 된다. 범주형 변수를 효율적으로 처리하기 위해서 factor( ) 함수를 이용하여 분석에 적합한 형태로 변환해 주어야 한다(10~14). 범주를 원하는 순서대로 정렬하고 싶다면 levels 인수를 사용하고, 숫자로 된 값에 범주명을 부여하고 싶다면 labels 인수를 활용한다. 변수 타입을 변환한 후 str( )을 다시 시행해 보면, 아래와 같이 성별, 연령대, 결혼여부, 사업부, 성과가 Factor로 변환되었음을 확인할 수 있다(15).

```
> str(df)
tibble [919 × 17] (S3: tbl_df/tbl/data.frame)
 $ 직원번호     : num    [1:919]      192 903 706 701 83 102 140 147 360 426 ...
 $ 성별         : Factor w/ 2 levels  "남성", "여성": 2 1 1 2 1 1 1 2 2 1 ...
 $ 연령대       : Factor w/ 3 levels  "20대", "30대",..: 1 3 1 1 1 3 2 2 3 3 ...
 $ 결혼여부     : Factor w/ 2 levels  "기혼", "미혼": 1 1 2 2 2 1 1 1 1 1 ...
 $ 사업부       : Factor w/ 6 levels  "AD", "FI", "SL",..: 1 4 1 1 4 4 4 6 3 3 ...
 $ 개방성       : num    [1:919]      2.2 2.95 3 3.14 2.35 2.35 3.5 3.65 3.5 3.25 ...
 $ 성실성       : num    [1:919]      2 3 3 2.23 4.49 5 4.06 4.32 4.8 3.5 ...
 $ 외향성       : num    [1:919]      1.86 1.22 3.7 1.78 3.17 1.4 3.93 3.74 3.7 1.33 ...
 $ 우호성       : num    [1:919]      5 5 5 5 5 5 5 5 5 5 ...
 $ 정서적안정성 : num    [1:919]      2.94 2.25 4 3.57 4.56 3.75 4.56 2.8 4.52 4.56 ...
 $ 팀워크       : num    [1:919]      4 4 2.31 3.38 3.03 3.3 3.26 2.8 3.85 4.99 ...
 $ 조직이해     : num    [1:919]      3.82 3.18 4.09 2.89 2.96 4.97 4.96 4.07 2.98 ...
 $ 문제해결     : num    [1:919]      3.96 3.38 2.16 3.09 2.32 3.88 4.76 2.56 1.89 ...
 $ 전문성       : num    [1:919]      4 2.63 2.61 3.18 4.41 4.71 3.02 5 4.48 4.46 ...
 $ 수리         : num    [1:919]      4.4 3.1 3.8 3 4.3 2.5 2.3 3.5 3.9 4.3 ...
 $ 언어         : num    [1:919]      2.2 3.3 3.9 2.9 4.5 4.3 4 3.6 2.1 5 ...
 $ 성과         : Factor w/ 2 levels  "저성과자", "고성과자": 1 1 1 1 2 2 2 2 2 2 ...
```

4 탐색적 분석

4.1. 기술통계량

데이터 준비가 완료되면 가장 먼저 각 변수의 기본적인 특성을 살펴보는 것이 중요하다. 평균이나 중앙값과 같이 분포를 대표하는 값, 표준편차나 분위수와 같이 분포가 퍼져있는 정도를 나타내는 값을 확인해 보는 것이 좋다. describe( )를 사용하면 평균, 분산, 표준편차, 중앙값, 왜도, 첨도 등의 통계량을 확인할 수 있고, summary()를 사용하면 최솟값, 1사분위값, 중간값, 평균, 3사분위값, 최댓값 등을 확인할 수 있다. 만약 특정 변수의 기술통계량을 확인하고 싶다면 describe(df$개방성)이나 summary(df$성실성)과 같이 데이터프레임 이름 뒤에 $를 넣고 관심 있는 변수의 이름을 붙이면 된다.

그런데 평균, 표준편차를 비롯하여 위에 나열된 통계량은 수치형 변수에만 적용된다. 쉬운 예를 들어 보면, 개방성의 평균이 얼마라는 것은 의미가 있지만 사업부의 평균이 얼마라는 것은 구할 수도 없고 설사 구한다고 하더라도 아무런 의미가 없다. 수치형 변수에 대한 기술통계량을 구하기 위해 데이터셋에서 수치형 변수만을 선택하여 데이터를 재구성한다(16). 이 데이터셋에 describe( )와 summary( )를 적용하여 기술통계량을 출력한 후 변수별로 결과를 확인해 보자(17~18).

```
> describe(df[, all_columns])
              vars   n     mean   sd     median   trimmed
개방성          1    919   3.54   0.7    3.5      3.53
성실성          2    919   3.6    1.01   3.67     3.62
외향성          3    919   2.69   1.11   2.65     2.65
우호성          4    919   3.36   0.81   3.32     3.34
정서적안정성    5    919   3.73   0.94   3.83     3.8
전문성          6    919   3.73   0.92   3.88     3.79      ......(생략)
수리            7    919   3.65   0.87   3.7      3.66
언어            8    919   3.7    0.85   3.7      3.71
팀워크          9    919   3.69   0.92   3.75     3.74
조직이해        10   919   4.07   0.79   4.17     4.15
문제해결        11   919   3.66   0.93   3.68     3.71

> summary(df[, all_columns])
    개방성            성실성            외향성            우호성
 Min.   :1.590    Min.   :1.640    Min.   :1.000    Min.   :2.000
 1st Qu.:3.000    1st Qu.:2.515    1st Qu.:1.870    1st Qu.:2.775
 Median :3.500    Median:3.670     Median:2.650     Median:3.320     ......(생략)
 Mean   :3.543    Mean   :3.604    Mean   :2.695    Mean   :3.359
 3rd Qu.:4.000    3rd Qu.:4.510    3rd Qu.:3.405    3rd Qu.:3.960
 Max.   :5.000    Max.   :5.000    Max.   :5.000    Max.   :5.000
```

4.2. 빈도분석

범주형 변수의 분포를 확인하려면 어떻게 해야 할까? 가장 기본적인 방법은 빈도분석이다. 즉, 데이터가 각 범주에 어떻게 분포되어 있는지를 확인하는 것이다. 보통 table( ) 명령어를 사용하는데, 각 범주의 빈도수를 출력한 데이터셋에 있는 919명의 신규 입사자가 사업부별로 어떻게 분포되어 있는지를 살펴보자(19). 가장 많은 입사자가 있는 사업부는 기술엔지니어링부서(ST)이며, 가장 적은 입사자가 있는 사업부는 법무팀(LG)이다. 각각 446명, 21명이 속해 있다.

```
> table(df$사업부)
AD     FI     SL     ST     LG     ETC
182    66     117    446    21     87
```

만약 사업부별로 고성과자와 저성과자의 분포를 알아보고 싶다면 어떻게 하면 될까? table( ) 명령어 안에 두 변수를 차례로 넣으면 된다(20). 산출된 결과를 보면 경영지원부서(AD)를 제외한 모든 사업부에서 저성과자보다는 고성과자가 많았다.

```
> table_사업부퇴사
       저성과자    고성과자
AD     103         79
FI     28          38
SL     43          74
ST     159         287
LG     7           14
ETC    19          68
```

4.3. 비율분석

단순 빈도는 가끔 오해를 불러일으키기도 한다. 사업부와 성과를 교차한 위의 표를 다시 한번 보자. 저성과자 수는 기술엔지니어링부서(ST)에서 159명으로 가장 많다. 그렇다고 기술엔지니어링부서 신규 입사자의 성과가 다른 부서들에 비해 낮다고 말할 수 있을까? 그렇게 말하기는 어려울 것이다. 왜냐하면 기술엔지니어링 부서는 전체 신입 직원 수가 가장 많기 때문에 저성과자뿐만 아니라 고성과자도 가장 많은 사업부이다. 이처럼 사업부마다 전체 입사자의 수가 다르기 때문에 빈도만 가지고 비교할 때 오해가 생길 수 있다.

상대빈도, 즉 사업부별 저성과자와 고성과자의 비율을 구해보면 사업부별 비교가 훨씬 용이해진다. 앞에서 table(df$사업부, df$성과)로 교차표를 만들고, 여기에 prop.table( ) 명령어를 적용하면 비율을 구할 수 있다(21). 이때 비율을 구하는 방향을 잘 설정해야 한다. 사업부별로 고성과자와 저성과자의 비율을 구하는 것이므로 행별로 비율을 계산하도록 지정해야 한다. 위 교차표에서 각 사업부의 고성과자와 저성과자 빈도는 행별로 기록되어 있기 때문이다. margin=1을 추가하면 행 방향으로 비율을 계산하고, margin=2를 추가하면 열 방향으로 비율을 계산한다. 여기서는 사업부별로 저성과자와 고성과자의 비율을 계산하는 것이므로 margin=1로 옵션을 설정한다. 분석 결과를 보면, 고성과자의 비율이 가장 높은 곳은 기타(ETC)로서 78.1%였으며, 그 비율이 가장 낮은 곳은 경영지원팀(AD)으로서 43.4%였다. 전체적으로 고성과자의 비율은 사업부에 따라 다소 차이가 있었다.

```
> round(prop.table(table(df$사업부, df$성과), margin = 1),2)
        저성과자    고성과자
AD      0.57        0.43
FI      0.42        0.58
SL      0.37        0.63
ST      0.36        0.64
LG      0.33        0.67
ETC     0.22        0.78
```

4.4. 범주형 변수 시각화

데이터를 탐색하는 꽤 좋은 방법 중 하나가 시각화이다. 데이터를 시각화하면 복잡한 데이터를 쉽고 빠르게 이해할 수 있고, 숨겨진 패턴이나 트렌드를 발견할 수 있다. 데이터의 분포, 관계, 이상치 등을 시각적으로 표현하면 데이터 분석의 방향을 잡고 전략을 세우는 데에도 큰 도움이 된다. R에서는 ggplot2 패키지를 사용하여 범주형 변수의 빈도 분포를 쉽게 시각화할 수 있다. geom_bar()는 각 범주의 빈도를 계산하여 막대그래프로 나타내는 명령어이다. fill로 막대의 색상을 설정할 수 있고, labs()로 그래프의 제목과 축 라벨을 설정한다. theme_minimal()은 깔끔하고 간결한 테마를 적용할 때 사용된다. 성별, 결혼여부, 연령대, 사업부에 대한 막대그래프를 그려보자(22~25).

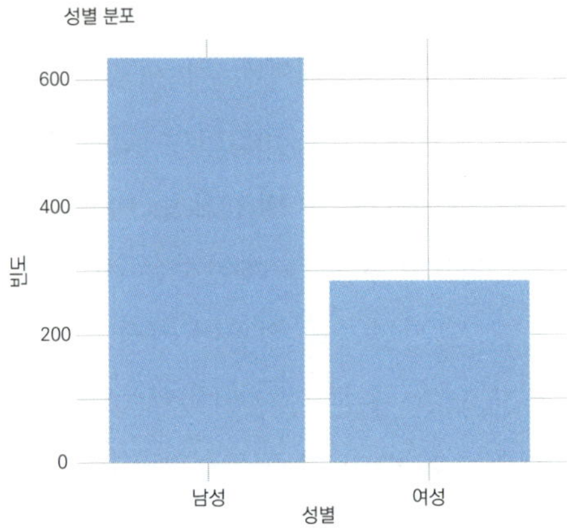

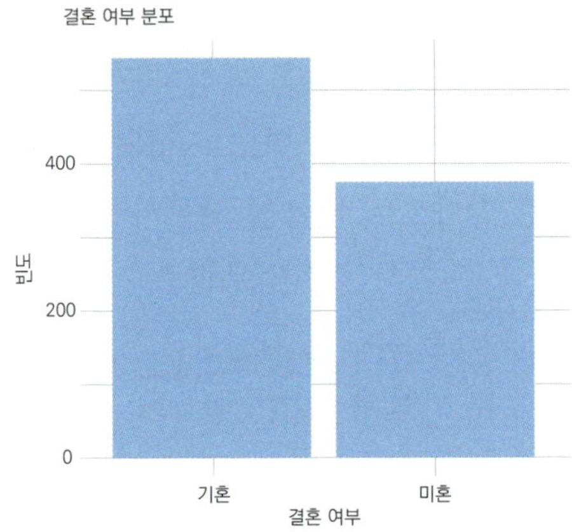

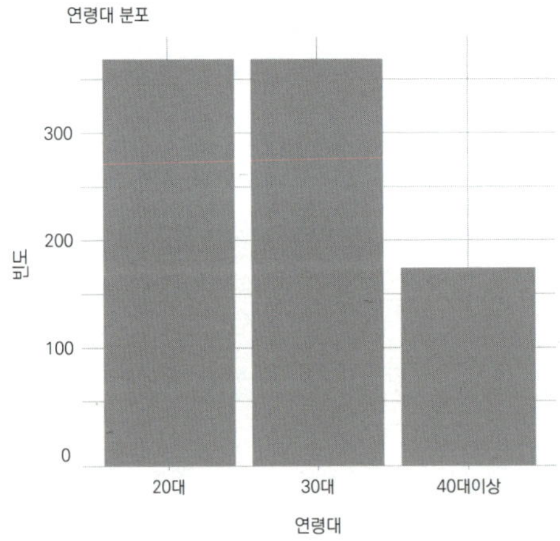

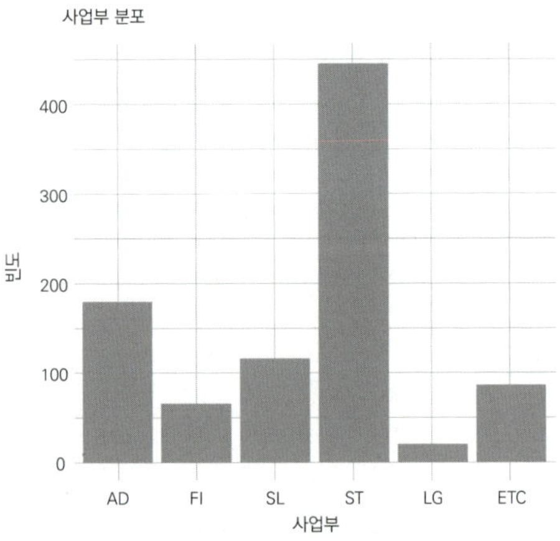

막대그래프를 보면, 지난 5년간 L사에 입사한 직원은 남성이 여성보다 2배 이상 많고, 20대와 30대가 대다수를 차지한다. 아울러 신입 직원의 압도적 다수가 기술엔지니어링부서(ST)에 배치된 것을 확인할 수 있다.

5 채용 평가 점수와 성과 간의 관계

5.1. 고성과자와 저성과자의 채용 평가 점수 비교

경영진은 성과를 낼 직원을 채용하고 싶어한다. 기존 직원들과 잘 조화될 수 있는 인재를 뽑는 것도 중요하게 생각한다. 그렇다면 인사담당자가 해야 할 일 중 하나는 높은 성과를 달성하는 인재들이 선발 당시 어떤 특성을 가지고 있었는지를 파악하는 것이다. 예를 들어, 선발 당시 치렀던 인적성 검사나 면접 평가에서 어떤 특성을 가졌던 직원이 입사 이후 높은 성과를 내는지 분석해 볼 수 있다.

먼저 고성과자 집단과 저성과자 집단이 입사 당시 치렀던 선발 평가에서 어떤 차이를 보였는지 알아보자. 이를 위해 선발 평가 점수 데이터에 포함된 11개 항목의 평균 점수를 고성과 집단과 저성과 집단으로 나누어 뽑아보자. 앞서 기술통계량 분석에서 사용했던 all_columns 데이터(인성 검사 5개 항목과 적성검사 및 역량검사 6개 항목)에 aggregate( ) 명령어를 적용하여 pivot_table이라는 객체를 만들고 그 결과를 출력한다(26~27). 이 명령어는 all_columns에 있는 모든 열을 선택한 뒤, 성과 집단별로 변수의 평균을 계산한다는 뜻이다. 이 결과를 확인하면 11개 검사 항목이 가로로 길게 늘어져 있어 보기가 불편하다. t( )는 전치행렬(transpose)을 만드는 명령어인데, 이것을 적용하면 열과 행이 바뀌어 11개 검사 항목이 세로로 표시된다(28). 이제 pivot_table_transpose에 저장된 내용을 확인해 보자(29).

```
> print(pivot_table_transpose)
             [,1]         [,2]
성과          "저성과자"     "고성과자"
개방성        "3.001365"   "3.890946"
성실성        "2.497298"   "4.312768"
외향성        "2.567437"   "2.776179"
우호성        "3.244011"   "3.432518"
정서적안정성    "3.062479"   "4.155393"
전문성        "3.074540"   "4.155982"
수리          "3.651532"   "3.657143"
```

```
언어              "3.654596"              "3.724464"
팀워크            "3.059471"              "4.095357"
조직이해          "4.077159"              "4.064268"
문제해결          "3.717187"              "3.623607"
```

결과를 보면 대부분의 검사 항목에서 고성과자의 평균 점수가 저성과자의 평균 점수보다 높다. 특히 개방성, 성실성, 정서적안정성, 전문성, 팀워크에서는 평균 점수가 1점 내외의 차이를 보인다. 이들이 저성과자와 고성과자를 가르는 핵심적인 요인일 가능성이 높다.

어떤 항목에서 어떤 차이가 얼마나 나는지를 직관적으로 확인하려면 고성과자 집단의 평균으로부터 저성과자 집단의 평균을 빼서 그 값을 시각화하는 방법을 고려해 볼 수 있다. 이렇게 하면 차이의 방향과 강도를 쉽게 확인할 수 있다. 2×11 행렬로 구성된 pivot_table에서 두 번째 행에 있는 고성과자 집단의 평균에서 첫 번째 행에 있는 저성과자 집단의 평균을 빼준다(30). 이때 첫 번째 열은 성과 변수이므로 -1을 부여하여 첫 번째 열을 제외하고 계산한다. 결과가 저장된 diff_table을 데이터프레임 형식으로 지정하고 각 항목에 대한 변수명은 항목으로, 차이값에 대한 변수명은 평균 차이로 설정한다(31). 이제 ggplot()의 geom_bar()를 이용하여 막대그래프를 그려보자(32). coord_flip()을 쓰면 가로형 막대그래프가 출력된다.

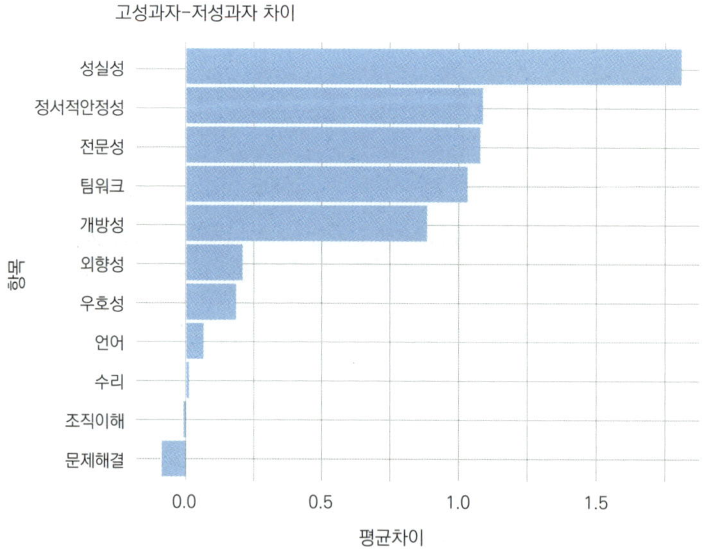

이 막대그래프에서 두 집단의 평균이 같다면 막대는 0에 표시되고 고성과자의 평균 점수가 더 높은 항목은 오른쪽으로, 저성과자의 평균 점수가 더 높은 항목은 왼쪽으로 막대가 그려진다. 문제해결을 제외하고는 모든 항목이 오른쪽으로 그려져 있다. 즉, 문제해결을 제외한 11개 항목에서 고성과자가 저성과자보다 평가 점수가 높다는 뜻이다. 성실성은 고성과자가 저성과자보다 1.8점 가량 평균 점수가 더 높다. 정서적안정성, 전문성, 팀워크, 개방성은 고성과자가 대략 1점가량 높고, 외향성을 비롯한 나머지 변수들은 두 집단 간에 커다란 차이가 관찰되지 않는다.

5.2. 채용 평가 점수와 성과 간의 관계에 대한 통계적 검정

집단 간 평균을 비교하는 방식은 직관적이지만, 평균의 차이가 크다고 해서 곧바로 두 집단 간에 차이가 난다고 결론 내리기는 어렵다. 가령 첫 번째 집단의 평균이 4점이고 두 번째 집단의 평균이 3점인 경우를 가정해 보자. 추가로 첫 번째 집단에 속한 응답자 대부분이 4점 근처의 점수를 받고, 두 번째 집단에 속한 응답자들이 거의 모두 3점 근처의 점수를 받았다고 가정해 보자. 그렇다면 두 집단 간의 평균 차이는 크고 집단 내의 분산은 매우 작은 분포가 된다. 이때에는 두 집단에 속한 응답자들의 점수가 다르다고 말할 수 있을 것이다.

다른 시나리오를 가정해 보자. 앞의 예와 마찬가지로 평균은 4점과 3점으로 두 집단 간에 1점 차이가 나지만, 두 집단의 분산이 매우 크다고 가정해 보자. 첫 번째 집단의 응답자 중에는 1점도 많고 5점도 많아 평균은 4점이지만, 분산은 매우 크다. 두 번째 집단도 마찬가지 상황이라고 해 보자. 그렇다면 평균만 보면, 앞선 시나리오와 마찬가지로 두 집단 간에 1점 차이가 나는 것이 맞지만, 두 집단의 분산이 크기 때문에 두 집단이 확연히 갈라진다고 말하기는 조금 어렵다. 따라서 두 집단 간에 차이가 있는지를 검증하기 위해서는 평균 차이뿐만 아니라 두 집단의 분산도 함께 고려해야 한다.

두 집단의 차이를 통계적으로 검증하는 가장 일반적인 방법이 t-검정이다. t-검정은 기본적으로 귀무가설과 대립가설을 설정하고, 데이터로부터 계산된 통계량인 t-값을 사용하여 p-값을 구한다. 이 값을 통해 두 그룹 간 차이가 우연히 발생할 확률이 얼마나 되는지 평가한다. 예를 들어 특정 평가 점수에서 저성과자 집단과 고성과자 집단 간에 차이가 있는지를 알아보는 상황이라면 귀무가설과 대립가설은 다음과 같다.

* 귀무가설: 고성과자 집단과 저성과자 집단 간 평균에 차이가 없다.
* 대립가설: 고성과자 집단과 저성과자 집단 간 평균에 차이가 있다.

개방성 점수가 고성과자 집단과 저성과자 집단 간에 차이가 있는지를 알아보자. 독립 표본 t-검정을 수행하면 되는데, 사전에 한 가지 고려할 것이 있다. t-검정을 수행할 때, 두 집단의 분산이 동일한지 아닌지에 따라 추정 방법이 조금 다르다. 따라서 분산의 동일성을 먼저 검정하고 그에 맞춰 t-검정의 방법을 선택해야 한다.

분산의 동일성을 검증하기 위해 Levene's test를 사용한다(33). Levene's test에서는 분산이 동일하다는 것이 귀무가설이다. p-값이 0.0028로 통상적인 기준인 0.05보다 작으므로 이 귀무가설을 기각한다. 다시 말하면 분산이 동일하다는 가설을 신뢰할 수 없다는 것이다. 당연한 결과는 분산이 동일하지 않을 가능성이 높다는 전제를 수용하고 이에 기반하여 t-test를 진행하는 것이다.

```
> leveneTest(개방성 ~ 성과, data=df)

Levene's Test for Homogeneity of Variance (center = median)
        Df    F value    Pr(>F)
group   1     8.9481     0.002852 **
        917
---
Signif. codes:  0 '***'  0.001 '**'  0.01 '*'  0.05 '.'  0.1 ' '  1
```

t.test( ) 함수를 이용하여 t-test를 수행할 때, 종속변수로는 개방성을 사용하고, 집단을 나누는 기준변수로는 성과를 설정하였다. 또한 등분산을 가정할 수 없다는 의미로 var.equal=FALSE 옵션을 지정한다(34).

```
> t.test(개방성 ~ 성과, var.equal=FALSE, data=df)

        Welch Two Sample t-test

data:  개방성 by 성과
t = -24.439, df = 810.94, p-value < 2.2e-16
alternative hypothesis: true difference in means between group 저성과자
and group 고성과자 is not equal to 0
95 percent confidence interval:
 -0.9610315 -0.8181315
sample estimates:
mean in group 저성과자  mean in group 고성과자
              3.001365              3.890946
```

분석 결과를 보면 t=-24.439이고 p-value는 소수점 15번째 자리까지 0이 계속되는 매우 작은 값이다. 이런 차이가 우연에 의해 발생할 가능성이 거의 0%라는 것이다. 따라서 두 집단 간의 차이는 우연에 의한 차이가 아니라, 체계적이고 근본적인 차이라고 결론 내릴 수 있다. 평균을 비교해 보면 고성과자 집단이 3.89, 저성과자 집단이 3.00이므로 고성과자 집단이 저성과자 집단보다 개방성 점수가 통계적으로 유의미한 수준으로 높다고 말할 수 있다. 인재 선발과 관련하여 이 결과가 의미하는 바는 명확하다. 인성 검사에서 개방성 점수를 높게 받은 지원자는 입사 후 높은 성과를 달성한다는 것이다. 반대로 개방성 점수가 낮은 지원자는 채용되더라도 입사 후 성과가 그리 좋지 못할 가능성이 높다고 할 수 있다. 따라서 선발 시스템을 구축할 때는 개방성 점수가 높은 지원자에게 높은 가중치를 주는 방식을 고려해 볼 수 있을 것이다.

개방성 이외에도 10개의 평가 항목이 있다. 개방성에서 사용했던 코드를 10번 추가하는 방법도 있겠지만, 이 경우 코드가 불필요하게 길어진다. R 코드에서는 반복문을 활용하여 모든 평가 항목에 대해 등분산성 검정과 t-test를 자동으로 실행할 수 있다. 이 과정은 평가 항목별로, 순차적으로 진행된다.

첨부된 R 코드에서 for( ) 구문이 반복문인데 꽤 길다. 이 코드의 논리를 간략히 알아보자. 먼저 all_columns에서 가장 앞에 있는 항목을 하나 뽑아서 col이라는 이름을 부여한다. 다음으로 이 항목에 대해 Levene's test를 수행하고 관련된

p-value를 추출한다. if()문을 사용하여 만약 이 p-value가 0.05 이하로 등분산을 가정할 수 없다면 var.equal에 FALSE를 부여하여 등분산을 가정하지 않는 t-test를 수행한다. 만약 p-value가 0.05 이하가 아니라면 else에 딸린 코드처럼 var.equal=TRUE로 설정하여 등분산 가정하에서 t-test를 진행한다. 그리고 그 뒤에 붙어 있는 코드는 결과를 출력하기 위한 것이다. for() 구문을 통해 all_columns에서 하나씩 하나씩 뽑아 위와 같은 코드를 11번 반복 적용한다(35).

반복문을 통해 출력되는 11개 평가 항목의 분석 결과는 공간 절약을 위해 여기서 따로 제시하지 않겠다. 대신 첨부된 R 코드를 실행하여 결과를 확인해 보기를 권장한다. 길게 출력되는 분석 결과를 간략히 요약하여 아래와 같이 표로 제시한다. 표를 보면, 개방성, 성실성, 외향성, 우호성, 정서적안정성, 팀워크, 전문성 항목에서 고성과자와 저성과자 간의 평균 차이가 통계적으로 유의미하다. 따라서 이러한 평가 항목들에 더 많은 가중치를 두어 선발 과정을 진행한다면, 입사 이후 높은 성과를 보이는 인재를 채용할 수 있을 것으로 판단된다.

평가항목	t	p-value
개방성	-24.439	0.0000 ***
성실성	-54.486	0.0000 ***
외향성	-2.886	0.0040 **
우호성	-3.445	0.0006 ***
정서적안정성	-20.394	0.0000 ***
전문성	-21.235	0.0000 ***
수리	-0.096	0.9237
언어	-1.211	0.2262
팀워크	-19.947	0.0000 ***
조직이해	-0.243	0.8084
문제해결	1.493	0.1359

* 유의수준 : * $p < 0.05$, ** $p < 0.01$, *** $p < 0.001$

6 채용 평가 점수를 통해 본 고성과자 특성 분석

선발 프로세스에서는 인적성 검사와 면접을 통해 지원자의 역량을 평가한다. 인성검사 결과는 문화 적합성을 평가하는 데 유용하고, 인적성 검사 중 적성검사와 면접 시에 이루어지는 역량평가는 직무 적합성을 알아보는 데 활용될 수 있다. 그렇다면 문화 적합성의 여러 차원 중 어떤 것이 고성과자를 선발하는 기준으로 더 적절할까? 또한 직무 적합성 중 어떤 항목이 고성과자와 저성과자를 나누는 핵심 기준이 될까? 여기서는 먼저 문화 적합성 5개 항목을 활용한 로지스틱 회귀분석을 실시하여 고성과자를 예측하는 요인이 무엇인지 살펴보고, 그 이후 직무 적합성 6개 항목에 대해서도 똑같은 분석을 시행하고자 한다.

6.1. 문화 적합성 평가 항목과 성과 간의 관계

문화 적합성을 나타내는 인성 검사 5개 항목이 입사 이후 성과를 얼마나 잘 예측하는지를 분석한다. 성과는 고성과자와 저성과자 2개의 범주로 구성되어 있다. 따라서 우리가 하려는 예측은 5가지 인성 검사 항목에서 받은 점수가 고성과자로 분류될 확률을 계산하는 것이다. 가령 개방성에서 3점을 받은 사람이 5명인데, 이 중에서 고성과자는 2명이라면 그 확률은 0.4이다. 마찬가지로 개방성 점수에서 4점을 받은 사람이 10명인데 이 중에서 고성과자가 5명이라면 고성과자 확률은 0.5이다. 5점을 받은 사람 10명인데 이 중에서 고성과자가 7명이라면 고성과자 확률은 0.7이다. 이처럼 확률은 0과 1 사이에 존재하는데, 각 개방성 점수별로 확률의 기댓값을 적절한 방식으로 연결하면 하나의 선이 만들어진다.

일반적으로 회귀분석에서는 평균제곱오차를 최소화하는 직선으로 최적의 회귀식을 계산한다. 그러나 확률은 그렇게 할 수가 없다. 일단 확률은 0 밑으로 떨어질 수도 없고, 1을 넘어설 수도 없기 때문에, 양방향으로 무한히 뻗어나가는 직선으로 최적정선을 구하는 게 불가능하다. 그 대신 S자 형태의 시그모이드 함수를 가지고 최적의 추정 곡선을 산출한다. 독립변수 값이 증가하면 종속변수 값이 단선적으로 증가하는 게 아니라, 처음에는 완만하게 증가하다가 그다음에는 급하게 증가하며, 다시 완만해지는 형태이다. 시그모이드 함수는 단선 함수에 비해 매우 유연하기 때문에 다양한 모양으로 S자의 형태를 변형시킬 수 있다.

이처럼 종속변수가 0과 1의 값을 갖는 이진변수인 경우에는 일반적인 회귀분석이 아니라 이항 로지스틱 회귀분석(간단히 로지스틱 회귀분석)을 사용해야 한다. 이 책에서 로지스틱 회귀분석은 여러 장에 걸쳐 활용되기 때문에 해당 부분에서 다시 언급될 것이다.

R에서 로지스틱 회귀분석을 시행하려면 glm( ) 함수를 활용한다. 함수 안에 이진형의 종속변수를 넣고 '~' 뒤에 여러 개의 독립변수를 '+'로 연결해 주면 된다. glm은 일반화된 선형모형(generalized linear model)을 의미하는데, 다양한 종류의 종속변수 유형(예: 이진변수, 연속변수, 정수형 변수, 서열형 변수 등)에 적용될 수 있다. 회귀분석과 같은 전통적인 선형모형을 일반화한 것이라고 보면 된다. glm( ) 함수에서는 family에 종속변수의 유형(정확히 말하면 종속변수의 분포 유형)에 맞는 옵션을 설정하면 그에 맞춰 분석이 진행된다. 로지스틱 회귀분석에서는 종속변수가 이진변수이기 때문에 그 확률분포는 이항분포(binomial)를 따른다. 따라서 family=binomial을 적용하면 로지스틱 회귀분석을 실시할 수 있다.

먼저 인성 검사 5개 항목 중 어떤 것이 입사 이후 성과를 잘 예측하는지 알아보기 위해 로지스틱 회귀분석을 실시하고 그 결과를 model이라는 객체에 저장했다(36).

각 변수가 성과에 어떤 영향을 미치는지 알아보기 전에 먼저 이 모델에 문제가 없는지를 검토해 보아야 한다. 모델의 신뢰성을 떨어뜨리는 치명적 문제 중 하나는 다중공선성이다. 다중공선성은 독립변수 간에 상관관계가 매우 높은 상태를 의미하며, 이 경우 모델의 정확한 예측이 어려워질 수 있다. 예를 들어 보자. 데이터에 개방성 점수와 성실성 점수가 들어있다고 해 보자. 만약 모든 사람의 개방성 점수와 성실성 점수가 같다면 어떤 일이 벌어질까? 간단히 말해서 두 변수는 같은 것을 측정하는 것이다. 굳이 두 개를 모두 넣을 필요가 없다. 여기까지는 크게 문제가 되지 않는다. 통계 프로그램에서 하나를 자동으로 삭제해 주기 때문이다.

그런데 만약 개방성 점수와 성실성 점수가 완전히 똑같지는 않지만 거의 같다면 어떻게 될까? 가령 데이터에 10명이 있는데 9명은 두 개의 점수가 같고 A라는 사람 한 명만 개방성 점수는 1점, 성실성 점수는 5점으로 차이가 있다고 가정해 보자. 당연히 모형에서는 개방성 점수와 성실성 점수의 효과를 모두 추정한다. 그런데 이런 상황에서는 A라는 사람의 점수가 효과 추정에 지나치게 큰 영향을 미치게 된다. A가 고성과자라면 성실성이 성과에 긍정적인 영향을 미치는 것으로 나타나고 개방성은 부정적 영향을 미치는 것으로 나올 수도 있다. 나머지 9명이 두 항목의 점수가 모두 똑같더라도 A라는 사람 때문에 정반대의 효과가 나타나는 것처럼 보인다는 말이다.

이러한 문제를 다중공선성이라고 하는데, 다중공선성은 보통 VIF(분산 팽창 계수)를 통해 확인한다. 일반적으로 VIF 값이 10 이상이면 다중공선성 문제가 있다고 판단한다. 분석 결과가 저장된 model에서 VIF를 추출해 보자(37). 결과에서 GVIF라고 된 부분이 VIF 값이다. 10을 넘는 VIF 값이 없으므로 결과를 왜곡할 정도의 다중공선성 문제는 없다고 할 것이다.

```
> vif(model)
                GVIF        Df    GVIF^(1/(2*Df))
성별            1.187403    1     1.089680
연령대          1.525663    2     1.111385
결혼여부        1.262066    1     1.123417
사업부          2.646924    5     1.102235
개방성          1.294131    1     1.137599
성실성          1.566243    1     1.251496
외향성          1.379602    1     1.174564
우호성          1.192968    1     1.092231
정서적안정성    1.184450    1     1.088324
```

우리가 설정한 모형에 다중공선성 문제가 없다고 결론 내렸으므로, summary( )를 적용하여 각 변수의 효과를 어떻게 추정하고 있는지 뽑아보자(38). 효과의 방향을 보려면 Estimate의 기호를 보면 된다. +이면 양의 방향으로, -이면 음의 방향에 영향을 미친다는 뜻이다. 효과의 강도를 보려면 p-값(Pr(>|z|)을 보면 되는데, 작을수록 그 효과가 강하다는 뜻이다. 앞서 분산분석에서와 마찬가지로 통상 유의미한 효과라고 판단하는 기준은 p-값 < 0.05인데, '*'를 가지고 유의미성의 강도를 표

현하기도 한다. 독립변수가 종속변수(고성과자)에 미치는 영향의 강도가 커질수록 *의 개수가 증가한다. 분석 결과를 보면, 고성과자가 될 확률을 높이는 인성 검사 항목은 개방성, 성실성, 정서적안정성이며, 이 변수들의 효과는 모두 양의 방향으로 나타났다. 따라서 채용 과정에 이루어진 인성 검사에서 개방성과 성실성, 정서적안정성 점수가 높은 입사자는 입사 이후 고성과자가 될 확률이 크게 높다고 해석할 수 있다. 조금 다르게 말하자면, 입사 이후 고성과자가 될 인재를 선발하려면 다른 인성 검사 항목보다는 개방성, 성실성, 정서적안정성에 주목해야 할 것이다.

```
> summary(model)

Call:
glm(formula = 성과 ~ 성별 + 연령대 + 결혼여부 + 사업부 +
    개방성 + 성실성 + 외향성 + 우호성 + 정서적안정성,
    family = binomial, data = df)

Coefficients:
               Estimate   Std.Error   z value   Pr(>|z|)
(Intercept)    -39.28400  5.52027     -7.116    1.11e-12   ***
성별여성          0.31794  0.73848      0.431    0.6668
연령대30대        0.27580  0.83044      0.332    0.7398
연령대40대이상    0.85502  1.05974      0.807    0.4198
결혼여부미혼     -0.08948  0.77465     -0.116    0.9080
사업부FI         -3.23435  1.50219     -2.153    0.0313
사업부SL          0.15673  1.41781      0.111    0.9120
사업부ST          0.56031  1.23676      0.453    0.6505
사업부LG          0.63682  2.34519      0.272    0.7860
사업부ETC         1.07409  1.52191      0.706    0.4803
개방성            3.42281  0.87670      3.904    9.45e-05   ***
성실성            7.35415  1.01132      7.272    3.55e-13   ***
외향성            0.08511  0.37801      0.225    0.8219
우호성           -0.21463  0.46800     -0.459    0.6465
```

```
정서적안정성    1.23435    0.51724    2.386    0.0170    *
---
Signif. codes:  0 '***'  0.001 '***'  0.01 '*'  0.05 '.'  0.1 ' '  1
(Dispersion parameter for binomial family taken to be 1)

Null deviance    :  1229.685  on 918  degrees of freedom
Residual deviance:  70.072    on 904  degrees of freedom
AIC: 100.07
Number of Fisher Scoring iterations: 10
```

6.2. 직무 적합성 평가 항목과 성과 간의 관계

마찬가지 방식으로 직무 적합성에 따른 성과를 알아보기 위해, 적성검사 3종, 역량평가 3종에 대한 로지스틱 회귀분석을 시행한다(39). 다중공선성을 확인한 결과 VIF 지표가 10을 넘는 변수는 없었다(40).

```
> vif(model)
              GVIF      Df   GVIF^(1/(2*Df))
성별          1.051994   1    1.025668
연령대        1.502967   2    1.107229
결혼여부      1.475546   1    1.214721
사업부        1.286968   5    1.025550
전문성        1.109317   1    1.053241
수리          1.024640   1    1.012245
언어          1.012814   1    1.006386
팀워크        1.096393   1    1.047088
조직이해      1.016279   1    1.008107
문제해결      1.044697   1    1.022104
```

summary( ) 함수를 이용하여 로지스틱 회귀분석 결과를 확인해 보자(41). 직무 적합성 관련 6개 항목 중 전문성, 팀워크, 문제해결 능력이 유의미한 변수로 나타났다. 전문성과 팀워크는 계수가 양수이므로 이 두 항목 점수가 높을수록 고성과자가 될 확률이 많이 증가한다고 볼 수 있다. 한편, 예상과 달리 문제해결 능력은 입사 후 성과에 부정적 영향을 미치는 것으로 나타났다. 문제해결 능력이 왜 성과를 떨어뜨리는지에 대한 면밀한 분석이 뒤따라야 할 것이다. 입사 1년 차라서 문제해결 능력을 발휘할 기회를 아직 얻지 못했을 수도 있다. 현재 수행하고 있는 루틴한 업무에 문제해결 방식의 접근을 취하다 보니 오히려 성과가 떨어지는 것인지도 모르는 일이다. 왜 문제해결 역량이 낮은 성과와 연결되는지에 대해서는 심도 있는 추가 분석이 이루어질 필요가 있다. 아울러 문제해결 역량과 관련된 평가도구의 신뢰도와 타당도를 점검해 보는 것도 필요할 것으로 생각된다.

```
> summary(model)
Call:
glm(formula = 성과 ~ 성별 + 연령대 + 결혼여부 + 사업부 +
    팀워크 + 조직이해 + 문제해결 + 전문성 + 수리 +
    언어, family = binomial, data = df)

Coefficients:
                Estimate    Std.Error   z value   Pr(>|z|)
(Intercept)     -11.95659   1.22569     -9.755    < 2e-16    ***
성별여성          -0.14159   0.22542     -0.628    0.529917
연령대30대        -0.04782   0.25213     -0.190    0.849578
연령대40대이상     0.10318   0.32682      0.316    0.752215
결혼여부미혼      -0.51389   0.24954     -2.059    0.039457   *
사업부FI           0.85862   0.44560      1.927    0.053993   .
사업부SL           0.75471   0.36292      2.080    0.037566   *
사업부ST           1.13954   0.28491      4.000    6.34e-05   ***
사업부LG          -0.20386   0.65796     -0.310    0.756686   ***
사업부ETC          1.63554   0.45481      3.596    0.000323   ***
전문성             1.88228   0.15559     12.097    < 2e-16    ***
```

```
수리         -0.03512   0.12008   -0.292   0.769923
언어          0.01870   0.12110    0.154   0.877310
팀워크        1.74692   0.15124   11.550   < 2e-16
조직이해     -0.02379   0.13142   -0.181   0.856332
문제해결     -0.29834   0.11271   -2.647   0.008123   **
---
Signif. codes:  0 '***'  0.001 '***'  0.01 '*'  0.05 '.'  0.1 ' '  1
(Dispersion parameter for binomial family taken to be 1)

Null deviance      :   1229.7 on 918  degrees of freedom
Residual deviance:    623.0  on 903  degrees of freedom
AIC: 655
Number of Fisher Scoring iterations: 6
```

7 부서 단위 문화 적합성과 직무 적합성이 성과에 미치는 영향

우수한 인재를 선발하는 것도 중요하지만, 어떤 인재를 어떤 부서에 배치할 것인가도 매우 중요하다. 부서마다 독특한 문화가 있고 필요로 하는 직무 역량에 차이가 있을 수 있다. 예를 들어, 기술개발부서에 적합한 인성, 적성, 역량이 경영지원부서에서 요구하는 것과 다를 것이다.

그렇다면 다음과 같은 문제를 생각해 볼 수 있다. 먼저, 어떤 신입 직원의 인성적 특성이 부서 직원들의 평균적인 인성적 특성과 비슷하다면, 그 신입 직원의 성과가 높아질까? 인성이나 성격은 집단의 문화를 형성하는 데 큰 영향을 미치고, 구성원이 그러한 문화에 적응하는 과정에서 인성이나 성격도 변할 수 있다. 일반적으로 성격적 요소의 차이는 커뮤니케이션에 문제를 일으키고, 갈등과 불화를 조성할 가능성이 있다. 가령 경영지원부서의 직원들은 대체로 성실하고 꼼꼼한 편인

데, 개방적이고 우호적인 성격의 신입 직원이 그 부서에 들어온다면 적응과 업무 수행에 어려움을 겪을 수 있고 원활한 협업에도 문제가 발생할 수 있다. 이러한 논의에 기초하여 다음과 같은 가설을 생각해 볼 수 있다.

- 신입 직원의 인성 검사 점수가 부서 직원들의 평균적인 인성 검사 점수와 차이가 작을수록 그 직원이 고성과자가 될 확률이 증가할 것이다. 부서의 평균적인 문화 특성에 잘 적응할 수 있기 때문이다.

한편, 적성이나 직무 역량은 조금 다르게 볼 여지가 있다. 만약 어떤 신입 직원이 부서 내의 다른 직원들보다 낮은 직무 역량을 가지고 있다면, 그 직원은 이 역량을 활용할 기회를 얻지 못할 가능성이 크다. 혹시 그러한 기회를 얻더라도 다른 직원에 비해 우수한 성과를 낼 가능성이 높지도 않을 것이다. 따라서 같은 부서 직원들과 비교하여 높은 수준의 직무 적성과 직무 역량을 갖는 것이 성과 창출에 유리할 것이라고 예상한다.

- 신입 직원의 적성검사와 역량 평가 점수가 부서 직원들의 평균적인 수준보다 높아질수록 그 신입 직원은 고성과자가 될 확률이 증가할 것이다. 부서의 평균적인 직무 수행 능력보다 높은 수준의 수행성을 보일 것이기 때문이다.

이 두 가지 물음에 답하기 위해서는 데이터셋에 있는 변수를 그대로 사용할 수 없다. 현재의 데이터셋에는 문화 적합성과 직무 적합성을 직접적으로 측정하는 변수가 없기 때문이다. 따라서 데이터셋에 있는 변수들을 활용하여 이 두 가지 종류의 적합성을 측정하는 새로운 파생 변수들을 만들어야 한다.

7.1. 문화 적합성 파생변수 생성

부서 단위로 생각해 보면, 문화 적합성은 부서 직원들의 평균적인 성향이나 태도와 얼마나 차이가 나는지로 측정할 수 있다. 차이가 작을수록 적합성이 높은 것이고, 차이가 벌어지면 적합성이 떨어진다. 우선 다음과 같은 식을 이용하여 부서별로 신입 직원들의 5개 인성 검사 항목(개방성, 성실성, 외향성, 우호성, 정서적안정성)의 평균 점수와 각 개인의 점수가 얼마나 차이가 나는지를 구하고 이를 합산한다.

부서 단위 문화 차이 = | 개인의 개방성 점수 – 부서의 개방성 평균 | +
| 개인의 성실성 점수 – 부서의 성실성 평균 | +
| 개인의 외향성 점수 – 부서의 외향성 평균 | +
| 개인의 우호성 점수 – 부서의 우호성 평균 | +
| 개인의 정서적안정성 점수 – 부서의 정서적안정성 평균 |

이렇게 나온 부서 단위 문화 차이 변수는 특정 부서에 속한 각 개인의 개방성, 성실성, 외향성, 우호성, 정서적안정성 점수가 부서의 평균 점수와 얼마나 차이가 나는지를 계산한 것이다. 단순 차이이므로 절댓값을 적용한다. 만약 각 항목에서 개인의 점수와 부서의 평균 점수가 똑같다면 부서 문화 차이는 0 이고, 개인의 점수와 부서의 평균 점수 간 절댓값의 차이가 벌어질수록 부서 단위 문화 차이는 벌어진다. 이렇게 되면 부서 단위 문화 차이는 문화 적합성이 아니라 문화 부적합성을 의미하게 된다. 따라서 이 값에 역수를 취해 부서문화 적합성 지표를 구성하였다.

부서문화 적합성 = 1 / 부서문화 차이

먼저 5개 인성 검사 변수가 포함된 데이터프레임 df에서 group_by( ) 함수를 적용하여 사업부별로 데이터를 나눈다. 그리고 summarise( ) 함수를 적용하여 인성검사 5개 항목에 대한 부서 평균값을 계산하여 personality_avg라는 객체에 저장한다(42). 다음으로 left_join( ) 함수를 이용하여 personality_avg를 df에 결합하는데, 이때 사업부별로 평균 점수가 다르기 때문에 사업부를 키(key)로 정해야 한다(43). 사업부를 기준으로 두 개의 데이터를 결합한다는 뜻이다. 데이터 결합이 어떻게 되었는지 확인하기 위해서는 View(df)를 실행시켜 볼 수 있다. 이제 df 데이터프레임에서 5개 항목 각각에 대해 개인의 점수와 사업부 평균 점수 간의 절댓값 차이를 구한 후 합해서 personality_diff라는 파생 변수를 만들고, 이 변수에 역수를 취해 personality_fit이라는 파생 변수도 만든다(44).

이제 새롭게 만든 personality_diff와 personality_fit의 기초통계량을 구해보자(45~46). 성격의 차이로 측정된 문화 적합성(personality_fit)은 0.126~2.447까지 분포했고 평균값은 0.307이었다.

```
> summary(df$personality_diff)
    Min.    1st Qu.    Median    Mean     3rd Qu.    Max.
    0.409   2.894      3.611     3.709    4.425      7.948

> summary(df$personality_fit)
    Min.    1st Qu.    Median    Mean     3rd Qu.    Max.
    0.1258  0.2260     0.2769    0.3073   0.3455     2.4447
```

7.2. 직무 적합성 파생변수 생성

직무 적합성은 문화 적합성과는 약간 다르게 접근해야 한다. 직무 적합성은 부서의 평균적 수준보다 높냐 낮냐를 측정하기 때문에 차이의 절댓값 대신 차이 그 자체를 가지고 계산해야 한다. 직무 적합성이 부서 평균보다 높으면 양수로, 낮으면 음수로 나오게 해야 한다는 말이다.

먼저 group_by( )와 summarise( )를 연결해서 사업부별로 평균을 구할 수 있도록 셋팅하고, summarise( ) 함수 안에 각 적성/역량 점수의 부서별 평균을 구하는 공식을 넣는다(47). 위와 마찬가지로 left_join( ) 함수를 이용하여 데이터프레임 df에 사업부별 평균 점수를 결합한다(48). 역시 두 데이터를 결합하는 키는 사업부이다. 마지막으로 데이터프레임 df 안에서 6개 각 항목에 대한 차이를 계산하고 이를 합산하여 competency_fit이라는 파생 변수를 생성한다(49). summary()를 이용하여 간단한 기술통계량을 뽑아본다(50). 차이의 평균은 0이고, 최솟값은 -8.36, 최댓값은 6.01로 나타났다.

```
> summary(df$competency_fit)
Min.       1st Qu.    Median     Mean    3rd Qu.    Max.
-8.36213   -1.60681   0.02819    0       1.67303    6.00787
```

사업부별로 직무 적합성(competency_fit)의 분포를 확인해 보고 싶다면 박스 플롯을 그려볼 수 있다(51). 사업부 모두 데이터가 0을 중심으로 위아래로 고르게 퍼져있는 것을 확인할 수 있다. 사업부별로 평균 점수와 개인 점수 간의 차이를 구했으므로 0을 중심으로 고르게 퍼져있는 것이 당연하다. 파생 변수 생성이 잘 된 것으로 보인다.

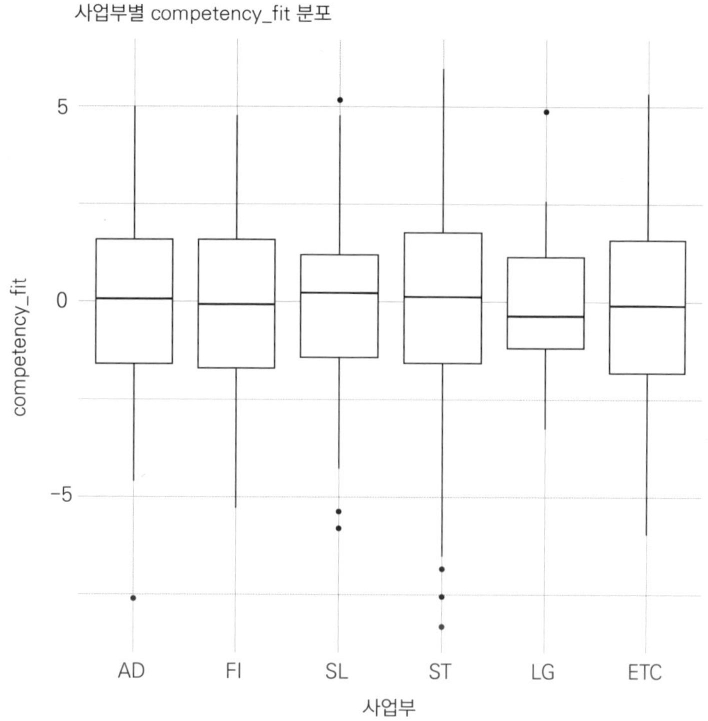

7.3. 문화 적합성과 직무 적합성이 채용 이후 성과에 미치는 영향

이제 파생 변수 준비가 다 되었으므로 부서 단위 문화 적합성과 직무 적합성이 채용 이후 성과를 얼마나 잘 예측하는지 알아보자. 앞에서 수행했던 로지스틱 회귀분석을 다시 사용하되 독립변수에 개별 평가 항목 대신 문화 적합성과 직무 적합성을 넣어보자.

먼저 로지스틱 회귀분석을 위해 glm( ) 함수를 활용한다. 종속변수는 성과로서 저성과자(0)와 고성과자(1)의 두 개 범주를 가지고 있다. 독립변수에는 성별, 연령대, 결혼 여부, 사업부, 그리고 문화 적합성(personality_fit)과 직무 적합성(competency_fit)을 추가했다. 분포는 종속변수가 이진변수이므로 binomial을 선택하였다(52). 분석 결과가 저장된 model 객체에서 VIF를 뽑아 다중공선성 문제가 있는지를 확인해 본다(53). 모든 GVIF 값이 기준인 10보다 크게 낮아 다중공선성 문제를 우려할 필요는 없는 것으로 보인다.

```
> vif(model)
                 GVIF       Df    GVIF^(1/(2*Df))
성별              1.052687   1     1.026005
연령대            1.408379   2     1.089381
결혼여부          1.430734   1     1.196133
사업부            1.238317   5     1.021605
personality_fit   1.020275   1     1.010087
competency_fit    1.04979    1     1.024593
```

summary( ) 함수를 적용하여 각 변수의 효과를 살펴보자(54). 미혼 신입 사원의 성과가 유의미하게 낮았고, 사업부별로도 신입 사원의 성과에 작지 않은 차이가 존재한다. 여기서 주목하는 것은 문화 적합성과 직무 적합성이다. 문화 적합성을 나타내는 personality_fit의 계수는 양수이고 p-값은 매우 작았다. 부서의 평균적인 성격 특성과 유사할수록 해당 부서에 근무하면서 좋은 성과를 달성하는 것으로 해석된다. 한편, 직무 적합성을 나타내는 competency_fit도 양의 방향으로 유의미했다. 즉, 개인의 직무 적합성이 부서 내 다른 직원들보다 높아질수록 고성과자가 될 확률이 증가한다고 말할 수 있다.

```
> summary(model)
Call:
glm(formula = 성과 ~ 성별 + 연령대 + 결혼여부 + 사업부 +
    personality_fit + competency_fit, family = binomial, data = df)
Coefficients:
                    Estimate    Std. Error   z value   Pr(>|z|)
(Intercept)         -1.36098    0.31866      -4.271    1.95E-05    ***
성별여성             -0.0702     0.17576      -0.399    0.68959
연령대30대           -0.27095    0.19185      -1.412    0.157856
연령대40대이상       -0.19198    0.25607      -0.75     0.453423
결혼여부미혼         -0.67114    0.19197      -3.496    0.000472    ***
사업부FI              0.66324    0.33973       1.952    0.050905    .
사업부SL              0.99809    0.27926       3.574    0.000352    ***
사업부ST              1.16515    0.21704       5.368    7.95E-08    ***
사업부LG              0.87355    0.54515       1.602    0.109062
사업부ETC             2.06136    0.34488       5.977    2.27E-09    ***
personality_fit       4.8417     0.83336       5.81     6.25E-09    ***
competency_fit        0.45641    0.04065      11.228    < 2e-16     ***
---
Signif. codes: 0 '***'  0.001 '**'  0.01 '*'  0.05 '.'  0.1 ' '  1

(Dispersion parameter for binomial family taken to be 1)

Null deviance     :  1229.69  on 918  degrees of freedom
Residual deviance:   953.69   on 907  degrees of freedom
AIC: 977.69

Number of Fisher Scoring iterations: 5
```

8 핵심 인사이트

지금까지 채용 당시의 인적성 검사와 면접 평가 데이터를 활용하여 채용 때의 평가 결과가 입사 1년 후 성과를 얼마나 잘 예측할 수 있는지를 다각도로 살펴보았다. 기업들은 지원자에 대한 다양한 평가를 토대로 조직과 직무에 적합한 인재를 선발하고자 노력한다. L사도 물론 예외는 아니다. 그런 노력에도 불구하고 적합한 인재를 선발하는 데 실패하거나, 우수한 성적으로 채용의 관문을 넘어선 신입 직원 중 기대 이하의 성과를 보이는 경우도 적지 않았다. 이러한 문제를 해결하기 위해서는 입사 당시의 평가 결과가 입사 이후의 성과를 잘 예측하는지, 어떤 평가 항목이 높은 예측력을 갖는지 등을 상세히 분석해 볼 필요가 있었다. 이 리포트는 이러한 문제의식에서 작성되었으며, 분석 결과는 향후 채용 프로세스와 평가 기준을 재설계하는 데 유용하게 활용될 수 있을 것으로 판단된다.

인성검사 5개 항목과 적성검사 및 역량평가 6개 항목을 분석해 본 결과, 입사 이후 초기 성과를 가장 잘 예측하는 인성검사 항목은 성실성과 개방성, 정서적안정성이었다. 그중에서도 특히 성실성의 예측력이 매우 높았다. 적성검사 및 역량평가 항목 중에서는 전문성과 팀워크가 높은 예측력을 보였다. 따라서 향후 이러한 평가 기준들에 높은 가중치를 주는 방식으로 채용 평가 방식을 재설계할 필요가 있다고 하겠다. 한편, 언어, 수리, 조직이해, 문제해결의 예측력은 매우 낮았다. 앞으로 채용 평가에서는 이들 항목에 지나치게 매몰되지 않도록 주의할 필요가 있을 것이다.

한편, 부서 직원들의 평균적인 성격 유형과의 유사성을 토대로 만든 문화 적합성 지표는 성과에 매우 강한 긍정적 영향을 미치는 것으로 나타났다. 부서마다 독특한 문화를 가지고 있고, 그러한 문화는 직원들의 성격이나 가치관에 반영된다. 따라서 이러한 문화적, 성격적 특성에 조화되기 어려운 직원들은 부서 적응에 어려움을 겪게 되고, 이는 결국 낮은 성과로 이어질 가능성이 높다. 그동안 L사에서는 인성검사 결과를 부서나 직무 배치에 제대로 활용하지 못해 왔다. 따라서 향후 부서의 문화적 특성과 부서 직원의 성격적 특성을 고려하여 직원을 선발하고 배치할 필요가 있다. 무엇보다 기존 직원들이 가지고 있는 성격 특성이나 가치관과의 일치도를 고려하여 선발하고 배치하는 것을 바람직할 것이다.

마지막으로 부서 직원들에 비해 높은 수준의 직무수행 역량을 가지고 입사한 직원들은 입사 초기에 높은 성과를 달성하는 것으로 나타났다. 전문성, 언어, 수리, 팀워크, 조직이해, 문제해결 등 직무 특성이나 개인적 역량 측면에서는 부서의 평균보다 우수한 직원을 선발하는 것이 성과에 도움이 된다고 할 수 있겠다.

문화 적합성과 직무 적합성에 대한 분석 결과는 선발 기준 재설계에 시사하는 바가 크다. 우선 인성검사를 통해 확인할 수 있는 성격적인 특성은 우월성보다는 부서 내 조화에 초점을 두는 것이 좋다. 즉, 부서 내 기존 직원들과 얼마나 잘 어울릴 수 있는가가 중요하다는 뜻이다. 이에 반해 직무 적합성은 조화보다는 우월성에 초점을 두고 인재를 선발해야 할 것이다.

이 리포트는 입사 후 1년 간의 성과만을 분석했다. 따라서 채용 프로세스에서 쌓인 데이터로 단기적 성과를 예측하는 데 초점을 둔 것이다. 하지만 시간의 범위를 넓혀 장기적 성과에 대한 분석을 시행한다면, 또 다른 측면에서 채용 과정과 평가 기준의 적절성을 평가할 수 있을 것이다. 이를 위해서는 채용 평가 데이터를 축적하고 활용하여 채용 평가 기준에 지속적으로 환류할 수 있는 사내 환경이 마련되어야 할 것이다. 피플팀에서도 이러한 방향으로 노력을 기울일 것이다.

인재 선발 R코드

```
# 기본 라이브러리 ####
library(readxl)     # 엑셀파일 불러오기_read_excel( )                                   (1)
library(dplyr)      # 데이터프레임 처리_select( ), filter( ), mutate( ), summarize( )    (2)
library(psych)      # 기술통계량_describe( )                                            (3)
library(descr)      # 빈도분석_freq( )                                                  (4)
library(ggplot2)    # 시각화_ggplot                                                     (5)
library(car)        # 다중공선성확인_vif( )                                             (6)


# 데이터 불러오기 ####
df<-read_excel("./ch2_selection.xlsx")                                                  (7)
View(df)                                                                                (8)
str(df)                                                                                 (9)


# 3. 데이터 전처리 ####
df$성별      <- factor(df$성별,  levels = c(1, 0), labels = c("남성", "여성"))          (10)
df$연령대    <- factor(df$연령대,  levels = c("20대", "30대", "40대이상"))              (11)
df$결혼여부 <- factor(df$결혼여부, levels = c(1, 0), labels = c("기혼", "미혼"))       (12)
df$사업부    <- factor(df$사업부, levels = c("AD", "FI", "SL", "ST", "LG", "ETC"))     (13)
df$성과      <- factor(df$성과, levels = c(0,1), labels = c("저성과자", "고성과자"))    (14)
str(df)                                                                                 (15)


# 4. 탐색적 분석 ####
## 4.1. 기술통계량
all_columns <- c('개방성', '성실성', '외향성', '우호성', '정서적안정성', '전문성',      (16)
                 '수리', '언어', '팀워크', '조직이해', '문제해결')
describe(df[, all_columns])                                                             (17)
summary(df[, all_columns])                                                              (18)

## 4.2. 빈도분석
table(df$사업부)                                                                        (19)
table(df$사업부, df$성과)                                                               (20)
```

```
## 4.3. 비율분석
round(prop.table(table(df$사업부, df$성과), margin = 1),2) # 행(사업부) 기준 성과 비율        (21)

## 4.4. 범주형 변수 시각화
ggplot(df, aes(x = 성별)) +                                                                  (22)
  geom_bar(fill = 'lightblue') +
  theme_minimal( ) +
  labs(title = "성별 분포", x = "성별", y = "빈도")

ggplot(df, aes(x = 결혼여부)) +                                                              (23)
  geom_bar(fill = 'lightcoral') +
  theme_minimal( ) +
  labs(title = "결혼 여부 분포", x = "결혼 여부", y = "빈도")

ggplot(df, aes(x = 연령대)) +                                                                (24)
  geom_bar(fill = 'lightgreen') +
  theme_minimal( ) +
  labs(title = "연령대 분포", x = "연령대", y = "빈도")

ggplot(df, aes(x = 사업부)) +                                                                (25)
  geom_bar(fill = 'orange') +
  theme_minimal( ) +
  labs(title = "사업부 분포", x = "사업부", y = "빈도")


# 5. 채용 평가 점수와 성과 간의 관계 ####
## 5.1. 고성과자와 저성과자의 채용 평가 점수 비교
pivot_table <- (aggregate(. ~ 성과, data = df[, c(all_columns, '성과')], FUN = mean))     (26)
print(pivot_table)                                                                          (27)
pivot_table_transpose <- t(pivot_table)                                                     (28)
print(pivot_table_transpose)                                                                (29)

diff_table <- pivot_table[2, -1] - pivot_table[1, -1]  # 성과 제외, 열 차이 계산            (30)
diff_table <- data.frame(항목 = names(diff_table), 평균차이 = as.numeric(diff_             (31)
table))
```

```
ggplot(diff_table, aes(x = reorder(항목, 평균차이), y = 평균차이)) +    (32)
  geom_bar(stat = "identity", fill = "skyblue") +
  coord_flip( ) +  # 가로형 막대그래프
  labs(title = "고성과자-저성과자 차이", x = "항목", y = "평균차이") +
  theme_minimal( )

## 5.2. 채용 평가 점수와 성과 간의 관계에 대한 통계적 검정
leveneTest(개방성 ~ 성과, data=df)    (33)
t.test(개방성 ~ 성과, var.equal=FALSE, data=df) # 등분산 성립하지 않음    (34)

### 각 평가 항목에 대해 반복문 수행
for (col in c(all_columns)) {    (35)
  cat("₩n============== 평가항목 :", col, "==============₩n")

  # Levene's test 결과
  levene_result <- leveneTest(df[[col]] ~ df$성과, data = df)
  print(levene_result)

  # Levene's test에서 p-value를 정확하게 추출
  p_value <- levene_result[["Pr(>F)"]][1]  # 첫 번째 값(프레임 형태에서 첫 번째 값 추출)

  if (p_value < 0.05) {
    # 등분산성 성립하지 않음 -> Welch's t-test
    cat("* 등분산성 성립하지 않음₩n")
    t_result <- t.test(df[[col]] ~ factor(df$성과), var.equal = FALSE, data = df)
  } else {
    # 등분산성 성립 -> 일반 t-test
    cat("* 등분산성 성립함₩n")
    t_result <- t.test(df[[col]] ~ factor(df$성과), var.equal = TRUE, data = df)
  }
  # t-test 결과 출력
  print(t_result)

  # t-test 결과 p-value 추출
  p_value_ttest <- t_result$p.value
```

```
  # p-value에 따른 메시지 출력
  if (p_value_ttest < 0.05) {
    cat("* 두 그룹(고성과자와 저성과자) 간 유의미한 차이가 있음₩n")
  } else {
    cat("* 두 그룹(고성과자와 저성과자) 간 유의미한 차이가 없음₩n")
  }
}


# 6. 채용 평가 점수를 통해 본 고성과자 특성 분석 ####
## 6.1. 문화 적합성 평가 항목과 성과 간의 관계
model <- glm(성과 ~ 성별 + 연령대 + 결혼여부 + 사업부+                (36)
             개방성 + 성실성 + 외향성 + 우호성 + 정서적안정성,
             data = df, family = binomial)
vif(model)                                                            (37)
summary(model)                                                        (38)

## 6.2. 직무 적합성 평가 항목과 성과 간의 관계
model <- glm(성과 ~ 성별 + 연령대 + 결혼여부 + 사업부+                (39)
             팀워크 + 조직이해 + 문제해결 +
             전문성 + 수리 + 언어,
             data = df, family = binomial)
vif(model)                                                            (40)
summary(model)                                                        (41)


# 7. 부서 단위 문화 적합성과 직무 적합성이 성과에 미치는 영향 ####
## 7.1. 문화 적합성 파생변수 생성
personality_avg <- df %>%                                             (42)
  group_by(사업부) %>%
  summarise(
    avg_개방성 = mean(개방성),
    avg_성실성 = mean(성실성),
    avg_외향성 = mean(외향성),
    avg_우호성 = mean(우호성),
    avg_정서적안정성 = mean(정서적안정성)
  )
```

```
df <- df %>%                                                    (43)
  left_join(personality_avg, by="사업부")
df <- df %>%                                                    (44)
  mutate(
    personality_diff = abs(개방성 - avg_개방성) +
                       abs(성실성 - avg_성실성) +
                       abs(외향성 - avg_외향성) +
                       abs(우호성 - avg_우호성) +
                       abs(정서적안정성 - avg_정서적안정성),
    personality_fit = 1 / personality_diff
  )

summary(df$personality_diff)                                    (45)
summary(df$personality_fit)                                     (46)

## 7.2. 직무 적합성 파생변수 생성
competency_avg <- df %>%                                        (47)
  group_by(사업부) %>%
  summarise(
    avg_전문성 = mean(전문성),
    avg_수리 = mean(수리),
    avg_언어 = mean(언어),
    avg_팀워크 = mean(팀워크),
    avg_조직이해 = mean(조직이해),
    avg_문제해결 = mean(문제해결)
  )

df <- df %>%                                                    (48)
  left_join(competency_avg, by="사업부")
df <- df %>%                                                    (49)
  mutate(
    competency_fit = (전문성 - avg_전문성) +
                     (수리 - avg_수리) +
                     (언어 - avg_언어) +
                     (팀워크 - avg_팀워크) +
                     (조직이해 - avg_조직이해) +
```

```
              (문제해결 - avg_문제해결),
 )

summary(df$competency_fit)                                    (50)

ggplot(df, aes(x = 사업부, y = competency_fit)) +              (51)
 geom_boxplot( )+
 labs(title="사업부별 competency_fit 분포",
      x="사업부",
      y = "competency_fit"
      ) +
 theme_minimal( )

## 7.3. 문화 적합성과 직무 적합성이 채용 이후 성과에 미치는 영향
model <- glm(성과 ~ 성별 + 연령대 + 결혼여부 + 사업부 +          (52)
             personality_fit + competency_fit,
             data = df, family = binomial)
vif(model)                                                    (53)
summary(model)                                                (54)

# End of File ####
```

III

성과관리

Ⅲ 성과관리

1 성과 평가

성과 평가는 현대 조직 경영에서 핵심적인 요소 중 하나이다. 일반적으로 성과는 개인, 팀, 또는 조직 단위별로 설정한 목표나 기대치에 대비하여 실제로 달성한 결과를 의미한다. 이는 단순히 결과물의 양적 측면뿐만 아니라, 질적 측면, 그리고 그 결과를 얻기까지의 과정을 포함하는 포괄적인 개념이다. 조직의 맥락에서 성과는 재무적 성과, 운영 효율성, 고객 만족도, 혁신 능력, 직원 만족도 등 다차원적 요소로 구성된다. 따라서 성과를 정의하고 측정하는 방식은 조직의 특성, 산업, 그리고 전략적 목표에 따라 다양하게 나타날 수 있다.

성과를 이렇게 정의한다면, 성과 평가는 조직의 목표 달성을 위해 개인과 팀의 성과를 계획하고 측정하며 개선하는 지속적인 프로세스를 가리킨다. 흔히 성과 평가를 의례적인 연말 평가나 보상 결정을 위한 도구로 치부하는 경향이 있다. 하지만, 성과 평가를 프로세스 관점으로 이해한다면, 이러한 관점은 대단히 잘못된 접근이다. 성과 평가가 그저 '평가를 위한 평가'에 그친다면 안 하느니만 못하다. 비용은 비용대로 들고 기대했던 효과는 얻지 못할 가능성이 높기 때문이다. 성과 평가는 조직의 전략적 목표와 개인의 성장을 연계하는 종합적인 관리 시스템이고, 따라서 성과 평가의 결과를 개인과 팀의 업무 수행과 조직 프로세스에 환류하는 것이 매우 중요하다.

성과 평가가 업무 프로세스에 잘 환류되면 조직은 여러 가지 긍정적 효과를 얻게 된다. 첫째, 조직 목표 달성이 용이해진다. 잘 설계된 성과 평가는 개인과 팀의 목표를 조직의 전략적 목표와 연계함으로써 모든 구성원이 같은 방향을 향해 나아가도록 유도한다. 이는 개인이나 팀뿐만 아니라 조직 전체의 성과와 효율성을 제고하는 밑거름이 된다. 각 구성원이 자신의 역할과 책임을 명확히 이해하고, 자신의 업무가 조직 차원에서 어떤 의미를 갖는지 알게 됨으로써 목표 지향적인 업무 수행이 가능해지기 때문이다.

둘째, 직원 동기부여 측면에서도 긍정적 효과가 나타난다. 명확한 기대치를 설정하고 장기적이고 지속적인 피드백을 제공함으로써 직원들에게 동기를 부여하고 지속적인 성장을 촉진하게 된다. 직원들은 자신의 성과가 어떻게 평가되고 있는지, 어떤 부분에서 개선이 필요한지를 명확히 알 수 있게 되며, 이를 통해 자기 계발의 방향을 설정할 수 있다. 이러한 과정은 직원 만족도 향상으로 이어지며, 궁극적으로 우수 인재의 유지에도 긍정적인 영향을 미친다. 특히 성과 평가를 보상과 효과적으로 연계한다면, 직원들이 조직에 대해 갖는 신뢰도와 충성도 또한 상승하게 된다.

셋째, 객관적이고 공정한 의사결정을 지원하게 된다. 적절한 방식의 성과 평가는 승진, 보상, 교육 훈련 등 다양한 인사 관련 의사결정에 유용하게 활용될 수 있다. 아울러, 인사관리 시스템의 공정성과 효과성을 높이는 데에도 성과 평가가 매우 중요한 역할을 담당한다. 누적된 성과 데이터를 적절히 활용하면 평가자의 주관적인 판단을 최소화하는 대신, 구체적이고 측정 가능한 성과 지표를 바탕으로 의사결정을 내릴 수 있다. 이를 통해 조직은 더욱 투명하고 신뢰할 수 있는 인사관리 체계를 구축하게 된다. 아울러 조직문화를 개선하고 조직에 대한 직원들의 신뢰를 향상시키는 긍정적 결과를 가져올 수도 있다.

이렇게 볼 때, 성과 평가는 조직의 전반적인 발전과 경쟁력 강화에 있어서 주춧돌과 같은 역할을 담당한다. 효과적인 성과 평가 시스템은 조직의 전략적 목표 달성을 촉진하고, 직원들의 성장과 발전을 지원하며, 공정하고 투명한 조직문화를 조성하는 데 기여한다. 따라서 현대 조직에서는 성과 평가를 단순한 평가 도구가 아니라 조직의 지속 가능한 성장과 발전을 위한 핵심적인 경영 프로세스로 인식하고 지속적으로 개선해 나가는 노력이 필요하다.

2 성과 평가 방법

2.1. 목표 설정

성과 평가는 목표 설정과 불가분의 관계에 있다. 성과를 측정하고 관리하기 위해서는 명확한 기준이 필요하다. 목표는 개인, 팀, 조직을 평가하기 위한 일차적 기준을 제공한다. 목표를 명확히 설정하고 목표 대비 달성 정도를 평가한다면, 객관적인 성과 평가가 이루어질 수 있다. 그런 의미에서 목표 설정이 전제되지 않은 성과 평가는 사실상 무의미하다. 목표 설정은 조직과 개인에게 명확한 방향성을 제시하고, 업무의 우선순위를 결정하는 데 도움을 주며, 구성원들에게 책임감을 부여하여 성과 향상에 대한 동기를 부여한다. 이러한 효과들로 인해 목표 설정은 효과적인 성과 평가의 핵심 요소로 자리 잡고 있다. 조직에서 사용하는 목표 설정법은 크게 KPI(Key Performance Indicators) 방식과 OKR(Objectives and Key Results) 방식 두 가지가 있다. 각 목표 설정 방법의 특징은 [표 3-1]에 간단히 요약되어 있다.

표 3-1 KPI 방식과 OKR 방식의 목표설정법 비교

	KPI 방식	OKR 방식
이용 목적	비즈니스 성과의 측정	혁신과 성장의 측정
설정 주기	장기적이고 지속적인 측정	보통 연간, 분기
목표의 성격	달성 가능하고 안정적인 목표, 100% 달성을 목표로 함	도전적이고 유연하고 야심찬 목표, 60-70% 달성을 목표로 함
설정 원칙	• Specific: 구체적인 • Measurable: 측정 가능한 • Achievable: 달성 가능한 • Relevant: 관련성 있는 • Time-bound: 기한이 있는	• Objectives: 달성하고자 하는 질적인 목표 • Key Results: 목표 달성을 측정할 수 있는 양적인 결과

KPI 방식과 OKR 방식 두 가지 모두 성과를 측정하고 개선하는 데 사용되지만, KPI 방식은 더 안정적이고 일관된 성과 측정에 적합한 반면, OKR 방식은 더 유연하고 야심찬 목표 설정에 적합하다. 많은 조직에서 이 두 가지 방법을 상호 보완적으로 사용하고 있다.

2.2. 현대적 성과 평가의 특징

성과 평가 시스템은 조직의 효율성과 경쟁력을 높이는 핵심 요소로서 시대의 변화와 함께 지속적으로 진화해 왔다. 특히 최근에는 전통적 성과 평가 방식의 경직성과 단선성을 완화하고 유연성과 다면성을 제고하는 방향으로 성과 평가 시스템이 빠르게 변화하고 있다. 이러한 변화는 단순히 평가 방식이 달라지고 있다는 것 이상의 중요한 의미를 갖는다. 유연성을 강조하는 현대적 접근법의 부상은 조직문화와 업무 방식 전반에 걸친 패러다임의 전환과 깊은 관련을 맺고 있다. 예를 들어, 어도비(Adobe)는 'Check-in' 제도를 도입하여 분기마다 목표를 재설정하고 지속적인 피드백을 받는 성과 평가 방식을 도입했다. 순위와 등급 같은 상대평가 대신 절대평가를 채택한 것도 눈에 띄는 변화이다. 이러한 변화를 통해 연 1회 대규모 인사평가를 시행했을 때에 비해 퇴사자가 30% 감소하는 긍정적인 결과를 얻었다[2].

표 3-2 전통적 성과 평가와 현대적 성과 평가의 비교

	전통적 성과 평가	현대적 성과 평가
평가 주기	연간, 반년 단위의 정기적 평가	수시 피드백과 지속적 평가
평가 방식	상사에 의한 하향식 평가, 상대평가 위주	동료 평가, 자기 평가 등 다면적 평가 방식 활용, 절대평가 위주
평가 기준	실적 중심 평가	조직문화 적합도, 잠재력 등 다양한 요인을 복합적으로 고려
평가 목적	보상 및 인사 결정	개인과 조직의 성장과 발전
피드백 방식	일방향적, 형식적	쌍방향적
목표 설정 주체	기업/상사가 설정한 고정된 목표	조직의 목표를 연계한 유연한 목표
기술 활용	종이 기반 또는 초보적인 디지털 도구 활용	빅데이터와 통계기법을 활용한 다각적인 성과 평가

전통적 성과 평가와 현대적 성과 평가 간의 비교는 [표 3-2]에 간략히 요약되어 있다. 여기서 보는 바와 같이 현대적 성과 평가는 평가 주기, 방식, 기준, 목적, 피

2 Lucas, M., & Rajamohan, S. (2020). Performance Management Practices in IT Sectors-A Study. International Journal of Advanced Research in Management and Social Sciences, 9(11), 1-13.

드백 방식, 목표 설정의 주체 등 다양한 측면에서 전통적 성과 평가와 크게 대비된다. 특히 주목할 것은 데이터 기술의 활용이다. 데이터 기술은 단순히 평가의 정확성과 객관성을 높이는 것을 넘어, 개인과 조직의 성과에 대한 깊이 있는 인사이트를 제공하고 미래 성과를 예측하는 데까지 활용되고 있다. 데이터 기반의 성과 평가 방식이 발전하면서 더욱 정교하고 객관적인 평가와 예측이 가능해지고 있다. 이러한 이유로 피플 애널리틱스의 도입과 활용이 현대 조직의 성과 평가 시스템에서 필수적인 요소로 자리를 잡아가고 있다.

2.3. 성과 평가의 단위

성과 평가는 조직의 특성과 업무의 성격에 따라 다양한 형태로 이루어질 수 있다. 대부분의 현대 조직에서는 개인 단위, 그리고 팀 단위 평가를 복합적으로 활용한다. 개인 단위 평가는 개별 구성원의 성과와 기여도를 구체적으로 파악할 수 있기 때문에, 개인의 책임감과 동기부여에 효과적이다. 한편, 많은 업무가 팀 단위로 이루어지는 현대 조직에서는 팀 단위 성과 평가도 점점 중요해지고 있다. 팀 단위 평가는 팀원 간 협력을 장려하고 시너지 효과를 촉진할 수 있다.

흔히 우수한 개인이 모인 팀은 당연히 그 성과도 우수하리라 생각하는 경향이 있다. 이러한 일반적인 인식과는 달리 그렇지 않은 경우도 비일비재하다. 국제 스포츠 대회에서 최고 선수들이 모인 드림팀이 뜻밖의 졸전을 펼치는 경우도 적잖이 발생한다. 이러한 이유로 성과 평가에서 개인, 부서, 기업의 성과를 종합적으로 고려하는 통합적 접근이 중요하다. 따라서 현대 조직의 성과 평가는 단순히 개별 구성원의 업무 수행 능력을 평가하는 데 그쳐서는 안 된다. 이를 넘어 조직의 전략적 목표 달성에 기여하는 정도를 측정하고 관리하는 것이 성과 평가의 필수적인 요소라고 할 수 있다. 모든 조직 구성원은 개인과 조직의 목표를 연계함으로써 조직의 비전과 목표를 명확히 이해하고 자신의 역할을 인식해야 한다. 또한, 개인의 노력이 조직의 성공에 어떻게 기여하는지 직접적으로 확인할 수 있다면, 동기부여나 책임감 상승 등의 효과를 기대할 수도 있을 것이다.

하지만 개인의 성과와 조직의 목표를 효과적으로 연계한다는 게 말처럼 쉬운 건 아니다. 이를 위해 조직은 다음과 같은 접근 방식을 고려해 볼 수 있다. 첫째,

목표를 순차적으로 연계하는 것이다. 이는 기업의 전략적 목표에 맞춰 부서의 목표를 설정하고, 그에 기초하여 개인 수준의 목표까지 단계적으로 세분화하여 설정하는 방식이다. 둘째, 균형 성과표(Balanced Scorecard; BSC)의 활용이다. 이는 재무, 고객, 내부 프로세스 등 다양한 관점에서 성과를 측정하고 관리하는 방법으로서 단기적 성과와 장기적 가치 창출을 균형 있게 고려할 수 있게 해 준다. 또한 조직 전체의 이해와 협력을 통해 다양한 부서의 관점을 통합적으로 반영할 수도 있다. 셋째, 관리자와 직원 간의 지속적인 대화이다. 정기적인 성과 평가 외에도 목표의 진행 상황을 점검하고 필요한 조정을 반복한다면 개인과 조직의 목표를 지속적으로 연계할 수 있으며, 변화하는 상황에 유연하게 대응하는 데에도 도움이 된다.

3 평가의 객관성과 공정성

성과 평가에서 객관성과 공정성은 핵심적인 이슈이다. 객관적이고 공정한 성과 평가는 조직의 신뢰도와 직결되며, 직원들의 동기부여와 조직 몰입에도 큰 영향을 미친다. 공정하고 객관적인 성과 평가 시스템을 구축하기 위해서는 여러 요소를 종합적으로 고려해야 한다.

먼저, 명확하고 측정 가능한 지표 설정이 중요하다. 이는 모든 구성원에게 일관된 기준을 적용할 수 있게 해주며, 평가의 객관성을 높이는 데에도 핵심적인 역할을 한다. 성과 지표는 조직의 전략적 목표와 연계되어야 하며, 개인의 역할과 책임에 부합해야 한다. 또한, 정량적 지표와 정성적 지표를 적절히 혼합하여 다양한 측면에서 성과를 평가할 수 있어야 한다.

증거 기반의 평가 또한 중요하다. 성과 평가의 결과물을 뒷받침할 수 있는 구체적인 성과 데이터, 프로젝트 결과물, 고객 피드백 등 다양한 종류의 객관적 근거를 균형 있게 활용하는 것이 좋다. 이를 통해 개인적 선호나 편견을 최소화하고, 평가의 객관성을 극대화할 수 있다. 데이터 수집과 분석 과정에서 빅데이터와 AI 기술을 활용한다면, 성과 분석의 정확성과 포괄성이 크게 향상될 것이다.

또한, 모든 구성원에 대해 동일한 평가 프로세스를 적용하고 일관된 기준을 유지해야 한다. 이는 평가의 공정성을 보장하는 기본적인 요소로서, 평가 기준과 프로세스를 모든 구성원이 인지할 수 있도록 명확하게 공지해야 한다. 이를 통해 평가 시스템에 대한 구성원의 이해도와 수용도를 높일 수 있으며, 구성원은 자신의 현재 성과와 개선해야 할 점을 지속적으로 확인할 수 있다.

평가의 일관성이 중요하다고 하더라도 모든 구성원에게 동일한 잣대를 들이대는 것은 바람직하지 않다. 각 구성원이 처한 특수한 상황이나 환경적 요인을 고려하는 균형 잡힌 접근도 필요하다. 예를 들어, 개인이 맡은 역할의 특성, 소속 팀의 특성, 프로젝트의 난이도, 외부 환경 변화 등을 감안하여 평가에 반영해야 한다. 이는 단순히 평가의 공정성을 넘어서 조직 내 다양한 맥락을 이해하고 인정하는 포용적인 성과 평가 문화를 조성하는 데 기여한다.

다면평가 방식의 도입도 객관성과 공정성 확보에 도움이 된다. 구글(Google)의 'Peer Review' 시스템은 이러한 접근의 좋은 예이다[3]. 이 시스템에서는 자기평가 결과와 3~8명의 동료 평가 결과를 종합하여 최종 평가를 내린다. 이러한 방식은 개인의 성과를 다각도에서 평가하여 평가의 객관성을 높이며, 단일 평가자의 주관이나 편견이 평가 결과를 좌지우지할 가능성을 줄일 수 있다.

마지막으로, 성과 평가 이후의 사후 관리도 객관성과 공정성 확보를 위해 꼭 필요한 요소이다. 이의 제기 절차를 마련하여 평가 과정에서 발생할 수 있는 오류나 편견을 수정할 수 있는 기회를 제공해야 한다. 또한, 평가 결과에 대한 구체적이고 건설적인 피드백을 제공할 수 있어야 한다. 이를 통해 구성원들은 자신의 강점과 개선점을 명확히 이해하고, 향후 성과 향상을 위한 방향을 설정할 수 있다. 정기적인 성과 리뷰 세션을 열어 지속적인 피드백과 코칭을 제공하는 것도 효과적이다.

평가의 객관성과 공정성을 확보하기 위한 다양한 방안을 실천하는 것도 중요하지만, 성과 평가의 원활한 작동을 위해 인사부서 관리자들이 꼭 기억해야 할 것이 있다. 성과 평가 시스템 자체에 대한 정기적인 검토와 개선이 필요하다는 점이다. 조직의 변화, 외부 환경의 변화, 새로운 기술의 발전 등을 반영하여 평가 시스템을 지속적으로 업데이트하지 않는다면, 아무리 공정하고 객관적인 성과 평가가 이루

3 Garvin, D. A. (2013). "How Google Sold Its Engineers on Management", Harvard Business Review, 91(12), 74-82.

어지더라도 개인의 성장과 발전, 조직의 성과 향상에는 별 기여를 못하는 일이 발생할 수도 있다. 따라서 평가를 위한 평가에 머무르지 않으려면 현재의 성과 평가 시스템이 가지고 있는 문제를 파악하고 지속적으로 개선하는 작업이 요구된다.

고성과 직원의 특성 분석을 통한 효율적인 성과 관리 방안

1 문제 정의

디지털 기술의 발전으로 기업의 경쟁 환경이 급변하는 가운데, 글로벌 제조기업 O사는 조직 구성원들의 성과 관리 시스템을 개선하기 위한 방안 마련에 착수했다. 최근 몇 년간 업계 내 경쟁이 심화되면서 기업의 지속가능한 성장을 도모하기 위한 효과적인 인적자원관리가 그 어느 때보다 중요해졌다. 특히 밀레니얼 세대의 유입으로 인해 기존과는 다른 새로운 동기부여 요인에 대한 이해가 필요한 시점이 되었다. 성과급과 같은 외재적 보상에만 의존하는 것도 한계에 봉착한 듯하다. 이에 따라 업무 자율성과 성장 기회 제공 등 다양한 측면을 고려한 종합적인 접근이 요구되고 있다. O사는 이러한 변화 속에서 구성원들의 성과를 효과적으로 관리하고 지원할 수 있는 새로운 방안을 모색해야 하는 상황에 직면해 있다. 이에 O사의 인사부서에서는 직원 700명에 대한 인사데이터를 추출하여 고성과자와 저성과자를 구분하는 핵심 요인들을 파악하기로 하였다. 이를 위해 회귀분석과 머신러닝 기법을 활용하여 성과에 영향을 미치는 주요 변수들을 식별하고, 이를 기반으로 효과적인 인재 육성 및 성과 관리 방안에 대한 인사이트를 도출하기로 하였다.

2 활용 데이터 소개

이 장에서 사용하는 'ch3_performance.xlsx' 파일에는 2023년 기준 O사의 구성원 700명의 인사 및 성과 정보가 포함되어 있으며, 데이터에 들어 있는 정보는 다음과 같다.

결혼여부	S: 미혼 / M: 기혼
근무시간	2023년 평균 주당 근무시간
근태사고율	연간 총 근무 일수 대비 지각 혹은 결근 일수의 비율
나이	2023년 기준 만 나이
리더역량	직속 상사의 종합적 역량을 5점 리커트 척도로 측정 (1: 매우 낮음 ~ 5: 매우 높음)
성별	M: 남성 / F: 여성
연봉	연 단위 급여(단위: 천 원)
연차	2023년 기준 입사 후 경과 연도
조직적합도	개인-조직 간 종합적 적응도를 5점 리커트 척도로 측정 (1: 매우 낮음 ~ 5: 매우 높음)
직무만족도	직무에 대한 전반적 만족도를 5점 리커트 척도로 측정 (1: 매우 낮음 ~ 5: 매우 높음)
학력	1: 고졸 이하 / 2: 학사 / 3: 석사 이상
성과	0: 저성과자 / 1: 고성과자

3 데이터 전처리하기

분석을 시작하기 전에 우선 기본 라이브러리를 불러온다(1~6). 라이브러리 설치가 완료되면, 가장 먼저 데이터를 분석하기 적합한 형태로 바꾸어주는 데이터 전처리 과정을 진행한다. 우선 사용할 데이터를 df라는 이름으로 불러온 후, View() 함수를 실행하여 데이터의 기본적인 구조를 확인한다(7~8). RStudio 오른쪽 위의 Data 리스트에서 df를 클릭하면 데이터프레임을 확인할 수도 있다.

다음으로 데이터 타입과 전반적인 데이터 구조를 파악하는 절차가 필요하다. 이를 위해 str(df) 함수를 실행한다(9). 이 단계는 향후 분석 방향을 설정하는 데 중요한 기초 정보를 제공하는데, 무엇보다 데이터 타입, 즉 변수의 유형을 확인하는 과정이 꼭 필요하다.

```
> str(df)
tibble [700 x 12] (S3: tbl_df/tbl/data.frame)
 $ 결혼여부     : chr  [1:700]  "S" "M" "S" "M" ...
 $ 근무시간     : num  [1:700]  35 35 35 35 40 35 35 35 35 40 ...
 $ 근태사고율   : num  [1:700]  0.0468 0.034 0.0468 0.0298 0.0468 ...
 $ 나이         : num  [1:700]  48 49 34 49 30 52 43 38 50 35 ...
 $ 리더역량     : num  [1:700]  3 4 5 3 3 3 2 2 3 4 ...
 $ 성별         : chr  [1:700]  "F" "M" "M" "M" ...
 $ 연봉         : num  [1:700]  132800 34290 58220 109060 21600 ...
 $ 연차         : num  [1:700]  9 23 8 6 7 5 17 12 13 4 ...
 $ 조직적합도   : num  [1:700]  3 4 4 4 4 3 4 3 1 3 ...
 $ 직무만족도   : num  [1:700]  4 3 4 3 3 3 4 3 4 3 ...
 $ 학력         : num  [1:700]  2 2 3 2 1 2 2 2 3 2 ...
 $ 성과         : num  [1:700]  1 0 1 1 0 0 1 1 1 0 ...
```

str() 함수를 통해 데이터의 구조를 살펴보면, 불러온 df 데이터프레임은 총 700개의 관측치와 12개의 변수로 구성되어 있음을 알 수 있다. 현재 '결혼여부'와 '성별' 변수는 문자형(chr) 변수이며, 나머지 변수들은 모두 숫자형(num) 변수로 되어 있다. 이때 변수의 특성에 맞는 올바른 데이터 타입을 지정해 주지 않으면 이후의 분석에서 오류를 일으킬 수 있다. 예를 들어, 연봉은 데이터에 기록된 숫자가 연봉 액수를 의미하는 수치형 변수에 해당하므로 별도의 처리를 필요로 하지 않는다. 그러나 성과 변수에 있는 0과 1은 단순한 수치가 아니다. 0은 저성과자, 1은 고성과자라는 집단 혹은 범주를 나타내는데, 이러한 종류의 변수를 범주형 변수라고 한다.

df 데이터프레임에서 성별, 결혼여부, 학력, 성과 변수는 범주형 변수이다. 이 변수들이 범주형 변수라는 것을 인식할 수 있도록 factor( ) 함수를 통해 데이터 타입을 변환해 준다(10~13). 이후 str(df)를 다시 실행한다면 아래와 같은 결과를 얻는다. 결혼여부, 성별, 학력, 성과는 범주형 변수(factor)로 변환되었고, 각각 몇 개의 범주로 이루어져 있는지와 범주의 이름을 확인할 수 있다.

```
> str(df)
tibble [700 x 12] (S3: tbl_df/tbl/data.frame)
$ 결혼여부     : Factor   w/ 2      levels "M", "S": 2 1 2 1 1 2 1 2 2 2 ...
$ 근무시간     : num      [1:700]   35 35 35 35 40 35 35 35 35 40 ...
$ 근태사고율   : num      [1:700]   0.0468 0.034 0.0468 0.0298 0.0468 ...
$ 나이         : num      [1:700]   48 49 34 49 30 52 43 38 50 35 ...
$ 리더역량     : num      [1:700]   3 4 5 3 3 3 2 2 3 4 ...
$ 성별         : Factor   w/ 2      levels "F", "M": 1 2 2 2 2 2 1 1 1 1 ...
$ 연봉         : num      [1:700]   132800 34290 58220 109060 21600 ...
$ 연차         : num      [1:700]   9 23 8 6 7 5 17 12 13 4 ...
$ 조직적합도   : num      [1:700]   3 4 4 4 4 3 4 3 1 3 ...
$ 직무만족도   : num      [1:700]   4 3 4 3 3 3 4 3 4 3 ...
$ 학력         : Factor   w/ 3      levels "1", "2", "3": 2 2 3 2 1 2 2 2 3 2 ...
$ 성과         : Factor   w/ 2      levels "0", "1": 2 1 2 2 1 1 2 2 2 1 ...
```

4 탐색적 분석

4.1. 기술통계량

데이터의 변수 타입을 살펴본 이후에는 데이터의 전반적인 특성을 파악하는 것이 좋다. describe( ) 함수를 통해서는 평균, 표준편차, 중앙값과 함께 분포의 형태를 파악할 수 있는 왜도와 첨도를 확인한다(14). 만약 특정 변수의 기술통계량만 살펴보고 싶다면 데이터명 뒤에 $를 넣고 해당 변수명을 입력할 수 있다(15). 이때 들어갈 수 있는 변수는 연속형 변수여야 한다. describe(df$연봉)은 df 데이터에 포함되어 있는 연속변수인 연봉의 기술통계량을 출력하는 명령어이다.

```
>describe(df$연봉)
n    mean     sd      median trimmed  mad     min   max    range  skew kurtosis se
700 56652.7 28584.4 51250  53312.6  26205.0 21600 184000 162400 1.05 1.06     1080.4
```

출력된 결과물을 보면 연봉의 평균은 56652.7(단위: 천 원)이고 표준편차는 28584.4이며, 중앙값은 51250이다. 한편 summary( ) 함수는 최솟값, 최댓값, 사분위수 등을 제공하여 데이터의 분포와 이상치 여부를 직관적으로 확인할 수 있다(16). 마찬가지로 summary(df$연봉)과 같이 특정 변수만을 지정할 수 있다(17).

```
>summary(df$연봉)
Min.    1st Qu.   Median   Mean    3rd Qu.   Max.
21600   34935     51250    56653   71513     184000
```

4.2. 범주형 변수에 대한 빈도분석

범주형 변수의 분포를 확인하기 위해서는 빈도분석을 실행한다. table( ) 함수를 이용하여 성별, 결혼여부, 학력, 성과의 범주별 빈도를 확인해 보았다(18~21). 아래와 같이 결과를 정리하여 표로 제시했다. 이 분석에서 초점을 두고 있는 변수인 성과의 경우 변숫값이 0인 저성과자는 422명, 변숫값이 1인 고성과자는 278명으로 나타났다. 고성과자의 수가 상대적으로 적은 것을 확인할 수 있다.

```
> table(df$성별)
      F                M
    332              368

> table(df$결혼여부)
      M                S
    376              324

> table(df$학력)
 고졸 이하      학사      석사 이상
    79         433         188

> table(df$성과)
   저성과자           고성과자
    422              278
```

4.3. 시각화

연속형 변수라면, 혹은 다수의 범주를 가지고 있는 범주형 변수라면, 시각화를 통해 분포를 알아보는 것이 더 직관적일 수 있다. 데이터의 시각화에는 막대그래프, 히스토그램, 박스플롯, 산점도 등 다양한 방법이 있으며, 데이터의 특성과 파악하고자 하는 정보에 따라 적절한 방법을 선택할 수 있다. 분포를 시각화하는 가장 간단한 방법은 히스토그램과 막대그래프를 활용하는 것이다. 연속형 변수라면 히스토그램을, 범주형 변수라면 막대그래프를 사용한다. 본 분석에서는 ggplot2 패키지를 통해 연속형 변수인 나이는 히스토그램으로(22), 범주형 변수인 학력은 막대그래프로(23) 표현해 보았다. 히스토그램은 변수의 분포를 연속된 구간(bin)으로 나누어 표현하며, 막대그래프는 각각의 독립된 범주를 표현하는 것이 특징이다.

ggplot 함수에 시각화할 데이터프레임과 변수를 지정한 후, geom_histogram( )을 통해 히스토그램을, geom_bar( )를 통해 막대그래프를 그릴 수 있다. 히스토그램의 경우 bins 값으로 구간 수를 조절할 수 있으며, 이 값에 따라 구간의 분포를 결정할 수 있으므로 분포를 잘 표현할 수 있는 적절한 값을 찾는 것이 중요하다.

theme_minimal()로 깔끔한 테마를, labs() 내의 title, x, y 파라미터를 통해 그래프의 제목과 축 레이블을 설정할 수 있다.

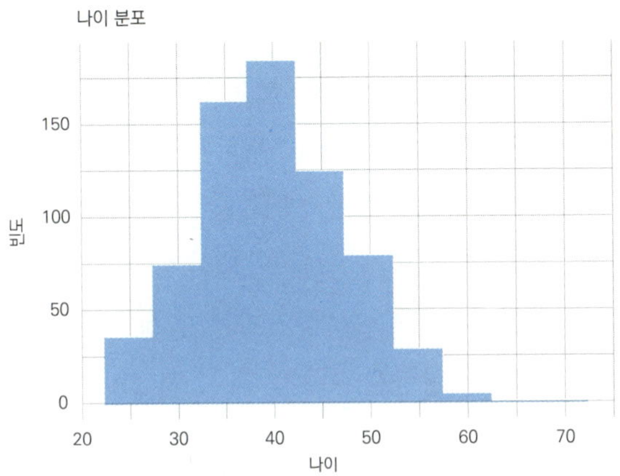

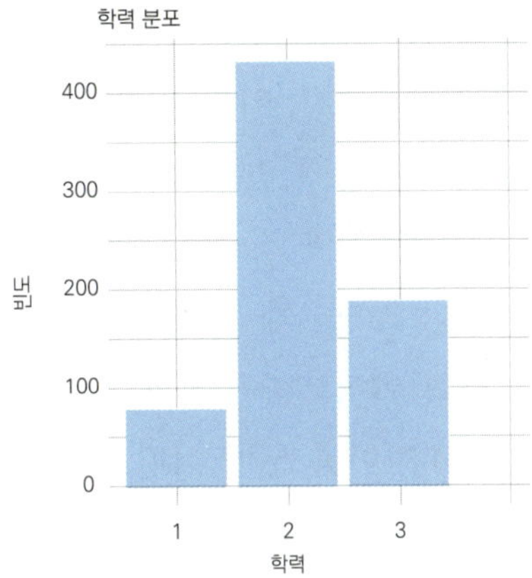

분석 결과에서 보듯이 O사 직원 700명은 30~40대가 주를 이루고, 학력 면에서는 학사학위자가 대부분을 차지한다.

5 로지스틱 회귀분석

성과 관리는 기업의 지속가능한 경쟁력 확보를 위한 핵심 과제이다. 특히 고성과자와 저성과자의 특성을 파악하고 이들을 구분 짓는 주요 요인을 이해하는 것이 효과적인 인적자원관리의 첫걸음이라 할 수 있다. 이러한 분석을 통해 기업은 성과를 높이는 핵심 동인을 파악할 수 있으며, 채용, 교육, 보상 등 다양한 인사 제도의 설계에 실질적인 방안을 마련할 수 있다.

로지스틱 회귀분석을 활용하여 성과에 영향을 미치는 요인을 분석해 보자. 로지스틱 회귀분석은 종속변수가 두 가지 값만을 갖는 이진변수(binary variable)일 때 사용하는 대표적인 분석 방법이다. 선형 회귀분석이 연속형 종속변수를 예측하는 데 사용된다면, 로지스틱 회귀분석은 '고성과자/저성과자'와 같이 두 가지 범주로 구성된 변수를 예측하는 데 활용된다. 로지스틱 회귀분석에서는 종속변수의 확률이 0과 1 사이의 값을 갖기 때문에, 선형 함수 대신 시그모이드(sigmoid) 함수를 사용한다. 시그모이드 함수는 모든 실수 값을 0과 1 사이의 값으로 변환하는 S자 형태의 함수로서, 이를 통해 독립변수들의 선형 결합을 확률로 변환할 수 있다. 따라서 로지스틱 회귀분석의 결과는 특정 사건이 발생할 확률로 해석되며, 필요에 따라 의사결정에 직접적으로 활용될 수 있다는 장점이 있다. 예를 들어 이번 장에서는 고성과자(1)와 저성과자(0)을 구분하는 이진형 종속변수를 활용하기 때문에, 로지스틱 회귀분석을 통해 각 독립변수가 고성과자일 확률에 미치는 영향을 분석할 수 있다. 이를 통해 어떤 요인이 성과에 유의한 영향을 미치는지, 그리고 그 영향력의 크기는 어느 정도인지를 파악할 수 있다.

5.1. 다중공선성 확인

회귀분석을 실시하기 전에는 독립변수 간의 다중공선성 존재 여부를 확인할 필요가 있다. 다중공선성이란 독립변수 간에 강한 상관관계가 존재하는 현상을 의미하는데, 이는 회귀계수의 신뢰성을 떨어뜨리고 결과 해석을 어렵게 만들 수 있다. 분산팽창계수(Variance Inflation Factor; VIF)를 통해 다중공선성을 진단할 수 있으며, 일반적으로 VIF 값이 10 이상인 경우 다중공선성이 있다고 판단한다.

다중공선성을 확인하는 방법에는 크게 두 가지가 있다. 첫째, 연속형 변수만을 대상으로 다중공선성을 확인할 때는 연속형 변수만 포함한 모델을 생성한 후(24), vif( )를 통해 VIF 값을 확인한다(25). 만약 종속변수가 연속형 변수가 아닐 때는 연속형 변수 중 하나를 선택해 임의로 종속변수로 설정한다. 이때 사용하는 lm( )은 선형회귀분석을 위한 함수로, 연속형 변수만 포함하는 경우에 모형을 설정하는 방법이다. 둘째, 범주형 변수까지 포함한 로지스틱 회귀분석이라면, glm( ) 모델을 생성한 후 GVIF 값을 확인한다(26~27). GVIF(Generalized VIF)는 일반화된 분산팽창계수로, 범주형 변수가 포함된 경우 기존 VIF 대신 사용한다. 기본 VIF와 마찬가지로 값이 10 이상이면 다중공선성이 있다고 판단한다.

아래 결과에서 보는 바와 같이 연속형 변수만 포함했을 때와 범주형 변수까지 포함했을 때 모두 VIF값과 GVIF 값이 매우 낮으므로 모델에 왜곡을 가져올 만한 다중공선성 문제는 없는 것으로 보인다.

```
> vif(linear_model)
근태사고율   나이       리더역량    연봉       연차       조직적합도  직무만족도
1.008506   1.031958   1.012452   1.019234   1.019389   1.024096   1.007859
```

```
> vif(logit_model)
                   GVIF       Df    GVIF^(1/(2*Df))
$ 결혼여부          1.073800   1       1.036243
$ 근무시간          1.009223   1       1.004601
$ 근태사고율        1.014172   1       1.007061
$ 나이              1.017585   1       1.008754
$ 리더역량          1.020438   1       1.010167
$ 성별              1.010244   1       1.005109
$ 연봉              1.031515   1       1.015635
$ 연차              1.093075   1       1.045502
$ 조직적합도        1.026441   1       1.013134
$ 직무만족도        1.021625   1       1.010755
$ 학력              1.033297   2       1.008222
```

5.2. 모형 해석

앞서 다중공선성 확인을 위해 로지스틱 회귀분석 모델을 구축했다(28). 이 모델은 logit_model이라는 객체에 저장되어 있는데, summary( ) 함수를 실행하여 그 결과를 출력하였다(29).

```
> summary(logit_model)

Call:
glm(formula = 성과 ~ 결혼여부 + 근무시간 + 근태사고율 +
    나이 + 리더역량 + 성별 + 연봉 + 연차 + 조직적합도 +
    직무만족도 + 학력, family = binomial, data = df)

Coefficients:
             Estimate    Std. Error   z value   Pr(>|z|)
(Intercept)  -6.193e+00  1.371e+00    -4.517    6.27e-06   ***
결혼여부S    -2.517e-01  1.833e-01    -1.373    0.169741
근무시간     -1.143e-03  2.578e-02    -0.044    0.964646
근태사고율   -1.165e+01  5.421e+00    -2.148    0.031697   *
나이          3.980e-02  1.185e-02     3.357    0.000788   ***
리더역량      5.154e-03  1.210e-01     0.043    0.966024
성별M        -5.246e-01  1.770e-01    -2.965    0.003031   **
연봉          3.078e-05  3.565e-06     8.635    < 2e-16    ***
연차         -1.744e-03  1.213e-02    -0.144    0.885647
조직적합도    3.914e-01  8.760e-02     4.468    7.89e-06   ***
직무만족도    2.788e-01  1.175e-01     2.372    0.017687   *
학력2         8.294e-01  3.090e-01     2.685    0.007262   **
학력3         1.067e+00  3.334e-01     3.199    0.001377   **
---
Signif. codes:  0 '***'  0.001 '***'  0.01 '*'  0.05 '.'  0.1 ' '  1

(Dispersion parameter for binomial family taken to be 1)

Null deviance     :  940.57 on 699 degrees of freedom
Residual deviance:  766.31 on 687 degrees of freedom
AIC: 792.31
```

로지스틱 회귀분석 결과는 일반적인 회귀분석과 그 해석이 크게 다르지 않다. 분석 결과를 보면 여러 변수들이 성과에 유의한 영향을 미치는 것으로 나타났다.

구체적으로 살펴보면, 연봉과 조직적합도가 가장 강력한 정(+)의 영향을 미쳤다. 조직적합도와 성과 사이에 정의 관계가 존재하는 것은 쉽게 이해가 된다. 연봉과 성과 간의 관계가 양의 방향인 것은 선후관계를 따져볼 필요가 있다. 예를 들어, 연봉이 올라가면 동기 부여가 되어 성과가 높아질 수도 있지만, 성과가 좋은 사람이 높은 연봉을 받는 것일 수도 있다. 물론 두 변수가 서로를 강화하는 측면이 있을 수도 있다. 따라서 이러한 결과를 가지고 성과를 높이기 위해 연봉을 더 많이 지급해야 한다고 성급한 결론을 내리지 않도록 주의해야 한다. 어떤 변수가 원인이고 어떤 변수가 결과인지를 면밀히 따져보기 위해서는 패널 분석과 같은 분석 설계가 필요하다.

한편 나이가 많을수록 고성과자에 속할 가능성이 증가했다. 나이가 들면서 직무 경험이 증가하고 업무 기술이 향상되기 때문에 성과를 높인다고 해석할 수도 있다. 하지만 성과 평가 체계가 연령 편향적인 것은 아닌지 점검해 볼 필요도 있다. 성과 평가를 주도하는 집단이 고연령자라면 동일한 연령 집단에 대해 후하게 평가를 내리고 젊은 직원들에게는 다소 박한 평가를 내릴 수도 있기 때문이다. 학력 또한 유의한 효과를 보였는데, 고졸 이하 직원 대비 학사학위 소지자와 석사학위 이상의 직원이 고성과자에 속할 확률이 높았다. 조직적합도와 마찬가지로 직무만족도 역시 성과에 긍정적인 영향을 미쳤다.

반면 성별의 경우 남성이 여성보다 낮은 성과를 보였으며, 근태사고율이 높을수록 성과가 유의하게 감소하는 것으로 나타났다. 직원들의 성과를 높이기 위해서는 근태사고율을 면밀히 모니터링할 필요가 있다고 하겠다. 결혼여부, 연차, 근무시간, 리더의 역량은 성과에 유의미한 영향을 미치지 않는 것으로 확인되었다.

로지스틱 회귀분석의 결과를 해석할 때는 오즈비(odds ratio)를 활용하면 더욱 직관적인 해석이 가능하다. 오즈비란 특정 사건이 발생할 확률과 발생하지 않을 확률의 비율을 의미한다. 로지스틱 회귀분석에서 오즈비는 회귀계수의 지숫값(exp(β))으로 계산되며, 독립변수가 한 단위 증가할 때 종속변수가 발생할 확률이 몇 배 증가하는지를 보여준다. 오즈비가 1보다 크면 독립변수가 증가할 때 종속변수가 발생할 확률이 높아지고, 1보다 작으면 확률이 낮아진다고 해석할 수 있다.

로지스틱 회귀모델의 계수를 오즈비로 변환하는 exp( ) 함수를 통해 오즈비를 확인할 수 있다(30). 예를 들어 남성을 의미하는 성별M을 보자. 이 변수에 해당하는 오즈비는 0.59로 계산되었다. 이는 여성과 비교할 때 남성이 고성과자에 속할 가능성이 59%에 불과하다는 의미이다. 한편 1~5점의 리커트 척도로 측정된 조직적합도의 경우 오즈비가 1.48이었다. 즉, 조직적합도가 1점 증가할 때마다 고성과자에 속할 가능성은 48%씩 상승한다고 해석할 수 있다. 연봉의 경우를 보자. 연봉은 천 원 단위로 설정되어 있으므로 연봉이 1,000원 많으면 고성과자에 속할 확률이 0.00003% 증가한다고 해석할 수 있다. 그렇다면 연봉이 1,000만 원 더 많은 사람은 고성과자에 속할 확률이 얼마나 증가할까? 가령 연봉이 5,000만 원인 사람과 6,000만 원인 사람을 비교한다면 전자에 비해 후자가 고성과자에 속할 확률이 얼마나 높을까? 이를 위해 다음과 같은 계산이 가능하다. exp(estimate*10000) =exp(0.000031*10000)=1.031. 따라서 연봉이 1,000만 원(=10,000천 원) 오를수록 고성과자에 속할 가능성은 3.1%씩 높아진다고 볼 수 있다.

```
> exp(coef(logit_model))
(Intercept)  결혼여부S   근무시간   근태사고율  나이       리더역량   성별M
0.002043     0.777479   0.998858   0.000009   1.040599   1.005167  0.591786

연봉         연차       조직적합도  직무만족도   학력2      학력3
1.000031     0.998257   1.479027   1.321579   2.291994   2.906004
```

5.3. 고성과자 예측 확률 계산

만약, 다른 조건은 고려하지 않고 오직 연봉만을 고려한다면, 연봉이 5,000만 원인 직원이 고성과자에 속할 확률은 얼마나 될까? 또는 30세인 직원이 고성과자에 속할 확률은 어떻게 될까? 다른 모든 변수가 동일할 때, 특정 독립변수의 한 단위 변화가 종속변수에 미치는 영향을 파악하고 싶다면, 한계효과(marginal effect)를 구해볼 수 있다. 로지스틱 회귀분석에서는 독립변수와 종속변수의 관계가 선형이 아닌 S자 형태를 보이기 때문에, 한계효과는 독립변수의 수준에 따라 달라진다. 예를 들어 연봉과 성과의 관계에서, 연봉이 낮은 구간에서는 연봉 상승이 성과 향상에 미치는 영향이 크지 않지만, 중간 구간에서는 그 영향이 급격히 증가하며, 다시 연봉이 매우 높은 구간에서는 영향력이 감소하는 형태를 보일 수 있다. 이러한 비선형적 관계는 시그모이드 곡선의 기울기를 통해 시각적으로 확인할 수 있다.

특정 변수의 한계효과를 확인하기 위해서는 먼저 앞서 생성한 로지스틱 회귀모델을 통해 각 관측치의 예측 확률을 계산해야 한다(31). predict( ) 함수에서 response옵션은 0과 1 사이의 확률값을 출력하라는 의미이다. 시각화에 앞서 options(scipen=100)을 실행하면, 한계효과를 시각화했을 때 확률이 지수표기법으로 출력되는 것을 방지한다(32). 다음으로, 한계효과를 보려는 변수의 예측된 확률값을 시각화한다. 여기서는 연봉 변수를 선택해 geom_point( ) 파라미터와 geom_smooth( ) 파라미터를 통해 점과 추세선을 시각화했다(33). 같은 방법으로 나이와 성과의 관계도 시각화할 수 있다(34).

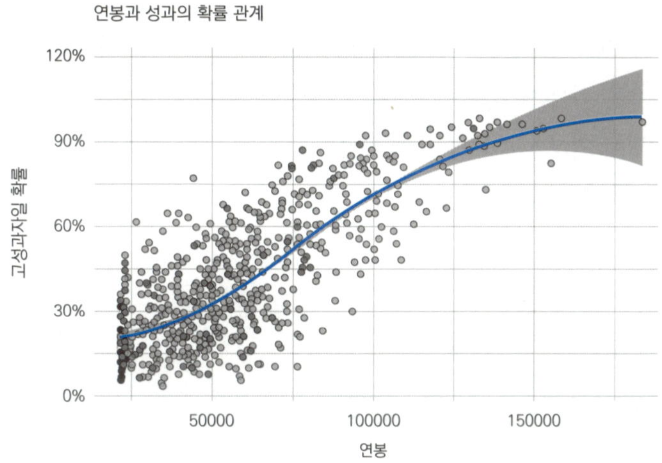

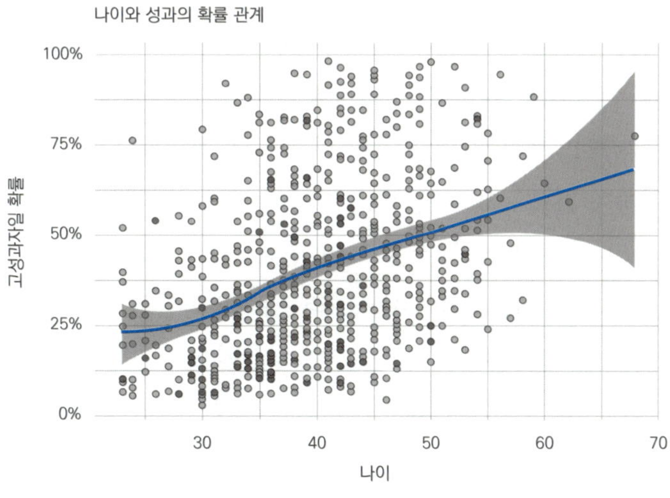

연봉과 나이에 따라 고성과자에 속할 확률이 어떻게 변화하는지 살펴보자. 연봉과 나이는 기본적으로 고성과자 확률과 정(+)의 관계를 갖는다. 이는 앞선 분석 결과와 일치한다. 그림에서 보는 바와 같이 연봉이 높아질수록, 그리고 나이가 많아질수록 고성과자가 될 확률이 증가한다. 그러나 연봉과 성과의 관계, 그리고 나이와 성과의 관계는 약간 다른 패턴을 보인다. 연봉은 S자 곡선 형태를 보이는데, 연봉이 특정 수준에 도달하면 성과가 급격히 증가하다가, 그 이후 다시 증가세가 둔화한다. 이러한 패턴은 연봉이 성과에 미치는 영향이 구간에 따라 다르다는 것을 시사한다. 반면 나이는 거의 직선에 가까운 형태를 보이는데, 이는 나이가 증가함에 따라 성과가 비교적 일정한 비율로 변화한다는 것을 보여준다. 한편 위의 그래프를 보면 특정 연봉을 받는 직원이 고성과자에 속할 확률이 얼마나 되는지를 확인할 수 있다. 가령 연봉을 1억 원 가량 받는 직원은, 다른 모든 조건이 동일할 때 고성과자일 확률이 대략 0.75(75%)일 것이라고 예측된다. 한편 사람에 따라 큰 차이는 있지만, 평균적으로 50세 정도에 이르면 고성과자에 속할 확률이 50%를 넘어서는 것으로 해석할 수 있다.

6 머신러닝 기반 성과 예측

지금까지 로지스틱 회귀분석을 통해 각 변수가 성과에 미치는 영향을 살펴보았다. 이제 머신러닝 기법을 활용하여 성과 예측 모형을 구축해 보자. 머신러닝은 전통적인 통계기법과 달리 변수 간의 복잡한 비선형 관계나 상호작용을 자동으로 포착할 수 있으며, 예측 정확도가 더 높다는 장점이 있다. 여러 머신러닝 기법 중 의사결정나무(Decision Tree)는 분류 규칙을 트리 형태로 시각화하여 직관적인 해석이 가능하다. 랜덤포레스트(Random Forest)는 여러 의사결정나무의 앙상블(ensemble)을 통해 더 안정적이고 정확한 예측을 제공한다. 앙상블이란 여러 개의 예측 모형을 결합하여 더 안정적이고 정확한 예측을 도출하는 방법이다. 여러 전문가의 의견을 종합하여 더 나은 의사결정을 내리는 것처럼, 다수의 모델이 각자 예측한 결과를 투표나 평균의 방식으로 결합하여 최종 예측을 수행해 단일 모형보다 더 높은 예측력을 얻을 수 있다.

6.1. 분류모형 구축

머신러닝 모델의 성능을 판단하기 위해서는 먼저 데이터를 훈련(trainning) 데이터와 테스트(test) 데이터로 분할해야 한다. 훈련 데이터로는 모델을 학습시키고, 모델이 한 번도 보지 못한 테스트 데이터로 예측 성능을 평가함으로써 모델의 일반화 능력을 검증할 수 있다. 이는 모델이 훈련 데이터를 단순히 암기하는 것이 아니라, 실제 새로운 데이터에 대해서도 잘 예측할 수 있는지를 확인하기 위함이다.

이 분석에서 활용할 분류 모형은 랜덤포레스트이다. 따라서 먼저 랜덤포레스트 분류 모형이 들어 있는 라이브러리를 설치한다(35). 다음으로 변수명을 확인한다(36). 변수명을 확인해 보니 앞선 로지스틱 모형에서 저장되었던 예측값 pred_prob이 그대로 남아 있는데, 더 이상 필요하지 않은 변수이므로 이를 삭제해 준다(37). 여기서 pred_prob 앞에 -가 붙은 것은 df라는 데이터프레임에서 이 변수를 제외하라는 의미이다.

머신러닝에서는 데이터 분할 등 여러 과정에서 난수를 활용한다. 모델을 구축할 때마다 난수가 달라지면 당연히 결괏값도 달라진다. 따라서 모델의 재현성을 확보하기 위해 난숫값을 고정하는 것이 좋다. 이를 위해 우선 set.seed( ) 함수로 난숫값을 설정하였다. 여기서는 임의로 2025를 사용하였다(38).

다음으로 훈련 데이터와 테스트 데이터를 7:3의 비율로 분할하였다(39). nrow( )를 통해 데이터프레임의 총 행 개수를 구한 후, 0.7을 곱해 전체 데이터의 70%에 해당하는 숫자를 계산했다. 그 후 sample( ) 함수를 이용하여 데이터프레임의 행 개수에 해당하는 숫자 시퀀스에서 무작위로 70%의 행 번호를 train_index에 저장했다. 마지막으로, train_index에 저장된 행 번호에 해당하는 모든 열 데이터를 train_data로, train_index에 저장된 행 번호에 해당하지 않는 나머지 30%의 데이터를 test_data에 할당해 데이터를 7:3으로 분할한 것이다(40~41). 데이터의 분할이 정상적으로 이루어졌는지는 nrow( ) 함수를 통해 훈련 셋과 테스트 셋의 행 개수를 출력해 검증한다(42~43). 전체 데이터 700개 중 489개는 훈련 셋에, 211개는 테스트 셋에 할당된 것을 확인할 수 있다.

다음으로, '성과'를 종속변수로, 그 외 나머지 변수들을 독립변수로 하는 랜덤포레스트 머신러닝 모델을 구축한다(44). 이때 randomForest( ) 함수 안에는 '종속변수 ~ 독립변수' 형태로 된 모델 구조를 지정하고, data에 사용할 데이터셋을 지정해주어야 한다. ntree 파라미터는 생성할 의사결정나무의 개수를 의미하는데, 더 많은 나무를 생성할수록 안정적인 결과를 얻을 수 있으나 학습에 오랜 시간이 걸릴 수 있으므로 균형을 잘 찾아야 한다. importance 파라미터는 후에 변수 중요도를 계산하기 위해 TRUE로 설정한다.

6.2. 예측 성능 확인

머신러닝 모델의 성능을 확인하기 위해 모델을 테스트 데이터에 적용한다. 211개 데이터에 대해 모델이 예측한 결과와 실제 데이터를 비교하여 평가한다. 이때 다양한 성능 지표를 통해서 모델의 성능을 평가할 수 있는데, 분류 모델에서는 대표적으로 정확도(accuracy), 민감도(sensitivity), 특이도(specificity) 등을 사용한다. 각 성능 지표의 정의를 이해하기 위해서는 먼저 혼동행렬(confusion matrix) 개념을 알아볼 필요가 있다.

		예측값	
		positive	negative
실젯값	positive	True Positive	False Negative
	negative	False Positive	True Negative

혼동행렬은 예측값과 실젯값의 관계를 2x2 매트릭스로 나타낸 것으로, 4개의 셀은 각각 다음과 같은 의미를 갖는다.

- True Positive(TP): 실제로도 양성이고 예측도 양성으로 맞게 이루어진 경우
- False Negative(FN): 실제로는 양성이나 음성으로 잘못 예측된 경우

- False Positive(FP): 실제로는 음성이나 양성으로 잘못 예측된 경우
- True Negative(TN): 실제로도 음성이고 예측도 음성으로 맞게 이루어진 경우

이를 바탕으로 계산하는 분류 모델의 성능 지표와 계산법은 다음과 같다.

- 정확도(Accuracy): 전체 예측 중 올바르게 예측한 비율

$$Accuracy = (TP + TN)/(TP + TN + FP + FN)$$

- 민감도(Sensitivity): 양성으로 분류된 것 중 실젯값도 양성인 비율

$$Sensitivity = TP/(TP + FP)$$

- 특이도(Specificity): 실제로 음성인 값 중에서 음성으로 옳게 분류된 비율

$$Specificity = TN/(TN + FP)$$

이 외에도 데이터 불균형 상황에서 모델의 신뢰성을 더욱 정확히 평가하기 위해 카파(Kappa) 계수를 활용할 수 있다. 이는 우연에 의한 정확한 분류 확률을 고려하여 보정된 정확도를 나타내는 지표이다.

Rstudio에서 혼동행렬을 생성하기 위해서는 caret 패키지를 사용해야 한다(45). 다음으로, predict( ) 함수를 통해 학습된 rf_model로 테스트 데이터의 성과를 예측하여 pred_rf에 저장한다(46). 이후 예측값(pred_rf)과 실젯값(테스트 데이터의 성과 변숫값)을 비교하는 혼동행렬을 생성한다(47). 이때 사용한 caret 패키지의 confusionMatrix( ) 함수는 혼동행렬 생성과 함께 다양한 성능 지표를 계산하여 제공한다. 따라서 confusionMatrix( )의 결과를 출력하면 랜덤포레스트 모델의 정확도, 민감도, 특이도, 카파 계수 값 등을 확인할 수 있다(48). 출력된 결과를 정리해서 제시하면 아래와 같다.

```
> print(confusion_matrix)
Confusion Matrix and Statistics

                     Reference
                     0      1
Prediction   0     116     18
             1       7     70

               Accuracy :  0.8815
                 95% CI :  (0.8301, 0.9218)
    No Information Rate :  0.5829
    P-Value [Acc > NIR] :  < 0.0000000000000002

                  Kappa :  0.7519

 Mcnemar's Test P-Value :  0.0455

            Sensitivity :  0.9431
            Specificity :  0.7955
         Pos Pred Value :  0.8657
         Neg Pred Value :  0.9091
             Prevalence :  0.5829
         Detection Rate :  0.5498
   Detection Prevalence :  0.6351
      Balanced Accuracy :  0.8693

       'Positive' class :  0
```

랜덤포레스트 모델의 성능 평과 결과, 전체적인 예측 정확도는 88.15%로 나타났으며, 95% 신뢰구간은 83.01%에서 92.18% 사이였다. 우연의 효과를 보정한 카파 계수는 0.7519로, 모델이 신뢰할 만한 수준의 예측력을 보여주었다. 세부적으로 살펴보면, 저성과자를 정확히 예측하는 민감도는 94.31%, 고성과자를 정확히 예측하는 특이도는 79.55%로 나타났다. 혼동행렬을 통해 구체적인 예측 결과를 보면, 실제 저성과자 123명 중 116명을 정확히 예측했으며, 실제 고성과자 88명 중 70명을 정확히 분류했다.

6.3. 변수 중요도 분석

랜덤포레스트 모델에서 각 변수의 상대적 중요도를 파악하는 것은 예측에 실질적으로 기여하는 핵심 변수를 식별하는 데 큰 도움이 된다. 변수 중요도는 특정 변수가 모델의 예측 성능에 얼마나 큰 영향을 미치는지를 수치화한 것으로, 이를 통해 성과 예측에 있어 어떤 변수가 더 중요한 역할을 하는지 파악할 수 있다.

랜덤포레스트에서는 크게 두 가지 방식으로 변수 중요도를 측정한다. 첫 번째는 평균 정확도 감소(mean decrease accuracy)방식으로, 각 변수의 값을 무작위로 섞어 예측을 수행했을 때 원래 모델과 비교하여 정확도가 얼마나 감소하는지를 측정한다. 만약 중요한 변수의 값을 무작위로 섞으면 예측 정확도가 크게 떨어질 것이고, 덜 중요한 변수는 섞더라도 정확도 감소가 크지 않을 것이다. 따라서 특정 변수를 섞었을 때 정확도가 크게 감소할수록 해당 변수의 중요도가 높다고 판단할 수 있다.

두 번째, 지니 계수 감소(mean decrease gini) 방식은 각 변수가 의사결정나무의 노드를 분할할 때 기여한 불순도(impurity) 감소량의 평균을 계산해 변수 중요도를 평가한다. 지니 불순도는 한 노드에서 서로 다른 범주가 얼마나 섞여 있는지를 나타내는 지표로, 노드가 순수하게 한 범주로만 구성될수록 낮은 값을 가진다. 예를 들어, 연봉 변수로 노드를 분할할 때 고성과자와 저성과자가 잘 구분된다면 지니 불순도가 크게 감소하므로 이 변수의 중요도가 높게 평가된다. 반대로 특정 변수로 분할하더라도 여전히 고성과자와 저성과자가 섞여 있다면 불순도 감소가 적어 중요도가 낮게 평가될 것이다.

앞서 사용한 randomForest 패키지의 importance( ) 함수 안에 원하는 모델을 넣으면 해당 모델의 변수 중요도를 산출한다. 앞서 생성했던 rf_model을 importance( ) 함수에 사용해 보자(49). 또한 varImpPlot( ) 함수를 통해서 변수 중요도를 시각화할 수도 있다(50). 다만 범주형 변수의 경우, 랜덤포레스트 알고리즘이 내부적으로 더미 변수로 변환하여 처리하지만 변수 중요도는 개별 범주가 아닌 해당 변수의 전체적인 영향력을 나타낸다는 점에 유의하자. 예를 들어 성별 변수의 중요도는 남성과 여성을 따로 구분하여 계산하는 것이 아니라, 성별이라는 변수가 전반적으로 성과 예측에 얼마나 기여하는지를 보여준다.

```
> importance(rf_model)
           저성과자    고성과자   MeanDecreaseAccuracy  MeanDecreaseGini
결혼여부    3.797423   -2.998     1.313418              4.675167
근무시간    0.806915   -1.8241    -0.24949              7.760923
근태사고율  24.91306   18.10353   28.67972              40.20264
나이        2.484675   6.656186   5.890031              28.54812
리더역량    13.37754   9.700372   16.09673              15.80172
성별        0.310651   2.282523   1.585159              6.558837
연봉        44.4839    41.39699   52.85378              72.99852
연차        0.035466   0.225353   0.109778              21.26349
조직적합도  2.145216   6.906689   5.840638              12.69096
직무만족도  4.201489   10.85472   10.06682              12.11389
학력        5.688891   -0.00985   4.517279              7.765559
```

결과를 해석해 보자. 먼저 왼쪽의 '저성과자' 열과 '고성과자' 열은 각 클래스별 정확도 감소를 의미한다. 예를 들어, 가장 값이 큰 연봉 변수는 저성과자를 예측할 때 약 41.48, 고성과자를 예측할 때 약 41.40의 정확도 감소를 보인다. 변수 중에는 음수 값을 보이는 변수도 있는데, 음수가 나오는 것은 해당 변수를 무작위로 섞었을 때 오히려 정확도가 증가했음을 의미한다. 이러한 음수 값은 해당 변수가 실제로는 예측에 도움이 되지 않거나, 오히려 노이즈로 작용할 수 있다는 것을 시사한다. 따라서 예측 성능을 높이기 위해서는 이런 변수들을 모델에서 제외하는 것을 고려해볼 수 있다.

구체적인 변수의 중요도를 보면, Mean Decrease Accuracy 기준으로 연봉이 가장 큰 영향력을 보였으며, 그 다음으로 근태사고율, 리더역량, 직무만족도 순으로 중요한 것으로 나타났다. Mean Decrease Gini 기준으로도 연봉이 가장 중요한 변수로 확인되었으며, 근태사고율, 나이, 연차 순으로 높은 중요도를 보였다.

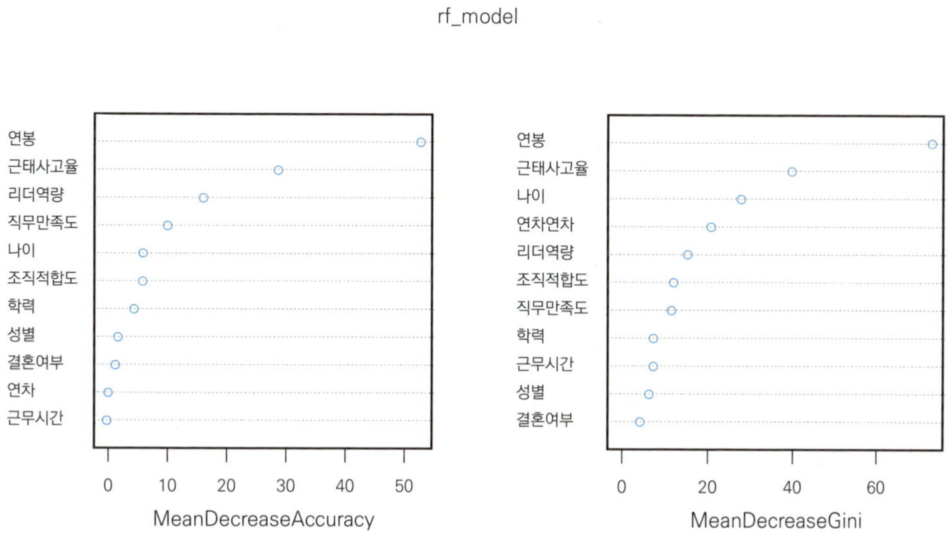

7 핵심 인사이트

분석 결과를 종합해 보면, O사 구성원의 성과에는 크게 세 가지 요인이 주요한 영향을 미치는 것으로 나타났다. 첫째, 연봉은 가장 강력한 고성과 요인으로 확인되었다. 이는 전통적으로 연봉이 직무 동기와 성과의 핵심 동인이었다는 연구 결과와 일치하는 것이다.

둘째, 조직적합도가 성과의 새로운 핵심 요인으로 부상했다는 점에 주목할 필요가 있다. 이는 밀레니얼 세대의 유입이 늘어나면서 개인의 가치관과 조직문화의 정합성이 성과 창출에 있어 매우 중요한 요소로 자리 잡았음을 시사한다. 따라서 O사의 향후 인재 관리에 있어 조직적합도는 핵심적으로 고려해야 할 요소임이 입증되었다.

셋째, 근태사고율이 성과에 미치는 부정적 영향이 상당히 큰 것으로 나타났다. 이는 단순한 근태 관리의 차원을 넘어서, 근태 문제가 있는 구성원들의 성과 저하가 상당히 심각할 수 있음을 보여준다. 특히 근태 문제는 개인의 성과뿐만 아니라 팀 전체의 사기와 생산성에도 영향을 미칠 수 있다는 점에서 중요하게 다루어져야 할 것이다.

이러한 결과는 O사의 인적자원관리 전략에 중요한 시사점을 제공한다. 우선 성과급을 포함한 경쟁력 있는 보상 체계는 여전히 중요하지만, 단순한 금전적 보상을 넘어서 개인의 가치와 조직문화의 정합성을 높이는 노력이 병행되어야 한다. 구체적으로, 채용 단계에서부터 조직가치 적합성 평가를 강화하고, 입사 후에도 멘토링이나 직무 순환 등을 통해 개인과 조직의 적합성을 지속적으로 높여나가야 한다. 또한 근태 문제에 대해서는 단순한 관리와 통제를 넘어서, 유연근무제 도입이나 업무 프로세스 개선을 통해 불필요한 근태 문제를 예방하고, 근무 방식의 혁신을 추진할 필요가 있다.

성과관리 R코드

```
# 기본 라이브러리 ####
library(readxl) # 엑셀파일 불러오기_read_excel( )                                          (1)
library(dplyr) # 데이터프레임 처리_select( ), filter( ), mutate( ), summarize( )          (2)
library(psych) # 기술통계량_describe( )                                                   (3)
library(descr) # 빈도분석_freq( )                                                         (4)
library(ggplot2) # 시각화_ggplot                                                          (5)
library(car) # 다중공선성확인_vif( )                                                      (6)


# 데이터 불러오기
df <- read_excel("ch3_performance.xlsx")                                                  (7)
View(df)                                                                                  (8)
str(df)                                                                                   (9)


# 3. 데이터 전처리####
df$성별 <- factor(df$성별)                                                                (10)
df$결혼여부 <- factor(df$결혼여부)                                                        (11)
df$학력 <- factor(df$학력)                                                                (12)
df$성과 <- factor(df$성과)                                                                (13)


# 4. 탐색적 분석 ####
## 4.1. 기술통계량
describe(df)                                                                              (14)
describe(df$연봉)                                                                         (15)
summary(df)                                                                               (16)
summary(df$연봉)                                                                          (17)

## 4.2. 범주형 변수에 대한 빈도분석
table(df$성별)                                                                            (18)
table(df$결혼여부)                                                                        (19)
table(df$학력)                                                                            (20)
table(df$성과)                                                                            (21)
```

```
## 4.3. 시각화
### 연속형 변수 히스토그램(ex. 나이)
ggplot(df, aes(x = 나이)) +  # x축은 나이                                    (22)
  geom_histogram(fill = 'skyblue', bins = 10) +  # 히스토그램(막대색상과 개수 설정)
  theme_minimal( ) +  # 심플한 테마로 그래프 스타일 설정
  labs(title = "나이 분포", x = "나이", y = "빈도")  # 그래프 제목과 축 레이블

### 범주형 변수 막대그래프(ex. 학력)
ggplot(df, aes(x = 학력)) +                                                 (23)
  geom_bar(fill = "lightgreen") +
  theme_minimal( ) +
  labs(title = "학력 분포", x = "학력", y = "빈도")


# 5. 성과에 영향을 미치는 요인: 로지스틱 회귀분석 ####
## 5.1. 다중공선성 확인
### 연속형 변수만을 포함한 경우
linear_model <- lm(근무시간 ~ 근태사고율+나이+리더역량+연봉+연차+             (24)
                 조직적합도+직무만족도,
                 data = df)
vif(linear_model)                                                           (25)

### 범주형 변수까지 포함한 경우
logit_model <- glm(성과 ~ 결혼여부+근무시간+근태사고율+나이+리더역량+성별+    (26)
                 연봉+연차+조직적합도+직무만족도+학력,
                 family = binomial, data = df)
vif(logit_model)                                                            (27)

## 5.2. 모형 해석
logit_model <- glm(성과 ~ 결혼여부+근무시간+근태사고율+나이+리더역량+성별+    (28)
                 연봉+연차+조직적합도+직무만족도+학력,
                 family = binomial, data = df)
summary(logit_model)                                                        (29)
exp(coef(logit_model)) # 오즈비                                             (30)
```

```
## 5.3. 고성과자 예측 확률 계산
df$pred_prob <- predict(logit_model, type = "response")    (31)
options(scipen = 100)    (32)
ggplot(df, aes(x = 연봉, y = pred_prob)) +  # x축: 연봉/ y축: 고성과자일 확률    (33)
  geom_point(alpha = 0.3) +  # 산점도의 투명도(alpha)는 0.3으로 설정
  geom_smooth( ) +  # 추세선(smooth line) 추가
  theme_minimal( ) +  # 심플한 그래프 스타일
  labs(x = "연봉", y = "고성과자일 확률",  # x축과 y축 라벨, 제목 추가
       title = "연봉과 성과의 확률 관계") +
  scale_y_continuous(labels = scales::percent)  # y축을 백분율(percent)로 표시

ggplot(df, aes(x = 나이, y = pred_prob)) +  # x축: 나이/ y축: 고성과자일 확률    (34)
  geom_point(alpha = 0.3) +
  geom_smooth( ) +
  theme_minimal( ) +
  labs(x = "나이", y = "고성과자일 확률",
       title = "나이와 성과의 확률 관계") +
  scale_y_continuous(labels = scales::percent)


# 6. 머신러닝 기반 성과 예측####
## 6.1. 분류모형 구축
library(randomForest)    (35)

colnames(df)    (36)
df <- select(df, -pred_prob)    (37)
set.seed(2025)    (38)
train_index <- sample(1:nrow(df), 0.7*nrow(df))    (39)
train_data <- df[train_index, ]    (40)
test_data <- df[-train_index, ]    (41)
nrow(train_data)    (42)
nrow(test_data)    (43)
rf_model <- randomForest(성과 ~ 나이+성별+결혼여부+학력+연차+근무시간    (44)
                         +연봉+직무만족도+조직적합도+리더역량+근태사고율,
                         data = train_data,
                         ntree = 700,
                         importance = TRUE)
```

```
## 6.2. 예측 성능 확인
library(caret)                                                          (45)

pred_rf <- predict(rf_model, test_data)                                 (46)
confusion_matrix <- confusionMatrix(pred_rf, test_data$성과)            (47)
print(confusion_matrix) # 성능 출력                                     (48)

## 6.3. 변수 중요도 분석
importance(rf_model) # 변수중요도 수치 확인                             (49)
varImpPlot(rf_model) # 변수중요도 시각화                                (50)

# End of File ####
```

IV

보상관리

Ⅳ 보상관리

1 보상의 정의와 구성요소

보상은 보수와는 다르다. 보상은 보수를 포함하는 더 큰 개념이다. 일반적으로 보수는 직원이 근로의 대가로 받는 금전적 혜택을 의미한다. 보상은 보수 이외에도 회사 비용의 일부분으로 제공되는 비금전적 혜택들도 포함한다. 금전적, 비금전적 지원을 모두 포괄하는 보상은 직원의 업무 만족도와 조직에 대한 충성도를 높이는 가장 핵심적인 요소이다. 기업마다 다소 차이는 있지만, 보상은 대체로 다음과 같은 세 가지 요소로 구성된다.

첫째는 기본급이다. 기본급은 직원이 수행한 업무에 대한 대가로 지급되는 기본 급여와 기타 고정적인 금전적 혜택을 의미한다. 기본급은 일차적으로 직원의 근무 시간, 근속 연수, 직급 및 역할에 따라 결정된다. 기본급은 조직의 보상 구조에서 가장 중요한 부분으로서, 보통 월급이나 연봉 형태로 지급된다. 기본 급여 외에도 다양한 수당이 포함될 수 있는데, 여기에는 직책 수당, 근속 수당, 가족 수당, 그리고 직무의 특성에 따라 지급되는 위험 수당 등이 있다. 수당의 기준이나 지급 방식은 회사의 정책에 따라 다르며, 직원의 상황이나 요구에 맞추어 추가될 수도 있다. 그렇지만, 어느 회사든 기본급이 가지고 있는 원칙은 기본적으로 동일하다. 그 원칙은 회사에 정기적으로 출근하는 것이다. 이는 직원의 성실한 근무 태도를 장려하고, 조직의 안정성을 유지하는 데 기여한다.

둘째, 성과급이다. 성과급은 개인 또는 팀의 성과에 직접적으로 연계된 보상이다. 성과급은 직원들이 업무에서 기대 이상의 성과를 달성할 때 지급되는 보상이기 때문에, 직원들의 동기부여에 막대한 영향을 미친다. 또한 조직의 전반적인 성과 향상에도 기여하는 바가 크다. 성과급은 보통 연말 보너스, 분기 보너스 또는 프로젝트 기반의 보너스 형태로 제공될 수 있다. 추가적으로 주식 옵션(Employee Stock Ownership Plan; ESOPs)은 직원들에게 회사 주식을 매입할 수 있는 기회를 제공함으로써 회사의 성공에 대한 직원들의 몰입도를 강화하는 데 도움을 준다.

셋째, 복리후생도 보상의 한 축을 이루는 요소이다. 복리후생은 급여 외에 제공되는 다양한 혜택으로서, 직원의 복지 및 삶의 질 향상과 직간접적으로 관련된다. 복리후생과 관련된 혜택은 직원들의 업무 만족도를 높이고 직장 생활의 질을 향상시킨다. 또한 일과 삶의 균형에서 없어서는 안 될 요소이기도 하다. 복리후생에는 건강보험, 연금, 휴가와 같은 필수적 혜택부터 주택 지원, 차량 지원 같은 추가 혜택이 포함된다. 근무 환경 개선을 위한 유연 근무제, 재택근무 등의 비금전적 혜택도 복리후생을 구성하는 중요한 요소라고 할 수 있다.

2 보상의 기준

언제, 누구에게, 어떤 방식으로 얼마의 보상을 제공할지를 결정하는 것은 결코 쉬운 일이 아니다. 보상은 직원들이 가장 민감하게 받아들이는 요소 중 하나이기 때문에, 적절하지 않거나 불공정하다고 느껴진다면 직원의 동기와 만족도에 부정적인 영향을 미칠 수 있다. 따라서 보상의 기준을 설정할 때는 조직 내외의 다양한 상황과 요인을 철저히 고려해야 한다. 이는 단순히 금액을 정하는 것이 아니라, 보상을 통해 직원들의 동기부여를 강화하고 조직의 성과를 극대화할 수 있도록 설계하는 작업이다. 보상의 기준을 정하기 위해서는 다양한 측면을 고려해야 한다. 그러나 일반적으로 다음과 같은 기준을 적용해 볼 수 있다.

2.1. 시장 기준

시장 기준은 특정 직무와 관련된 보상 수준을 결정하는 데 중요한 요소이다. 우수 인재를 유치하고 유지하기 위해서는 해당 직무에 적합한 시장 평균 보상을 제공해야 한다. 특히 고도로 특화된 기술이나 희소한 역량이 요구되는 직무의 경우, 시장보다 더 높은 보상을 제공할 필요가 있다. 시장 기준을 반영하기 위해 기업은 정기적으로 경쟁사의 급여 수준을 조사하고, 보상 정책을 시장 변화에 맞춰 조정해야 한다. 예를 들어, IT업계에서 소프트웨어 개발자를 채용한다고 가정해 보자. 이 직무를 수행하기 위해서는 인공지능, 데이터 과학과 같은 고도의 기술적 역량이 요구된다. 이러한 기술을 가진 인재는 공급에 비해 수요가 매우 많다. 이때, 기업이 제공하는 보상 수준이 시장 평균보다 낮다면, 우수한 인재를 채용하거나 유지하기 어려울 수 있다. 따라서 기업은 경쟁사에서 소프트웨어 개발자들에게 제공하는 급여 수준을 조사하고, 이를 바탕으로 시장 평균 이상으로 보상 체계를 설정할 필요가 있다. 이처럼 시장 기준은 특정 직무에 대한 보상 수준을 설정할 때, 기업이 외부 경쟁환경을 고려해야 한다는 것을 의미한다.

2.2. 직무 구조

직무 구조는 조직 내에서 각 직무의 중요성과 복잡성을 체계적으로 정의하는 요소이다. 보상 수준은 각 직무의 역할과 책임에 따라 결정된다. 따라서 조직 내에서 직무 간의 공정한 보상을 제공하기 위해서는 직무 구조를 명확히 정의해야 한다. 직무 평가를 통해 직무 간 상호 관계를 분석하고, 이를 기반으로 적절한 보상 수준을 설정할 수 있다. 예를 들어, 한 대기업의 재무팀이 계층별로 구분된 직무 구조로 되어 있다고 가정해 보자. 우선 재무 분석가 직무는 기초적인 재무 데이터를 분석하고 보고서를 작성하는 역할을 담당한다. 다음으로 재무 관리자는 재무 분석가들이 제출한 데이터를 검토하고, 예산을 관리하며, 더 높은 수준의 재무 결정을 지원한다. 마지막으로 재무 부서장은 조직 전체의 재무 전략을 수립하고, 경영진에게 재무 정책을 제안하며, 큰 규모의 재정적 결정을 내리는 책임을 진다. 재무 분석가가 수행하는 일은 비교적 단순하고 정형화된 분석 업무인 반면, 재무 부서장은 조직의 재무 상태와 전략을 책임지는 중요한 역할을 수행하기 때문에 보상도 더 높을 수밖에 없다. 따라서, 직무 구조는 조직 내에서 각 직무가 가지는 상대적인 가치를 반영하여 적절한 보상 수준을 결정하는 기초가 될 수 있다.

2.3. 급여 구조

급여 구조는 조직 내 직무 간 보상 범위를 정의하는 중요한 요소이다. 일반적으로 좁은 등급 체계는 경력 간 차이를 세분화하여 승진 기회를 자주 제공하는 반면, 넓은 등급 체계는 더 넓은 범위의 보상 구조를 제공하여 장기적인 경력 개발을 지원한다. 이러한 급여 구조는 직원들의 경력 목표와 조직의 장기적인 성과를 동시에 달성할 수 있는 중요한 기초가 된다. 가령, 공무원 체계에서 급수는 공무원들이 수행하는 역할과 직무의 복잡성, 책임 수준에 따라 세분화된 급여 구조를 나타낸다. 9급 공무원과 5급 공무원의 역할과 책임이 다르기 때문에 그에 따른 급여 범위도 다르게 설정된다.

2.4. 직무 그룹

직무 그룹은 유사한 성격과 기능을 가진 직무들을 그룹화하여 관리하는 시스템이다. 이는 조직 내에서 비슷한 업무를 수행하거나 유사한 역량이 요구되는 직무들을 군집화하여 효율적인 관리와 운영을 도모하는 데 초점이 맞춰져 있다. 직무 그룹을 통해 각 그룹에 적합한 보상 범위를 설정하고, 유사한 역할을 수행하는 직원들에게 일관된 보상을 제공할 수 있다. 이는 보상 체계의 투명성과 공정성을 높이며, 직무 간 공정한 보상 체계를 구축하는 데 중요한 역할을 한다. 가령, 대규모 제조업체에서 각 부서별로 유사한 성격을 가진 직무들을 묶어 생산그룹, 품질관리그룹, 연구개발그룹, 인사관리그룹 등으로 나누고, 이에 기반하여 보상 및 관리 체계를 운영할 수 있다. 직무 구조는 조직 내 직무의 위계와 상대적 중요성을 정의하는 데 중점을 둔다. 즉, 각 직무가 조직의 목표 달성에 얼마나 중요한지, 그리고 서로 다른 직무 간의 관계를 어떻게 설정할지를 결정하는 것이다. 이에 반해, 직무 그룹은 직무의 유사성과 연관성에 기반하여 조직 내에서 직무를 묶어 관리하는 방식이다. 이는 특정 역할에 필요한 역량과 요구 사항이 비슷한 직무들을 통합적으로 관리하고 효율적인 보상과 경력 개발 체계를 마련하는 데 초점을 둔다.

3 보상 체계 설계 시 고려사항

앞서 언급한 바와 같이 보상은 직원들에게 매우 민감한 문제이다. 잘못 설계된 보상 체계는 직원들의 불만과 불신을 조장하고 불필요한 갈등을 유발한다. 따라서 인사부서에서 보상 체계를 설계할 때에는 가급적 이러한 문제가 발생하지 않도록 일관된 원칙을 적용해야 한다. 구체적으로 다음과 같은 원칙을 고려해 볼 수 있다.

첫째, 보상의 공정성이다. 자신들의 보상이 어떻게 결정되는지 이해할 수 있도록 투명한 보상 구조를 마련하는 것이 중요하다. 명확한 보상 정책과 절차를 마련함으로써 직원들의 불만을 사전에 차단하도록 해야 한다. 특히 투명한 보상 정책은 직원들에게 조직의 성실성과 전문성을 각인시키고, 조직과 직원 간의 신뢰를 촉진한다. 보상이 객관적인 기준에 따라 이루어지고 일관되게 적용된다고 느낄 때, 직원들은 자신이 소중하게 받아들여진다고 생각하게 되고, 업무에 헌신적으로 참여할 가능성이 높아진다. 보상 기준과 방법을 직원들에게 충분히 설명하고 이해시킴으로써 보상의 공정성에 대한 인식을 제고할 수도 있다. 아울러 구성원들의 의견과 피드백이 반영될 수 있는 구조를 마련하는 것 또한 공정성을 확보하기 위한 유용한 방법이라고 할 수 있다.

둘째, 보상이 성과와 잘 연계되도록 설계해야 한다. 직원들은 그들이 달성한 성과가 명확한 보상으로 연결된다는 확신을 갖게 되면, 목표 달성을 위해 더 큰 노력을 기울일 동기가 생긴다. 이렇게 볼 때, 성과기반 보상은 조직이 개인에게 기대하는 바와 개인이 조직에 기대하는 바를 일치시키는 과정을 포함한다고 볼 수 있다. 따라서 성과기반 보상 설계는 직원들이 조직 목표에 대해 더 높은 동기와 책임감을 느끼도록 유도한다. 이는 개인의 성과 향상뿐 아니라, 조직 전반의 생산성 및 성과 향상에도 긍정적인 영향을 미칠 수 있으며, 결과적으로 직원 만족도와 조직 충성도를 높이는 데에도 기여한다.

셋째, 보상의 일관성이다. 구체적으로 성과와 보상의 관계를 일관되게 유지하는 것이 중요하다. 동일한 성과에는 동일한 보상을 제공함으로써 직원들이 보상 체계를 신뢰하고, 조직의 규칙과 원칙을 공정하게 인식할 수 있도록 해야 한다. 또한, 보상의 기준과 절차는 투명하게 설정하고, 모든 직원에게 동일하게 적용되어야 한다. 이는 특정 상황에서 보상의 기준이 달라지거나 예외적으로 처리될 경우 직원들의 신뢰를 잃게 되는 문제를 방지할 수 있다. 특히, 보상의 일관성을 유지하기 위해 성과평가 시스템을 명확히 설정하고, 평가 결과에 따라 보상이 체계적으로 이루어지도록 해야 한다. 이와 더불어, 직원들에게 보상 기준이 명확히 전달되도록 커뮤니케이션을 강화하는 것도 필수적이다. 직원들은 자신이 기여한 만큼의 보상을 받을 것이라는 확신을 가질 때 더 높은 동기부여를 느끼며, 이를 통해 조직 내 긍정적인 성과를 유도할 수 있다. 따라서, 보상의 일관성은 단순히 공정한 지급에 그치지 않고, 직원들의 행동을 정렬시키고 조직의 목표와 성과를 지속적으로 촉진할 수 있는 필수적인 요소로 작용한다.

급여 데이터 분석을 통한 보상 체계 개선 방향

1 문제 정의

S사는 지난 20년간 빠르게 성장해 온 금융기업이다. 최근 급여, 특히 성과급 지급에 대한 직원들의 불만이 증가하고 있다. 영업점 직원들은 성과 측정이 그나마 용이해서 크게 문제 되지 않지만, 성과를 정량적, 객관적으로 측정하기 어려운 본부 부서 직원들의 불만이 눈에 띄게 늘어나고 있다. 직원들의 불만이 여러 경로를 통해 경영진에 전달되었고, 이에 따라 경영진에서도 회사의 급여 체계, 특히 성과급 체계가 공정하고 합리적으로 설계되어 있는지에 관심을 기울이고 있다.

이에 피플팀에서는 급여 관련 데이터를 분석하여 S사 급여 체계에 어떤 문제가 있는지를 살펴보기로 했다. S사의 급여 체계는 크게 기본급과 성과급으로 구성된다. 기본급은 대체로 연차, 직무구조, 직무그룹 등을 기준으로 제공된다. 한편 성과급은 기본급과 달리 직원 중 일부에게만 제공되며, 기본적으로 개인과 팀의 성과, 그리고 그 성과에 기초한 평가를 기준으로 지급 여부와 지급 규모가 결정된다. 이와 같은 지급 규정을 직원들이 공유하고 있는 상황에서 기준에 맞지 않는 방식으로 기본급과 성과급이 지급된다면 급여 체계의 공정성을 훼손할 우려가 있는 것도 사실이다.

이 리포트는 이러한 목적으로 이루어지는 다양한 분석의 일부로서, 직원 인사 데이터로부터 기본급, 성과급, 성과평가, 부서, 직무 등에 대한 정보를 추출하여 기본급과 성과급이 어떤 기준에 따라 지급되는지를 살펴보고자 한다.

2 활용 데이터 소개

이 장에서 사용할 데이터셋은 'ch4_compensation.xlsx' 파일이다. 이 파일에는 2024년 S사에 근무한 1,448명에 대해 아래와 같은 정보가 저장되어 있다.

직원번호	직원식별번호
성별	M: Male / F: Female
나이	2024년 기준 만 나이
결혼여부	S: 미혼 / M: 기혼
재직기간	입사 후 2024년까지의 재직 연수
부서	AD: 경영 / FI: 재무 / SL: 영업 / ST: 기술지원 / OM: 운영/ ETC: 그 외
직무	AN: 분석 / CL: 사무 / MG: 관리 /RP: 창구영업 / SP: 영업판매 / ETC: 그 외
기본급	연 단위 급여(단위: 천 원)
성과급수령횟수	2024년 성과급 수령 횟수
성과급	2024년 성과급(단위: 천 원)
성과평가	1: 기대미만/2: 기대부응/ 3: 기대초과
성과급수령여부	0: 성과급 수령 / 1:성과급 미수령

3 데이터 전처리

먼저 데이터를 분석에 알맞게 변환하는 전처리부터 시작해 보자. 전처리 과정에서는 보통 결측값을 찾아 적절한 방식으로 처리하거나, 잘못 기재된 값이나 정상적이지 않은 값 등을 찾아 데이터를 수정한다. 또 한 가지 중요한 것이 데이터의 타입을 정해주거나 변환하는 것이다. 데이터 분석에서는 데이터 타입에 따라 사용할 수 있는 분석 방법이 다르다. 따라서 데이터 타입을 알맞은 형태로 설정하지 않으면 오류가 나거나 잘못된 분석 결과가 나올 수 있다.

먼저 데이터 분석을 위한 기본 라이브러리를 설치한다(1~6). 다음으로 데이터를 불러온 후 이를 df라는 이름의 데이터프레임에 저장한다(7). 데이터프레임 이름은 분석하는 사람이 원하는 대로 지정할 수 있다. 여기서는 기억하기 쉽게 df로 설정한다. 다음으로 View( ) 함수를 실행하면 데이터프레임이 별도의 창에 나타난다(8). 열린 스프레드시트를 보고 데이터의 대략적인 모양과 구조를 확인한다. str( ) 함수를 이용해 데이터프레임에 있는 변수의 데이터 타입과 변숫값 입력 방식을 확인한다(9).

```
> str(df)
tibble [1,448 ×12] (S3: tbl_df/tbl/data.frame)
$ 직원번호          : num   [1:1448]   1942069 5244314 2634418 2629087 1942861 ...
$ 성별              : chr   [1:1448]   "M" "M" "M" "F" ...
$ 나이              : num   [1:1448]   47 42 35 38 50 36 41 36 52 33 ...
$ 결혼여부          : chr   [1:1448]   "M" "S" "S" "S" ...
$ 재직기간          : num   [1:1448]   20 4 9 9 27 10 10 13 13 5 ...
$ 부서              : chr   [1:1448]   "ETC" "ETC" "ST" "ETC" ...
$ 직무              : chr   [1:1448]   "ETC" "AN" "AN" "ETC" ...
$ 기본급            : num   [1:1448]   125567 88029 31687 92000 45801 ...
$ 성과급수령횟수    : num   [1:1448]   NA 1 NA NA 1 NA 1 3 1 NA ...
$ 성과급            : num   [1:1448]   NA 12500 NA NA 1000 ...
$ 성과평가          : num   [1:1448]   3 3 2 2 1 2 2 2 2 2 ...
$ 성과급수령여부    : num   [1:1448]   0 1 0 0 1 0 1 1 1 0 ...
```

데이터 타입과 변숫값을 확인한 결과, 성별, 결혼여부, 부서, 직무는 chr로 되어 있는 문자열 형식이며 나머지 변수는 num으로 표시된 수치형임을 알 수 있다. 그리고 성과급 수령 횟수와 성과급에는 NA라는 값이 존재한다. 여기서 NA(not applicable)는 값이 없다는 의미이다. 데이터분석을 할 때에는 NA에 특별히 주의해야 하는데 이에 대해서는 뒤에서 다시 다루도록 한다.

범주형 변수에 대해서 조금 더 알아보자. 데이터에 들어 있는 변수 중 성별, 결혼여부, 부서, 직무는 범주형 변수이다. 성과평가와 성과급수령여부는 현재 수치형으로 되어 있지만, 실제로는 범주형 변수이다. 성과평가에는 1, 2, 3과 같은 숫자가 기입되어 있지만, 숫자가 숫자 그 자체의 의미를 갖는 것이 아니다. 1, 2, 3은 각각 기대이하, 기대부응, 기대초과라는 범주를 가리키는 것이므로 이 변수는 범주형 변수로 보는 것이 타당하다. 또한 성과급수령여부 역시 0은 수령하지 않음, 1은 수령함을 의미하므로 범주형 변수로 보아야 한다.

factor( ) 함수를 이용해 이 변수들을 범주형 변수 타입으로 변경해 준다(10~15). levels를 이용하면 변숫값의 순서를 원하는 대로 지정해 줄 수 있다. 필요한 경우 labels 옵션을 사용하여 변숫값에 레이블을 달아줄 수 있다. 예를 들어 성과평가의 경우 levels로 순서를 1, 2, 3으로 정하고, 각각에 "기대미만", "기대부응", "기대초과"라는 레이블을 달아주었다.

데이터에 있는 기본급과 성과급은 수령 금액인데, 이러한 변수는 치우친 분포를 보이는 것이 일반적이다. 실제로 그러한지를 알아보기 위해서는 평균, 분산, 왜도 등과 같은 기초통계량을 뽑아볼 수 있다. 하지만 좀 더 직관적으로 분포의 형태를 확인하기 위해서는 히스토그램을 활용하는 것도 좋은 방법이다.

히스토그램은 연속형 변수의 분포를 시각화하는 그래프이다. 먼저 기본급의 히스토그램을 그려보았다(16). 아래 왼쪽에 있는 기본급의 히스토그램을 보면 오른쪽으로 길게 뻗은 치우친 분포를 보인다. 다음으로 성과급의 히스토그램을 그려보자. 주의할 것은 성과급은 수령하지 않은 사람도 있기 때문에, 히스토그램을 그리기 전에 수령한 사람만 선택해야 한다. 우선 subset( ) 함수를 이용하여 데이터프레임 df에서 성과급수령여부가 1인 사람만 뽑아 df_bonus라는 객체에 저장했다(17). 마찬가지로 hist( ) 함수를 이용해서 히스트그램을 그려보았다(18). 오른쪽 그림에서 보는 것처럼 성과급은 그 치우친 정도가 더 큰 것으로 나타났다.

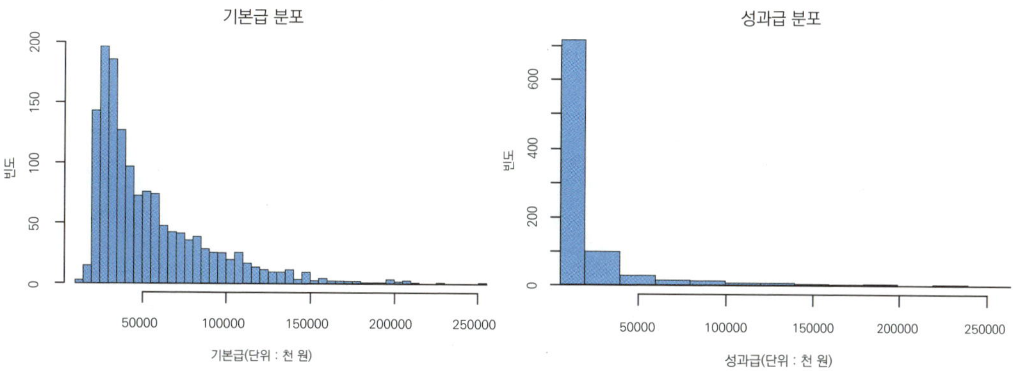

연속형 변수가 이렇게 치우친 분포를 보일 때에는 극단적으로 큰 값을 갖는 소수의 데이터포인트가 분석 결과에 과도한 영향을 미칠 수 있다. 예를 들어, 1, 1, 2, 2, 14와 같은 5개의 데이터포인트를 생각해 보자. 이들의 평균은 4이지만, 5개 중 4개의 데이터는 평균보다 훨씬 아래에 위치해 있다. 14라는 매우 큰 값이 평균을 끌어올린 것이다. 이렇게 치우친 분포를 갖는 경우 보통 로그를 취해 값을 보정한다. 여기서는 log10 변환을 통해 log_기본급과 log_성과급 변수를 생성하였다(19~20).

마지막으로 나이 변수를 변환해 보자. 나이는 분석에서 그대로 쓸 수도 있지만, 연령대로 변환하여 사용하는 경우도 많다. mutate( ) 함수와 case_when 구문을 이용하여 20대, 30대, 40대, 50대 이상의 네 개 범주를 갖는 연령대 변수를 만들었다(21). 이 연령대 변수는 범주형 변수이므로 factor()를 이용해 범주형 변수로 변환하였다(22).

4 탐색적 분석

4.1. 범주형 변수에 대한 탐색적 분석

데이터에 들어 있는 변수 중 일부를 제외하고는 대부분 범주형 변수들이다. 범주형 변수의 분포를 확인하기 위해서는 변수를 구성하는 각 범주에 들어가는 데이터의 빈도를 살펴보아야 한다. table( ) 함수를 이용하여 주요 범주형 변수들을 대상으로 빈도를 뽑아보자(23~27).

```
> table(df$성별)
F                  M
836                612

> table(df$성과평가)
기대미만    기대부응    기대초과
  425         606         417

> table(df$성과평가)
20대    30대    40대    50대이상
270     544     413       221

> table(df$부서)
AD    FI    SL    ST    OM    ETC
140   129   317   98    479   285

> table(df$직무)
AN    CL    MG    RP    SP    ETC
106   186   176   213   225   542
```

범주별 빈도를 수치로 확인하는 것도 좋지만, 빈도분석의 결과를 시각화하면 데이터 분포와 패턴을 보다 직관적으로 이해할 수 있다. 연속형 변수의 경우 보통 히스토그램을 활용하여 분포를 확인하지만, 범주형 변수는 막대그래프를 사용하는 것이 일반적이다. 성별, 성과평가, 연령대, 부서, 직무 각각에 대해 막대그래프를 그려보자(28~32). 성별 코드를 살펴보면, 데이터프레임 df에서 성별 변수를 뽑아 x축에 넣고, geom_bar( )를 통해 막대그래프를 생성한다. 그래프 이름과 축의 이름도 지정해 주면 좋다. 범주별로 막대의 색상을 다르게 지정해 주고, 글자 등을 적당한 크기로 지정해 줄 수도 있다.

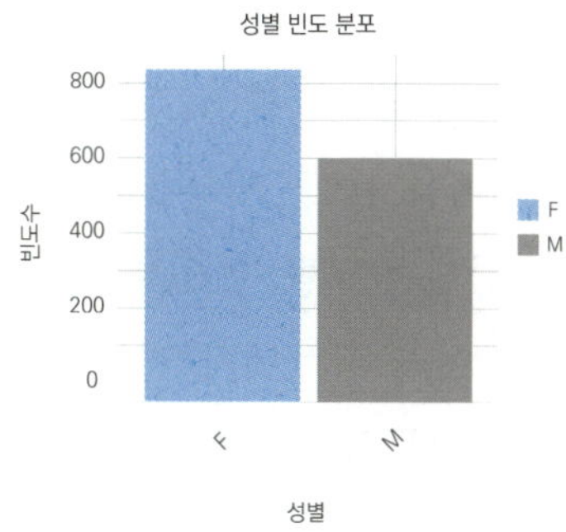

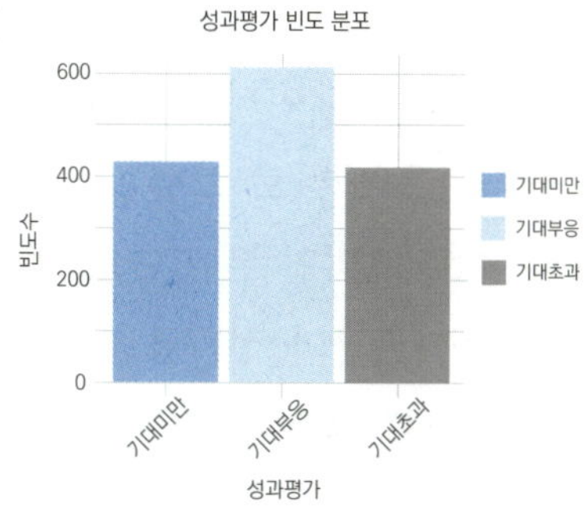

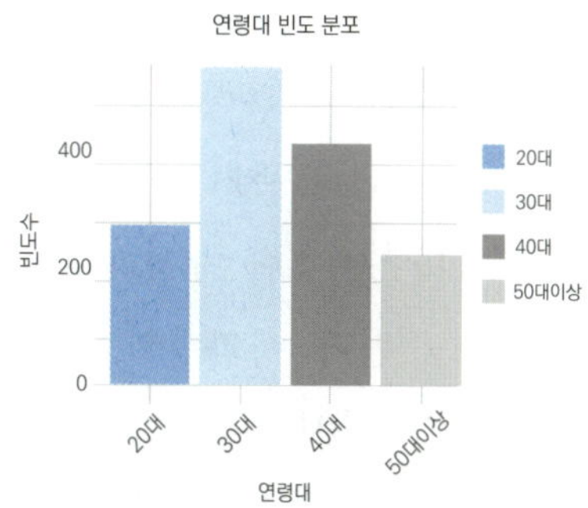

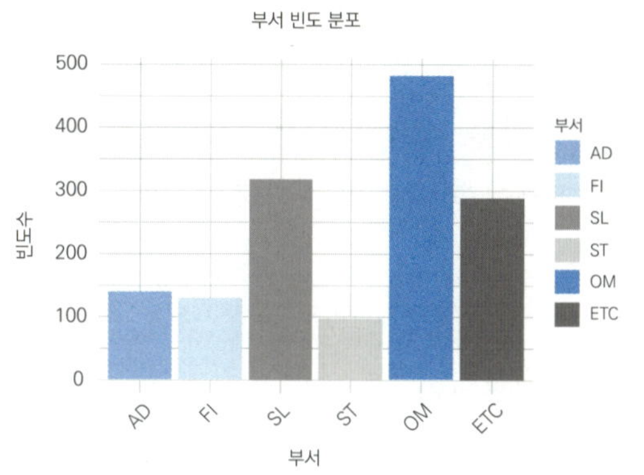

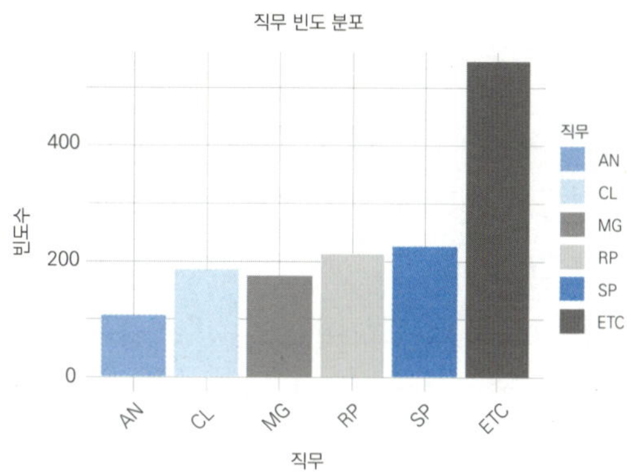

먼저 성별로는 여성이 남성보다 많다. 성과평가 면에서는 기대 부응이 가장 많고 기대미만과 기대초과에 속한 직원 수는 엇비슷하다. 연령대별로 보면, 30대가 500명 이상으로 가장 많고 20대와 50대 이상은 200~300명 수준에 머물고 있다. 운영부서(OM)에 직원이 500명 가까이 있고, 영업부서(SL)는 직원 규모가 300명 정도로 나타났다. 경영부서(AD), 재무부서(FI), 기술지원부서(ST)는 규모가 상대적으로 작다. 마지막으로 직무를 보자. 기타직무(ETC)를 제외하고 가장 많은 직원이 있는 직무는 영업판매직(SP)과 창구영업직(RP)이었으며, 규모가 가장 작은 직무는 분석직(AN)으로서 100명 내외의 직원이 이 직무를 수행하고 있는 것으로 나타났다.

4.2. 기본급과 성과급에 대한 탐색적 분석

앞서 히스토그램을 통해 기본급과 성과급의 분포를 확인해 보았다. 연속형 변수의 특성을 파악하는 또 다른 방법으로 박스플롯이 있다. 박스플롯은 1사분위와

3사분위를 박스로 표시하고 그 안에 2사분위 값(중앙값)의 위치를 선분으로 표시한다. 박스 위아래로 선분을 넣어 전체 데이터가 어떻게 분포되어 있는지를 시각적으로 나타낸다. 범주별로 박스플롯을 따로 그릴 수도 있다. 예를 들어, 기본급의 박스플롯을 남성과 여성으로 따로 그리면 두 집단의 분포를 쉽게 비교할 수 있다.

먼저, 성과평가 결과에 따라 기본급과 성과급의 분포가 차이가 나는지 살펴보자. 앞서 기본급과 성과급에 로그를 적용한 파생변수를 새로 만들었으므로, 여기서는 이 변수들을 활용한다. 코드는 geom_boxplot( )을 사용한다는 점, x축에 독립변수에 해당하는 범주형 변수를 넣고 y축에는 종속변수에 해당하는 연속형 변수를 넣는다는 점을 제외하고는 히스토그램이나 막대그래프와 크게 다르지 않다(33~34). 다만 기본급과 달리 성과급은 수령자들만을 대상으로 분석을 해야 하기 때문에 subset( )에서 성과급 수령자들만을 선택하여 데이터셋을 만든 후 박스플롯을 그렸다.

코드를 실행하여 나온 박스플롯을 살펴보자. 먼저 기본급의 경우 기대초과를 받은 직원이 기대부응이나 기대미만을 받은 직원들보다 기본급 액수가 전반적으로 많았다. 이에 반해 성과급의 박스플롯을 보면, 기대초과 직원들이 다른 집단에 비해 약간 더 많은 성과급을 받는 것으로 나타났지만, 차이는 그렇게 크지 않았다. 간단한 분석이지만, 이 결과는 S사의 급여체계에 다소간 문제가 있는 것은 아닌지 추가적인 분석이 필요함을 시사한다. 보통 기본급은 직무나 직급과 밀접하게 관련되는 반면에, 성과급은 개인이 달성한 성과와 강하게 연동되어야 한다. 그런데 성과평가의 결과에 따른 분포의 차이가 성과급 쪽에서가 아니라 기본급 쪽에서 더 강하게 나타났다. 높은 성과를 달성한 직원이 기본급을 더 많이 받지만, 성과급에서는 그만큼의 혜택을 받지 못하는 상황이라고 할 수 있다.

다음으로 부서별로 기본급과 성과급의 박스플롯을 생성해 보자(35~36). 기본급 수준은 기술지원부서(ST)가 전반적으로 높고, 경영부서(AD)와 운영부서(OM)는 낮은 편이었다. 재무부서(FI)와 영업부서(SL)는 대체로 중간 정도 수준이지만, 부서 내의 편차는 꽤 큰 편이다. 기본급과 달리 성과급 수준은 영업부서(SL)가 가장 높았다. 한편 경영부서(AD)는 성과급 역시 낮은 수준이지만, 부서 내 편차는 꽤 크다. 전체적으로 부서 간 역할과 기여도에 따라 보상이 차별적으로 이루어지고 있다는 것을 보여준다.

마지막으로 박스플롯을 통해 직무별로 보상에 차이가 나는지도 살펴보자(37~38). 기본급의 경우 직무에 따른 차이가 매우 큰 것으로 나타났다. 관리직(MG)이 기본급 수준이 가장 높았으며 사무직(CL)과 창구영업직(RP)은 크게 낮았다. 또한 이 두 직무의 경우 다른 직무들과 비교할 때 직무 내 편차도 매우 적었다. 이들 직무는 급여 상승폭을 제한하는 급여 구조를 가지고 있는 것은 아닌지 살펴볼 필요가 있다. 사무직의 경우에는 성과급 수준도 가장 낮고, 직무 내 편차도 크지 않은 편이다. 이에 반해 창구영업직은 직무 내 성과급 편차가 큰 편이다. 성과급을 많이 받는 직원이 꽤 있는가 하면, 그렇지 못한 직원도 적지 않다는 것이다.

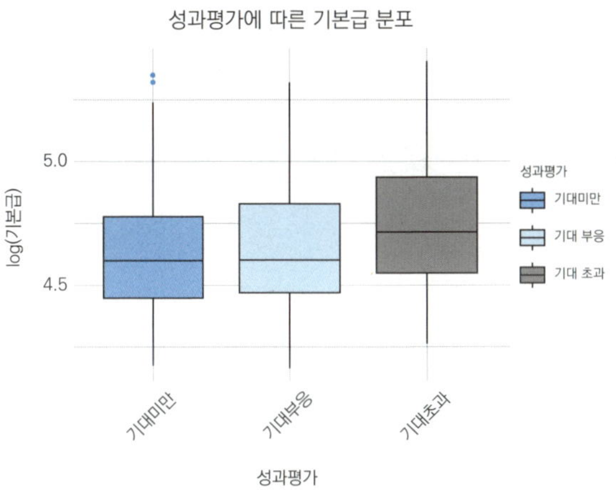

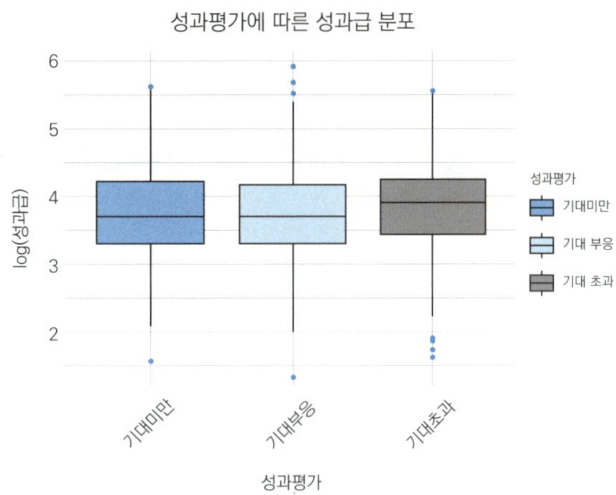

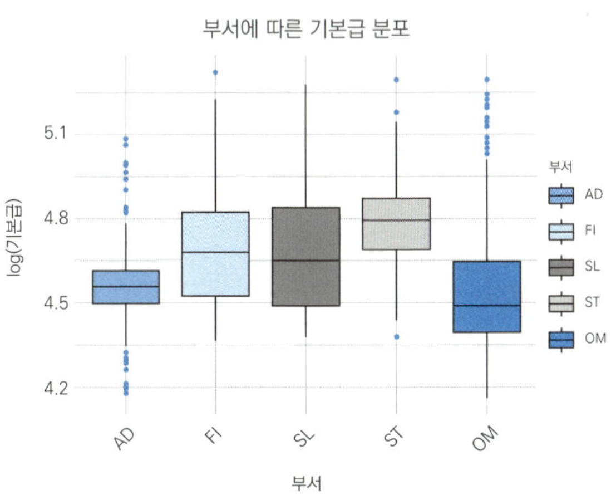

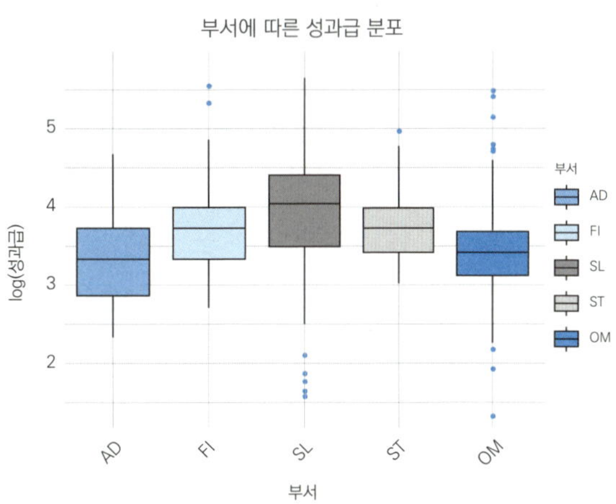

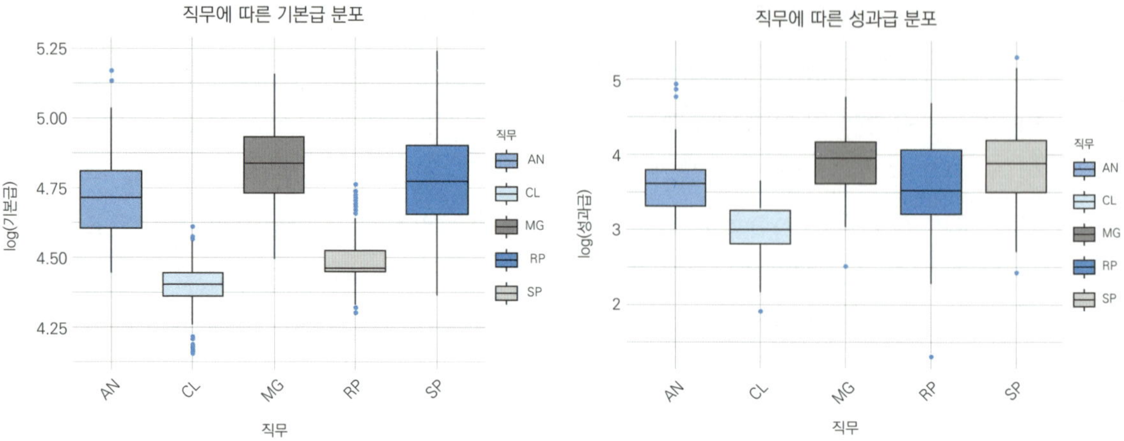

5 기본급과 성과급에 영향을 미치는 요인: 단변량 분석

5.1. 분산분석(ANOVA)

지금까지 기본급과 성과급의 분포가 성과평가, 부서, 직무에 따라 어떻게 차이가 나는지 간략히 살펴보았다. 그렇다면 이러한 차이가 주목해야 할 만큼 커다란 차이라고 말할 수 있을까? 이를 알아보기 위해서는 성과평가, 부서, 직무에 따른 기본급과 성과급의 차이가 통계적으로 유의미한지를 살펴보아야 한다. 이때 성과평가, 부서, 직무와 같이 원인이 되는 변수를 독립변수라고 하고 기본급과 성과급 금액과 같이 결과로 나타나는 변수를 종속변수라고 한다. 기본급에 따라 직무가 결정되는 것이 아니라, 직무에 따라 기본급이 결정된다고 보는 것이 적절하기 때문이다. 독립변수가 두 개의 범주로 구성된 범주형 변수이고 종속변수가 연속형 변수라면 t-검정을 활용하여 범주 간에 차이가 있는지를 검증한다. 만약 독립변수의 범주가 세 개 이상이라면 분산분석을 사용하는 것이 보통이다. 성과평가, 부서, 직무는 모두 세 개 이상의 범주를 가진 독립변수이므로 분산분석을 활용하여 기본급과 성과급의 집단 간 차이를 규명해야 한다.

분산분석 결과는 p-값을 제공한다. 이 값은 집단 간 평균의 차이가 우연에 의해 생성되었을 가능성을 의미한다. 예를 들어, p-값이 0.2라면 집단 간 평균의 차이가 우연의 결과일 가능성이 20%라는 의미이고, 이는 차이가 있다고 자신있게 말하기에는 부담스러운 수치이다. 그렇다면 p-값이 어느 정도 되어야 집단 간 차이가 우연이 아니라 체계적인 원인에 의한 것이라고 판단할 수 있을까? 여러 기준을 적용해 볼 수 있겠지만, 보통 p-값이 0.05보다 작다면 평균의 차이가 "통계적으로 유의미"하다고 본다. 차이가 확실하다고 믿을 만한 통계적 근거가 충분하다는 의미이다. 우연에 의해서 그 차이가 발생할 확률이 5%에 지나지 않기 때문이다.

분산분석에서는 p-값이 기준치보다 작더라도 또 다른 문제가 남는다. 분산분석은 그룹 간에 평균 차이가 있는지 알려줄 뿐, 구체적으로 어떤 그룹과 어떤 그룹 간에 차이가 있는지는 알려주지 않는다. 만약 A와 B, 또는 B와 C가 다른지 하나하나 확인하고 싶다면, 추가적으로 사후검정을 해야 한다. 사후검정은 분산분석에서 집단 간 평균 차이가 유의미하다고 판단되었을 때, 구체적으로 어떤 그룹 간에 차이가 있는지를 확인하는 추가 분석 과정이다.

5.2. 성과평가에 따른 기본급과 성과급의 차이

성과평가 결과가 기본급과 성과급에 영향을 미치는지 알아보기 위해서 분산분석을 실시한다. 분산분석을 실시할 때에는 집단별 분산이 동일하다고 할 수 있는지를 확인하는 작업이 선행되어야 한다. 예를 들어, 성과평가 결과를 기대미만, 기대부응, 기대초과 등 세 개의 집단으로 나눈다면, 이 세 집단의 기본급 혹은 성과급의 분포가 동일하다고 볼 수 있는지를 검증하는 절차가 필요하다는 것이다. 분산이 동일한 경우와 동일하지 않은 경우 분산분석의 공식이 약간 달라지기 때문에, 분산의 동일성을 확인하는 작업이 꼭 필요하다.

분산분석의 절차는 대체로 다음과 같이 진행된다. 분산 동일성 검정을 수행하고, 그에 맞춰 분산분석을 수행한 후, 사후검정을 통해 집단쌍 간의 차이를 확인한다. 우선 사후검정을 위한 라이브러리를 설치한다(39). 그리고 분산이 동일한지를 검정해야 하는데, 가장 일반적인 검정 방법은 Levene's Test이다. log_기본급을 종속변수로, 성과평가를 독립변수로 설정하여 leveneTest( )를 수행한다(40). 결과를 확인해보면 p-value = 0.7772로 나타나 분산이 동일하다는 귀무가설을 기각하지 못한다. 다시 말하면 분산이 동일하다는 가정을 버릴만한 충분한 근거가 없다는 것이다.

그렇다면 분산이 동일하다는 가정을 가지고 분산분석을 수행해야 한다. oneway.test( ) 함수에서 var_equal=TRUE로 설정하여 분산분석을 수행한다(41). 분석 결과를 확인해 보자. p-값이 1.945e-12로 소숫점 11번째 자리까지 0이 나올 정도로 매우 작은 값이다. 따라서 성과평가와 관련된 세 개 집단 간에는 기본급의 차이가 매우 크다고 말할 수 있다.

마지막 단계로 어떤 집단 간에 차이가 있는지를 살펴보자. 성과평가 결과는 기대미만, 기대부응, 기대초과 등 세 개의 집단으로 구성되어 있으므로 이들이 만들 수 있는 쌍은 기대미만-기대부응, 기대미만-기대초과, 기대부응-기대초과 등 세 개가 된다. 사후검정을 통해 이 세 쌍 중 어떤 쌍에서 차이가 있는지를 살펴보면 된다. 어떤 차이가 있는지 확인하기 위해 games_howell_test( )를 이용해 보자(42). 여기서는 p.adj 값을 보면 되는데, 분산분석에서 p-값과 유사하게 해석할 수 있다. 먼저 기대미만-기대부응 쌍의 p-값(p.adj)은 0.263으로 두 집단 간에 기본급에서 차이가 있다고 말하기는 어렵다. 하지만 나머지 두 쌍, 즉 기대미만-기대초과와 기대부응-기대초과는 p-값이 매우 작아 집단 간 차이가 크다고 볼 수 있다. 앞에서 만든 박스플롯을 보면 기대미만과 기대부응의 기본급 분포는 유사하지만, 기대초과의 기본급 분포는 나머지 두 집단에 비해 전반적으로 높다는 것을 확인할 수 있다. 이를 종합해 보면, 성과평가에서 기대초과 평가를 받은 직원은 기대미만이나 기대부응 평가를 받은 직원에 비해 기본급을 평균적으로 높게 받고 있다고 결론지을 수 있다.

```
> leveneTest(log_기본급 ~ 성과평가, data=df)

 Levene's Test for Homogeneity of Variance (center = median)
          Df      F value   Pr(>F)
 group    2       0.2521    0.7772
          1445

> oneway.test(log_기본급 ~ 성과평가, data = df, var.equal = TRUE)

        One-way analysis of means
data:  log_기본급 and 성과평가
F = 27.476, num df = 2, denom df = 1445, p-value = 1.945e-12

> games_howell_test(df, log_기본급 ~ 성과평가)

# A tibble: 3 × 8
  .y.        group1   group2   estimate conf.low conf.high p.adj     p.adj.signif
* <chr>      <chr>    <chr>    <dbl>    <dbl>    <dbl>     <dbl>     <chr>
1 log_기본급 기대미만 기대부응 0.0233   -0.0117  0.0584    2.63e- 1  ns
2 log_기본급 기대미만 기대초과 0.114     0.0755  0.152     1.81e-11  ****
3 log_기본급 기대부응 기대초과 0.0903    0.0546  0.126     1.25e- 8  ****
```

이번에는 성과급으로 눈을 돌려보자. 위에서 만든 박스플롯 중 성과평가에 따른 성과급 분포를 보면, 기대초과가 다른 두 집단에 비해 성과급 수령 액수가 다소 많은 것으로 나타났다. 그렇다면 이러한 차이 역시 유의미한 차이일까? 위와 마찬가지로 각 집단의 성과급 분산이 동일하다는 등분산 검정을 수행해 보자(43). p-값이 0.08로 작기는 하지만, 여전히 기준값인 0.05에는 이르지 못했다. 따라서 등분산을 가정하더라도 큰 문제가 되지 않을 것이다. 다음으로 var.equal=TRUE로 설정하고 분산분석을 실행한다(44). p-값은 0.016으로 세 집단 간에 성과급에서 차이가 있다고 할 수 있다. 다음으로 사후검정을 통해 집단 간 차이의 패턴을 보다 구체적으로 살펴보자(45). 분석 결과를 보면, 기대미만-기대부응, 기대미만-기대초과, 이 두 쌍은 통계적 차이가 없다. 하지만 기대부응-기대초과 쌍에서는 유의미한 차이를 발견하였다. 기대미만-기대초과 간에는 유의미한 차이가 없지만, 기대부응-기대초과 간의 차이는 유의미하다는 사실이 놀랍다. 기대부응 등급을 받은 직원들이 기대미만 등급을 받은 직원에 비해 성과급 지급에서 불이익을 받는 것은 아닌지 검토해 볼 필요가 있다.

```
> leveneTest(log_기본급 ~ 성과평가, data=df)
 Levene's Test for Homogeneity of Variance (center = median)
          Df    F value    Pr(>F)
 group    2     2.5328     0.08 .
          905
---
 Signif. codes: 0 '***' 0.001 '**' 0.01 '*' 0.05 '.' 0.1 ' ' 1

> oneway.test(log_성과급 ~ 성과평가, data = df, var.equal = TRUE)
        One-way analysis of means
data: log_성과급 and 성과평가
F = 4.126, num df = 2, denom df = 905, p-value = 0.01645

> games_howell_test(df, log_성과급 ~ 성과평가)
# A tibble: 3 × 8
   .y.        group1   group2   estimate  conf.low  conf.high  p.adj  p.adj.signif
 * <chr>      <chr>    <chr>    <dbl>     <dbl>     <dbl>      <dbl>  <chr>
 1 log_성과급  기대미만  기대부응  -0.0424   -0.184    0.0996     0.762  ns
 2 log_성과급  기대미만  기대초과   0.102    -0.0391   0.243      0.206  ns
 3 log_성과급  기대부응  기대초과   0.145     0.0275   0.262      0.011  *
```

기본급과 성과급에 대한 분산분석 결과를 종합하면, 성과평가에서 기대초과를 받은 직원들은 다른 평가를 받은 직원들보다 기본급과 성과급 모두 평균적으로 더 높은 금액을 지급받았다. 성과평가가 기본급과 성과급에 어느 정도 연계된다고 할 수 있을 것이다. 다른 한편, 성과평가가 기본급에 연계되는 정도가 성과급에 연계되는 정도보다 더 큰 것으로 보인다는 점에도 주목할 필요가 있다. 성과평가에 따른 기본급의 분산분석에서는 p-값이 매우 작게 나타나 집단 간 차이가 매우 큰 것으로 보인다. 사후검정에서도 그러한 패턴을 계속 유지되었다. 하지만 성과급의 분산분석과 사후검정에서는 집단 간 차이가 존재하기는 하지만 그리 뚜렷하지는 않았다. 성과평가가 기본급보다는 성과급에 더 잘 연계되어야 한다는 게 일반적인 상식이라면, S사의 성과평가 및 급여체계는 이런 상식과는 다소 어긋나는 것은 아닌지 심도 있게 살펴볼 필요가 있다.

5.3. 부서에 따른 기본급과 성과급의 차이

다음으로 부서에 따라 기본급과 성과급에서 차이가 있는지를 살펴보자. 성과급은 보통 성과와 연계되는 것이 일반적이지만, 기본급은 직무에 따라 달라지는 경우가 많다. 개인이 수행하는 직무는 일차적으로 부서별로 나뉘어진다. 따라서 부서별로 기본급과 성과급에 차이가 있는지를 살펴보는 것은 S사 급여체계의 특성을 파악하는 유용한 방법이 될 수 있다.

앞선 성과평가에 대한 분산분석과 같이, 등분산 검정, 분산분석, 사후검정의 절차를 따라 기본급을 종속변수로 한 분산분석을 실시한다. Levene's Test 결과 p-값이 매우 작게 나왔고, 따라서 등분산 가정을 받아들이기 어렵다(46). 집단별 분산이 같다고 보기 어렵기 때문에 var.equal=FALSE로 설정하여 분산분석을 실시한다(47). p-값이 극히 작게 나왔다. 따라서 기본급에 있어서는 집단 간 차이가 매우 크다고 말할 수 있다. 마지막으로 사후검정을 통해 어떤 집단과 어떤 집단 사이에 차이가 있는지를 살펴보았다(48). 결과표에서 p.adj를 일일이 확인하기 어렵다면, p.adj.signif를 보는 것도 좋다. *표가 많을수록 집단 간 차이가 커지는 것이고 ns라고 되어 있는 쌍은 차이가 유의미하지 않다는 뜻이다. AD-OM 쌍과 FI-SL 쌍을 제외하고는 모든 쌍이 유의미한 차이를 보이고 있다. 앞서 부서에 따른 기본급 분포 박스플롯을 산출했는데, 이 플롯을 함께 확인하면 어떤 집단 사이에 어떤 차이가 있는지를 쉽게 이해할 수 있다. 대체로 기술지원부서(ST) > 재무부서(FI)와 영업부서(SL) > 경영부서(AD)와 운영부서(OM) 순으로 기본급이 높다고 볼 수 있다.

```
> leveneTest(log_기본급 ~ 부서, data=df)

 Levene's Test for Homogeneity of Variance (center = median)
          Df     F value    Pr(>F)
group     5      8.6837     4.015e-08 ***
          1442
---
 Signif. codes:  0 '***'  0.001 '**'  0.01 '*'  0.05 '.'  0.1 ' '  1

> oneway.test(log_기본급 ~ 부서, data = df, var.equal = FALSE)

        One-way analysis of means
data:  log_기본급 and 부서
F = 120.46, num df = 5.00, denom df = 452.05, p-value < 2.2e-16

> games_howell_test(df, log_기본급 ~ 부서)

# A tibble: 15 × 8
   .y.        group1 group2 estimate conf.low conf.high p.adj     p.adj.signif
 * <chr>      <chr>  <chr>  <dbl>    <dbl>    <dbl>     <dbl>     <chr>
 1 log_기본급 AD     FI       0.135    0.0676   0.202    3.81e- 7  ****
 2 log_기본급 AD     SL       0.127    0.0738   0.181    5.78e-10  ****
 3 log_기본급 AD     ST       0.224    0.161    0.287    5.55e-14  ****
 4 log_기본급 AD     OM     -0.0199  -0.0675    0.0278   8.38e- 1  ns
 5 log_기본급 AD     ETC      0.325    0.272    0.379    0         ****
 6 log_기본급 FI     SL     -0.0076  -0.0727    0.0575   9.99e- 1  ns
 7 log_기본급 FI     ST       0.0893   0.016    0.163    7    e- 3  **
 8 log_기본급 FI     OM     -0.155   -0.215    -0.0941   7.92e-11  ****
 9 log_기본급 FI     ETC      0.19     0.125    0.255    1.29e-13  ****
10 log_기본급 SL     ST       0.0969   0.0359   0.158    1.22e- 4  ***
11 log_기본급 SL     OM     -0.147   -0.192    -0.1030   8.83e-11  ****
12 log_기본급 SL     ETC      0.198    0.147    0.249    4.56e-10  ****
13 log_기본급 ST     OM     -0.244   -0.300    -0.1880   0         ****
14 log_기본급 ST     ETC      0.101    0.0401   0.162    5.04e- 5  ****
15 log_기본급 OM     ETC      0.345    0.301    0.389    5.05e-10  ****
```

성과급의 경우도 마찬가지 절차를 따라가 보자(49~51). Levene's Test 결과 등분산 가정이 지지되지 않았다(p=0.00027). 따라서 등분산 가정을 하지 않고(var.equal=FALSE) 분산분석을 실시했다. p-값이 매우 작은 것을 볼 때 부서에 따라 성과급에 차이가 있다고 말할 수 있다. 같은 방식으로 사후검정을 수행했다. 다소 복잡하기는 하지만, 앞선 박스플롯에서 가장 많은 성과급을 받은 것으로 나온 영업부서(SL), 재무부서(FI), 기술지원부서(ST) 간에는 통계적으로 유의미한 수준의 차이가 없었다. 한편 가장 낮은 성과급을 받은 것으로 나타난 경영부서(AD)와 운영부서(OM) 사이에도 통계적으로 유의미한 성과급 차이가 없었다. 성과급 액수는 앞의 세 개 부서와 뒤의 두 개 부서 사이에 뚜렷한 경계가 형성되어 있는 것으로 판단된다.

```
> leveneTest(log_성과급 ~ 부서, data=df)
 Levene's Test for Homogeneity of Variance (center = median)
          Df    F value    Pr(>F)
group     5     4.7481     0.0002741 ***
          902
---
 Signif. codes: 0 '***' 0.001 '**' 0.01 '*' 0.05 '.' 0.1 ' ' 1

> oneway.test(log_성과급 ~ 부서, data = df, var.equal = FALSE)
        One-way analysis of means (not assuming equal variances)
 data: log_성과급 and 부서
 F = 41.014, num df = 5.00, denom df = 188.06, p-value < 2.2e-16

> games_howell_test(df, log_성과급 ~ 부서)
# A tibble: 15 × 8
   .y.        group1 group2 estimate conf.low conf.high p.adj     p.adj.signif
 * <chr>      <chr>  <chr>  <dbl>    <dbl>    <dbl>     <dbl>     <chr>
 1 log_성과급 AD     FI     0.336    -0.0256  0.698     8.3 e- 2  ns
 2 log_성과급 AD     SL     0.538     0.198   0.877     3.62e- 4  ***
 3 log_성과급 AD     ST     0.351     0.005   0.697     4.5 e- 2  *
 4 log_성과급 AD     OM     0.0486   -0.282   0.379     9.98e- 1  ns
```

```
 5 log_성과급 AD    ETC     0.788    0.449    1.130    3.14e- 7 ****
 6 log_성과급 FI    SL      0.201   -0.0217   0.425    1.02e- 1 ns
 7 log_성과급 FI    ST      0.0149  -0.220    0.250    1    e+ 0 ns
 8 log_성과급 FI    OM     -0.287   -0.495   -0.0795   1    e- 3 ***
 9 log_성과급 FI    ETC     0.452    0.228    0.676    4.51e- 7 ****
10 log_성과급 SL    ST     -0.187   -0.380    0.0068   6.5 e- 2 ns
11 log_성과급 SL    OM     -0.489   -0.647   -0.331    2.73e-11 ****
12 log_성과급 SL    ETC     0.251    0.0717   0.430    1    e- 3 ***
13 log_성과급 ST    OM     -0.302   -0.478   -0.127    3.03e- 5 ****
14 log_성과급 ST    ETC     0.437    0.243    0.631    1.4  e- 8 ****
15 log_성과급 OM    ETC     0.740    0.580    0.899    0        ****
```

5.4. 직무에 따른 기본급과 성과급의 차이

급여체계는 개인이 수행하는 직무와도 깊은 관련성이 있다. 직무의 난이도나 중요성 등에 따라 기본급이 달라지고, 직무의 성격에 따라 성과급 체계도 달라질 수 있다. 앞에서 실시한 분산분석의 절차에 따라 기본급과 성과급 금액이 직무에 따라 다른지, 다르다면 어떻게 다른지를 분석해 보자. 먼저 기본급에 대한 분석을 시행했다(52~54). 등분산 가정이 지지되지 않았기 때문에 분산이 다르다고 보고 분산분석을 실시하였다. p-값이 매우 작아 직무에 따라 기본급에 차이가 있다고 결론 내릴 수 있다. 사후검정을 수행해 보니, AN-ETC를 제외하고 모든 쌍에서 차이가 확인되었다. 박스플롯 결과와 함께 살펴보면, 기본급 액수는 관리직(MG) > 영업판매직(SP) > 분석직(AN) > 창구영업직(RP) > 사무직(CL) 순인 것으로 해석할 수 있다.

```
> leveneTest(log_기본급 ~ 직무, data=df)

Levene's Test for Homogeneity of Variance (center = median)
        Df      F value     Pr(>F)
group   5       87.389      < 2.2e-16 ***
        1442
---
Signif. codes: 0 '***' 0.001 '**' 0.01 '*' 0.05 '.' 0.1 ' ' 1
```

```
> oneway.test(log_기본급 ~ 직무, data = df, var.equal = FALSE)

        One-way analysis of means (not assuming equal variances)
data: log_기본급 and 직무
F = 447.08, num df = 5.00, denom df = 511.85, p-value < 2.2e-16
```

```
> games_howell_test(df, log_기본급 ~ 직무)

# A tibble: 15 × 8
   .y.        group1 group2 estimate conf.low conf.high p.adj    p.adj.signif
*  <chr>      <chr>  <chr>  <dbl>    <dbl>    <dbl>     <dbl>    <chr>
1  log_기본급 AN     CL     -0.326   -0.37    -0.281    0        ****
2  log_기본급 AN     MG      0.11     0.0586   0.162    5.52e- 8 ****
3  log_기본급 AN     RP     -0.243   -0.288   -0.199    7.70e-14 ****
4  log_기본급 AN     SP      0.0582   0.00688  0.109    1.6 e- 2 *
5  log_기본급 AN     ETC     0.0106  -0.0415   0.0627   9.92e- 1 ns
6  log_기본급 CL     MG      0.436    0.399    0.472    1.45e-13 ****
7  log_기본급 CL     RP      0.0825   0.0575   0.108    0        ****
8  log_기본급 CL     SP      0.384    0.348    0.42     0        ****
9  log_기본급 CL     ETC     0.336    0.299    0.373    0        ****
10 log_기본급 MG     RP     -0.353   -0.39    -0.317    5.22e-13 ****
11 log_기본급 MG     SP     -0.0519  -0.0964  -0.00739  1.2 e- 2 *
12 log_기본급 MG     ETC    -0.0995  -0.145   -0.0541   1.19e- 8 ****
13 log_기본급 RP     SP      0.301    0.265    0.337    0        ****
14 log_기본급 RP     ETC     0.254    0.217    0.291    0        ****
15 log_기본급 SP     ETC    -0.0476  -0.0927  -0.00242  3.2 e- 2 *
```

마찬가지로 직무별로 성과급 액수가 차이 나는지를 알아보기 위한 분산분석을 실시하였다(55~57). 등분산 가정이 기각되어 집단별 분산 차이를 가정한 분산분석을 실시하였으며, 그 결과 직무에 따라 성과급 액수에 큰 차이가 있는 것으로 나타났다. 사후검정을 통해 어떤 집단 간에 차이가 있는지를 구체적으로 살펴보았다. AN-RP, MG-SP, MG-ETC, SP-ETC 쌍에서는 차이가 없었지만, 나머지 쌍에서는 성과급의 차이가 확인되었다. 박스플롯과 함께 결과를 해석해 보면, 성과급 액수는 관리직(MG)과 영업판매직(SP)이 가장 많고, 분석직(AN)과 창구영업직(RP)이 그 다음이며, 사무직(CL)이 가장 적은 것으로 나타났다.

직무에 따른 기본급과 성과급 지급 액수를 종합해 보자. 정도의 차이는 있지만 직무에 따른 기본급 지급 패턴과 성과급 지급 패턴이 크게 다르지 않았다. 다시 말하면, 기본급을 많이 받는 직무가 성과급도 많이 받고, 기본급을 적게 받는 직무가 성과급도 적게 받는 것으로 나타났다. 여러 이유가 있을 수 있겠으나, 급여체계에 불공정한 측면이 있는 것은 아닌지 검토가 필요하다고 하겠다.

```
> leveneTest(log_성과급 ~ 직무, data=df)

 Levene's Test for Homogeneity of Variance (center = median)
             Df      F value     Pr(>F)
 group       5       22.622      < 2.2e-16 ***
             902
---
 Signif. codes: 0 '***' 0.001 '**' 0.01 '*' 0.05 '.' 0.1 ' ' 1

> oneway.test(log_성과급 ~ 직무, data = df, var.equal = FALSE)

        One-way analysis of means (not assuming equal variances)
 data: log_성과급 and 직무
 F = 69.21, num df = 5.00, denom df = 308.93, p-value < 2.2e-16
```

```
> games_howell_test(df, log_성과급 ~ 직무)
# A tibble: 15 × 8
   .y.        group1 group2 estimate conf.low  conf.high p.adj    p.adj.signif
 * <chr>      <chr>  <chr>  <dbl>    <dbl>     <dbl>     <dbl>    <chr>
 1 log_성과급 AN     CL      -0.657   -0.851    -0.464   4.54e-14 ****
 2 log_성과급 AN     MG       0.285    0.112     0.457   6.67e- 5 ****
 3 log_성과급 AN     RP      -0.0498  -0.243     0.144   9.76e- 1 ns
 4 log_성과급 AN     SP       0.225    0.039     0.411   8    e- 3 **
 5 log_성과급 AN     ETC      0.364    0.179     0.548   7.27e- 7 ****
 6 log_성과급 CL     MG       0.942    0.773     1.11    0        ****
 7 log_성과급 CL     RP       0.608    0.417     0.798   7.44e-14 ****
 8 log_성과급 CL     SP       0.883    0.699     1.07    6.15e-14 ****
 9 log_성과급 CL     ETC      1.02     0.84      1.2     0        ****
10 log_성과급 MG     RP      -0.335   -0.504    -0.165   5.40e- 7 ****
11 log_성과급 MG     SP      -0.0596  -0.221     0.102   8.96e- 1 ns
12 log_성과급 MG     ETC      0.0789  -0.0799    0.238   7.14e- 1 ns
13 log_성과급 RP     SP       0.275    0.0918    0.458   3.27e- 4 ***
14 log_성과급 RP     ETC      0.414    0.232     0.595   3.11e- 9 ****
15 log_성과급 SP     ETC      0.138   -0.0352    0.312   2.04e- 1 ns
```

6 기본급과 성과급에 영향을 미치는 요인: 다변량 분석

지금까지 성과평가, 부서, 직무에 따라 기본급과 성과급이 달라지는지를 살펴보았다. 그런데 이들 세 가지 독립변수를 따로따로 분석하기보다는 하나의 모델에 함께 고려해 볼 필요가 있다. 부서에 따라 직무가 달라질 수 있고, 직무에 따라 성과평가 방식이나 그 결과도 달라질 수 있기 때문이다. 부서에 따른 기본급 차이처럼 단일 독립변수만을 고려한 분석을 수행하면, 부서에 따라 나타나는 기본급의 차이가 오롯이 부서 때문이라고 말하기는 어려워진다. 예를 들어, 특정 부서에 속한 직원의 기본급이 높다고 하더라도, 그 직원이 그 부서에 있기 때문인지, 아니면 그 부서에서 수행하는 직무 때문인지를 정확히 알기 어렵다는 말이다. 이러한 경우 직무를 비롯하여 성별, 연령, 성과평가 등 여러 요인을 통제한 후 부서의 고유한 효과를 추정하는 것이 좋다. 이때 사용하는 것이 다변량 분석이다. 여러 개의 독립변수를 한꺼번에 사용하여 다른 변수의 효과를 통제한다는 뜻이다.

일단 다변량 분석은 여러 개의 독립변수를 한꺼번에 사용하는 분석 방법을 통칭하는 말이다. 그런데 종속변수의 유형에 따라 구체적인 다변량 분석 방법이 달라진다. 예를 들어 종속변수가 단 두 개의 값만을 갖는 이진변수라면 보통 이항 로지스틱 회귀분석(로지스틱 회귀분석으로 줄여서 부르기도 한다)을 사용한다. 한편, 종속변수가 연속형 변수라면 선형회귀분석(회귀분석으로 줄여서 부르기도 한다)을 사용하는 경우가 많다. 물론 이외에도 종속변수의 형태에 따라 다양한 다변량 분석방법이 존재한다.

아래 분석에서는 우선 성과급수령여부라는 이진변수(0= 미수령, 1= 수령)를 종속변수로 하는 로지스틱 회귀분석을 실시한다. 다음으로 각 직원이 받는 기본급과 성과급 액수를 예측하고 설명하기 위해 선형회귀분석을 수행한다.

6.1. 성과급수령여부에 대한 로지스틱 회귀분석

어떤 특성을 가진 직원이 성과급을 수령하는지 알아보기 위해 성과급수령여부를 종속변수로, 성별, 연령대, 성과평가, 부서, 직무를 독립변수로 하는 로지스틱 회귀분석을 실시한 후 그 결과를 bonus_glm이라는 객체에 저장하였다(58). glm( ) 함수는 다양한 형태의 다변량 분석에 적용할 수 있는 일반화된 선형모델로서, family=binomial을 지정하면 종속변수가 이항분포를 따르는 이항 로지스틱 회귀분석을 실행한다.

결과를 알아보기 전에 보통 다중공선성에 따른 문제가 있는지를 확인하는 것이 좋다. 다중공선성은 다른 장에서도 여러 번 언급되는 것이라 여기서는 간략히 그 개념만 설명하고 넘어갈 것이다. 다중공선성은 독립변수 간에 체계적인 상관관계가 존재하는 상태를 의미한다. 예를 들어, 남성은 모두 저성과자이고 여성은 모두 고성과자라고 가정해 보자. 이때 성별과 고성과자 여부는 완벽한 상관관계를 갖는다. 이때 어떤 여성이 성과급을 수령했다면 그것이 여성이기 때문에 수령한 것인지, 아니면 고성과자이기 때문에 수령한 것인지를 알아낼 방법이 없다. 극단적인 예이긴 하지만, 이처럼 두 변수 간에 매우 높은 상관관계가 있다면, 종속변수에서 나타나는 결과가 두 변수 중 어떤 변수의 효과인지를 특정하기 어렵게 된다. 따라서 어떤 독립변수가 다른 독립변수들과 높은 상관관계를 갖는다면 그 독립변수뿐만 아니라 다른 독립변수들의 추정에도 문제를 일으킬 수 있다. 이러한 경우, 문제가 되는 변수가 다중공선성이 높다고 말하고, 이 변수를 제외하고 모형을 추정하는 것이 좋다.

개념을 대충 이해했다면, 이 모형에서 다중공선성 문제를 유발할 만한 변수가 있는지 살펴보자. 다중공선성은 보통 VIF, 즉 분산팽창요인(variance inflation factor)을 통해 확인할 수 있다. vif( ) 함수에 설정한 모델을 적용하여 결과를 출력한다(59). 결과를 보면 GVIF와 GVIF^(1/(2*Df))가 나오는데, 전자는 일반화된 분산팽창요인이고 후자는 자유도를 고려한 분산팽창요인이다. 자유도는 다소 어려운 개념이지만, 여기서는 범주형 변수에서 범주의 수에서 1을 뺀 수로 계산된다는 점만 알고 넘어가도 좋다. 가령 연령대는 4개의 범주가 있으므로 연령대 변수의 자유도는 3이 된다. 따라서 GVIF^(1/(2*Df))는 자유도에 의해서 보정된 분산팽창요인이라고 보면 된다. 보통 GVIF가 10 이상인 경우, 혹은 GVIF^(1/(2*Df))가 5 이상인 경우 다중공선성 문제를 일으킬 수 있다고 판단한다. 출력 결과를 보면, 기준치를 초과하는 변수는 없다. 따라서 이 로지스틱 회귀분석 모델은 다중공선성 문제를 가지고 있지 않다고 볼 수 있다.

```
> vif(bonus_glm)
              GVIF      Df   GVIF^(1/(2*Df))
성별          1.050406  1    1.024893
연령대        1.163473  3    1.025556
성과평가      1.158070  2    1.037370
부서          2.640475  5    1.101966
직무          2.481457  5    1.095143
```

다중공선성을 확인한 이후, summary( ) 함수를 적용하여 모형의 결과를 살펴보자(60). 각 변수가 유의미한 변수인지, 유의미하다면 얼마나 강한 효과를 갖는 변수인지를 확인하려면 p-값을 보면 된다. 그러나 p-값을 일일이 확인하기 어렵다면 맨 마지막 열에 있는 *표를 보고 판단할 수 있다. p-값이 작아질수록 *표의 수가 많아지고, *표의 수가 많을수록 해당 독립변수가 종속변수에 미치는 효과가 크다는 것을 의미한다. 분석 결과를 보면 일부 연령대와 직무를 제외하고는 *표가 2~3개씩 있다. 거의 모든 변수가 성과급수령여부에 유의미한 영향을 미친다고 볼 수 있다.

```
> summary(bonus_glm)
Call:
glm(formula = 성과급수령여부 ~ 성별 + 연령대 + 성과평가 +
    부서 + 직무, family = binomial, data = df)
Coefficients:
                  Estimate  Std. Error  z value  Pr(>|z|)
(Intercept)        -2.0528   0.3859     -5.319   1.04e-07   ***
성별M               0.4912   0.1276      3.851   0.000118   ***
연령대30대          0.2615   0.1721      1.52    0.128606
연령대40대          0.4012   0.1856      2.162   0.030641   *
연령대50대이상      0.3369   0.2198      1.533   0.125308
성과평가기대부응    0.6362   0.1471      4.326   1.52e-05   ***
성과평가기대초과    1.4657   0.1738      8.433   < 2e-16    ***
부서FI              1.7351   0.3138      5.53    3.20e-08   ***
부서SL              2.6203   0.2663      9.838   < 2e-16    ***
부서ST              1.4651   0.3452      4.244   2.19e-05   ***
부서OM              1.7508   0.2495      7.017   2.26e-12   ***
부서ETC             2.3482   0.2644      8.882   < 2e-16    ***
직무CL             -1.0689   0.323      -3.309   0.000937   ***
직무MG              0.1315   0.3218      0.409   0.682773
직무RP              0.1436   0.3262      0.44    0.659851
직무SP             -0.6173   0.3038     -2.032   0.042145   *
직무ETC            -0.4565   0.2969     -1.537   0.12419
```

```
---
Signif. codes:  0 '***'  0.001 '***'  0.01 '*'  0.05 '.'  0.1 ' '  1
(Dispersion parameter for binomial family taken to be 1)

Null deviance      :         1912.8  on 1447  degrees of freedom
Residual deviance:           1605.3  on 1431  degrees of freedom
AIC: 1639.3
Number of Fisher Scoring iterations: 4
```

성과평가, 직무, 부서의 효과를 중심으로 살펴보자. 우선 성과평가는 기대미만, 기대부응, 기대초과 등 총 3개의 범주가 있다. 그런데 분석 결과를 보면 기대미만이 제외되어 있다. 이 범주가 제외된 이유는 이 범주가 기준이라는 뜻이다. 달리 말하면, 제외된 기대미만의 계수는 0이고 기대부응 및 기대초과에 나온 계수(estimate)는 기대미만과 비교했을 때의 효과를 의미한다. 가령 기대부응과 기대초과의 계수는 양수이고 p-값은 매우 작다. 따라서 기대부응은 기대미만에 비해 성과급을 수령할 가능성이 높다고 해석할 수 있다. 그렇다면 기대부응과 기대초과 중 어떤 집단이 성과급 수령 가능성이 높을까? 이를 알아보기 위해서는 두 집단의 계수를 비교해 보면 된다. 계수가 클수록(계수가 음수인 경우에는 작을수록) 그 효과가 크다는 뜻이 된다. 이 경우 기대초과의 계수는 1.466이고 기대부응의 계수는 0.63이다. 물론 기대미만의 계수가 0으로 설정되어 있다는 것도 잊지 말자. 계수의 크기를 비교해 보면 성과급 수령 가능성은 기대초과 > 기대부응 > 기대미만 순으로 나열할 수 있고, 이는 성과평가 결과가 우수할수록 성과급 수령 가능성이 증가한다고 해석할 수 있다.

부서의 경우를 보자. 결과에 빠져 있는 경영부서(AD)가 기준 범주이므로, 그 계수는 0이라고 보면 된다. 모든 부서의 계수가 양수이고 p-값은 매우 작으므로, 모든 부서가 경영부서(AD)에 비해 성과급 수령 가능성이 유의미하게 높다고 할 수 있다. 마찬가지로 계수를 비교하여 성과급 수령 가능성을 순서대로 나열하면 영업부서(SL) > 기타부서(ETC) > 운영부서(OM) > 재무부서(FI) > 기술지원부서(ST) > 경영부서(AD) 순이다.

직무를 보자. 빠진 범주는 분석직(AN)이고 그 계수는 0으로 설정된다. 사무직(CL)

과 영업판매직(SP)이 분석직(AN)에 비해 성과급을 수령할 가능성이 유의미하게 낮고 나머지 직무는 분석직(AN)에 비해 그 가능성이 다소 높기는 하지만 유의미한 수준은 아니다. 따라서 사무직(CL)과 영업판매직(SP)이 다른 직무에 비해 성과급 수령 가능성이 크게 떨어지지만, 나머지 직무 간에는 커다란 차이가 없다고 할 수 있다.

이러한 분석 결과를 토대로 볼 때, 성과급수령여부는 부서와 직무에 따라 매우 큰 차이를 보이고 있으며, 무엇보다 성과평가에서 좋은 결과를 얻을수록 그 가능성이 크게 상승한다고 볼 수 있다.

6.2. 기본급 액수에 대한 회귀분석

이제 어떤 직원이 기본급을 더 많이 받는지를 알아보자. 기본급 액수는 연속형 변수이기 때문에 선형회귀분석을 사용한다. 앞선 로지스틱 회귀분석과 마찬가지로 성별, 연령대, 성과평가, 부서, 직무를 독립변수로 설정하였다. lm( ) 함수를 활용하여 모델을 생성하고 이를 기본급_lm이라는 객체에 저장했다(61). 여기서 lm( ) 함수는 선형모형(linear model)을 의미한다. 다음으로 다중공선성을 확인하기 위해 vif( ) 함수를 실행한다(62). 모든 변수가 기준치보다 크게 낮아 다중공선성에는 문제가 없다. 마지막으로 분석 결과를 출력해 보자(63).

```
> vif(기본급_lm)
              GVIF    Df   GVIF^(1/(2*Df))
성별       1.062611    1   1.030830
연령대     1.162865    3   1.025467
성과평가   1.124716    2   1.029819
부서       2.471067    5   1.094683
직무       2.374955    5   1.090349
```

```
> summary(기본급_lm)

Call:
lm(formula = log_기본급 ~ 성별 + 연령대 + 성과평가 +
   부서 + 직무, data = df)
 Residuals:
 Min        1Q         Median     3Q        Max
 -0.55772   -0.10081   -0.00242   0.09517   0.52862
 Coefficients:
                   Estimate   Std. Error  t value   Pr(>|t|)
 (Intercept)        4.398872  0.025658    171.441   < 2e-16     ***
 성별M              0.082127  0.008586      9.565   < 2e-16     ***
 연령대30대         0.092508  0.011941      7.747   1.77e-14    ***
 연령대40대         0.177827  0.012775      13.92   < 2e-16     ***
 연령대50대이상     0.181655  0.01494      12.159   < 2e-16     ***
 성과평가기대부응  -0.00947   0.010352     -0.914   0.36068
 성과평가기대초과   0.047507  0.011156      4.259   2.19e-05    ***
 부서FI             0.154773  0.020664       7.49   1.20e-13    ***
 부서SL             0.107055  0.016487      6.493   1.16e-10    ***
 부서ST             0.1663    0.02341       7.104   1.91e-12    ***
 부서OM             0.064918  0.015842      4.098   4.40e-05    ***
 부서ETC            0.251747  0.016672       15.1   < 2e-16     ***
 직무CL            -0.19745   0.022573     -8.747   < 2e-16     ***
 직무MG             0.114213  0.0217        5.263   1.63e-07    ***
 직무RP            -0.12835   0.022414     -5.726   1.25e-08    ***
 직무SP             0.057338  0.021178      2.707   0.00686     **
 직무ETC            0.05813   0.020493      2.837   0.00462     **
 ---
 Signif. codes:  0 '***'  0.001 '***'  0.01 '*'  0.05 '.'  0.1 ' '  1

 Residual standard error:             0.1566 on 1431 degrees of freedom
 Multiple R-squared: 0.5857,     Adjusted R-squared: 0.5811
 F-statistic: 126.5 on 16 and 1431 DF,  p-value: < 2.2e-16
```

여기서도 성과평가, 직무, 부서의 효과를 중심으로 살펴보자. 위에서와 마찬가지로 범주형 변수의 경우, 빠진 범주가 기준이 되며 그 계수는 0으로 설정된다. 성과평가의 경우 기대미만과 기대부응 간에는 기본급에서 커다란 차이가 없었지만, 기대초과에 해당하는 직원들은 기대미만에 속한 직원들보다 유의미하게 높은 기본급을 받는 것으로 나타났다. 성별, 연령, 부서, 직무 등을 통제하고도 기대초과를 받은 직원들이 더 높은 기본급을 받는다는 것은 기본급이 성과에 대한 보상과 어느 정도 연계된다는 것을 의미한다. 이러한 결과는 회사의 성과관리 체계가 고성과자들에게 더 나은 기본급을 제공하는 방향으로 설계되어 있음을 시사한다.

한편 재무부서(FI), 영업부서(SL), 기술지원부서(ST), 운영부서(OM)는 모두 경영부서(AD)보다 유의미하게 높은 기본급을 받는 것으로 확인되었다. 계수의 크기를 가지고 비교해 보면, 기타부서(ETC)의 기본급이 가장 높고, 재무부서와 기술지원부서가 그 다음이며, 영업부서, 운영부서, 경영부서 순으로 기본급이 낮아진다. 특히 재무부서와 기술지원부서의 기본급이 높은 것은 이 두 부서의 업무 특성과 높은 보상 정책이 반영된 결과로 볼 수 있다. 이러한 결과는 부서 간 업무의 중요성, 책임 범위, 및 회사의 보상 정책이 각 부서별로 차별적으로 적용된다는 것을 나타낸다.

관리직(MG)과 영업판매직(SP)은 분석직(AN)보다 기본급이 유의미하게 높았다. 이는 관리직 및 영업판매직이 전문성, 책임 수준 또는 업무 강도가 다른 직무에 비해 상대적으로 높기 때문인 것으로 보인다. 사무직(CL)과 창구영업직(RP)은 기본급이 가장 낮은 직무에 속한다. 이러한 결과가 나온 것은 이 두 직무가 조직 내에서 상대적으로 적은 부가가치를 창출하거나, 업무 강도나 책임 수준이 낮은 직무이기 때문일 가능성이 있다.

6.3. 성과급 금액에 대한 회귀분석

마지막으로 성과급 액수에 성과평가, 부서, 직무가 어떤 영향을 미치는지 알아보자. 위와 마찬가지 단계를 거쳐 회귀분석을 진행하면 된다. 다만, 성과급 금액에 대한 회귀분석을 실시하기 전에 한 가지 단계를 더 거쳐야 한다. 성과급은 기본급과 달리 일부 직원들에게만 주어진다. 따라서 성과급을 받는 사람들만 선택하여 회귀분석을 진행해야 한다. 참고로 만약 성과급을 받지 못하는 사람의 성과급 액수를 0으로 설정하고 회귀분석을 실시하고자 한다면, 별도의 데이터 선택은 불필요하다. 다만, 현재 성과급 액수에 NA라는 변숫값을 0으로 채워주는 절차가 필요하다. 여기서는 성과급을 지급받은 직원만을 대상으로 성과급 액수에 대한 회귀분석을 실시한다.

우선 subset( ) 함수를 이용하여 성과급수령여부가 “수령”인 직원들만 뽑아 df_bonus에 데이터를 저장한다(64). 이제 새로 생성한 데이터셋을 가지고 기본급과 같은 절차를 거쳐 회귀분석을 진행하면 된다(65~67). 다중공선성에는 큰 문제가 없는 것으로 나타났으므로 분석 결과만 간단히 살펴보자.

```
> vif(bonus_lm)
              GVIF        Df    GVIF^(1/(2*Df))
성별          1.032797    1     1.016266
연령대        1.220569    3     1.033778
성과평가      1.106675    2     1.025664
부서          2.541522    5     1.097765
직무          2.492480    5     1.095628

> summary(bonus_lm)

Call:
lm(formula = log_성과급 ~ 성별 + 연령대 + 성과평가 +
   부서 + 직무, data = df_bonus)
 Residuals:
 Min        1Q         Median     3Q         Max
 -2.55357   -0.31751   0.02228    0.32271    1.86598
 Coefficients:
                  Estimate   Std. Error   t value   Pr(>|t|)
 (Intercept)      2.93743    0.14676      20.015    < 2e-16     ***
 성별M            0.26624    0.03789       7.026    4.22e-12    ***
 연령대30대       0.19018    0.05744       3.311    0.000967    ***
 연령대40대       0.30116    0.06109       4.93     9.81e-07    ***
 연령대50대이상   0.27111    0.07129       3.803    0.000153    ***
 성과평가기대부응 -0.07892   0.04987      -1.583    0.11384
```

```
성과평가기대초과    0.06073    0.05142    1.181    0.237918
부서FI              0.29633    0.12565    2.358    0.018572    *
부서SL              0.45745    0.11201    4.084    4.83e-05    ***
부서ST              0.3292     0.13356    2.465    0.013892    *
부서OM              0.14504    0.11027    1.315    0.188734
부서ETC             0.6786     0.11113    6.107    1.52e-09    ***
직무CL             -0.35123    0.11532   -3.046    0.002389    **
직무MG              0.23823    0.09386    2.538    0.01131     *
직무RP              0.10261    0.10149    1.011    0.312274
직무SP              0.11659    0.09512    1.226    0.220628
직무ETC             0.27047    0.09172    2.949    0.003273    **
---
Signif. codes:  0 ‘***’  0.001 ‘***’  0.01 ‘*’  0.05 ‘.’  0.1 ‘ ’  1

Residual standard error:  0.5614 on 891 degrees of freedom
Multiple R-squared: 0.3187,   Adjusted R-squared:  0.3065
F-statistic: 26.05 on 16 and 891 DF,  p-value: < 2.2e-16
```

성과평가 결과는 성과급 액수에 유의미한 차이를 보이지 않았다. 기대부응 등급을 받은 직원이 성과급을 가장 적게 받았고, 기대초과 등급을 받은 직원의 성과급이 가장 많았다. 물론 성과평가 등급 간에 커다란 차이는 보이지 않지만, 성과급 지급 액수가 기대초과 > 기대미만 > 기대부응 순으로 형성되어 있다는 점은 시사하는 바가 크다.

앞서 성과급수령여부에 대한 로지스틱 회귀분석에서는 성과평가 결과가 좋을수록 성과급 수령 가능성이 증가하는 것으로 나타났다. 그런데 일단 성과급을 수령하는 사람만 놓고 보면, 기대미만인 직원이 기대에 부응하는 직원보다 더 높은 성과급을 받는다. 물론 유의미한 차이라고 하기는 어렵지만, 이러한 패턴은 성과급 지급 체계에 모종의 문제가 있는 것은 아닌지 따져볼 필요성을 제기한다. 성과급 수령자를 선발하는 데에는 성과평가 결과가 유용하게 활용되지만, 성과급 액수를 결정하는 데에는 성과평가 결과가 별 영향이 없다는 말이 된다. 일단 성과급을 수령하게 되면 성과와 무관하게 비교적 균일한 성과급이 지급된다는 의미일 수도 있다. 이러한 성과급 지급 패턴이 직원의 동기부여나 만족도, 나아가 급여체계에 대한 공정성 인식에 어떠한 영향을 미치는지 면밀히 분석하고, 그 결과에 따라 적절한 개선책을 마련할 필요가 있다고 하겠다.

부서 측면에서 보면, 기타부서(ETC) 직원들이 평균적으로 가장 많은 성과급을 수령하였고, 영업부서(SL), 기술지원부서(ST), 재무부서(FI)가 그 뒤를 이었다. 직무에 따라서는 성과급 수령 액수가 전반적으로 큰 차이를 보이지 않았다. 다만 관리직(MG)과 기타직무(ETC)가 다소 높았고, 사무직(CL)이 가장 낮았다.

7 핵심 인사이트

이번 데이터 분석은 기본급 및 성과급 지급에 영향을 미치는 요인들을 체계적으로 평가하여, S사의 보상 체계 개선에 대한 시사점을 도출하는 데 그 목적을 두었다. 특히 성과평가, 부서, 직무에 따라 성과급과 기본급이 어떻게 달라지는지에 초점을 두고 분석을 진행하였다.

분석 결과, 기대 이상의 성과를 달성했다고 평가받은 직원들이 기본급을 많이 받는 것으로 나타났다. 한편, 성과평가 결과가 높아질수록 성과급 수령 가능성이 상승했는데, 이는 성과평가와 성과급 간의 연계가 비교적 잘 이루어져 있다는 것을 의미한다. 그런데 주목할 점은 성과평가 결과가 성과급 액수에는 커다란 영향을 미치지 못하는 것이다. 이러한 결과는 성과평가가 성과급 수령자를 선별하는 기능은 잘 수행하지만, 성과에 따른 성과급의 차등 지급이라는 측면에서는 커다란 변별력을 갖지 못한다는 것을 시사한다. 성과를 낮게 받았더라도 일단 성과급 수령 대상이 되면 성과를 높게 받은 사람과 성과급 액수에서는 큰 차이가 없다는 것이다. 성과평가 결과를 기반으로 성과급 수령자를 선별하는 것도 중요하지만, 성과평가가 성과급 액수에도 연계되도록 성과급 체계를 개선할 필요가 있다. 아울러 이러한 성과급 지급 체계가 보상 체계에 대한 직원들의 인식에 어떠한 영향을 미치는지도 면밀히 고찰할 필요가 있다.

부서와 직무별로 기본급 차이가 두드러지게 나타났다. 한편 부서와 직무에 따른 성과급 차이는 상대적으로 크지 않았다. 직무나 부서에 따라 책임과 역할의 크기가 다르고, 일의 중요도가 다르다. 따라서 이러한 차이를 성과급보다는 기본급에 반영하는 것은 기본적으로 바람직한 방향이라고 판단된다. 다만, 성과급 수령 가능성에서는 부서 간에 매우 큰 차이가 존재한다는 것이 확인되었다. 특히 영업부서의 경우 기본급에서는 중간 정도의 위치에 있으나, 성과급에서는 다른 부서보다 월등히 높았다. 또한 영업부서 직원들의 성과급 수령 가능성이 다른 부서 직원들에 비해 크게 높았다. 이는 영업부서 직원들의 보상 체계는 기본급보다는 성과급 중심으로 이루어져 있기 때문이라고 판단된다. 영업부서의 경우 성과가 비교적 객관적으로 측정될 수 있기 때문에 성과급의 비중이 높은 것은 바람직한 방향이라고 할 수 있다.

보상 체계 전반에 걸쳐 매우 열악한 위치에 있는 직무가 있다는 점에도 주목할 필요가 있다. 사무직의 경우 기본급과 성과급 액수도 가장 낮았고 성과급 수령 가능성에서도 최하위를 기록했다. 사무직이 상대적으로 열악한 상황에 있는 데에는 여러 요인이 있을 수 있다. 하지만, S사는 사무직에 대한 보상 체계에 문제는 없는지 면밀히 검토해 보아야 한다. 사무직 직원들이 보상의 모든 측면에서 소외되었다고 느끼게 되면, 조직에 대한 헌신이나 몰입에서도 부정적 결과를 가져올 수 있다. 더구나 사무직은 S사에서 비교적 큰 비중을 차지하는 직무이다. 따라서 이들이 보상 체계에 불만을 갖게 된다면, S사에 미치는 여파가 결코 작지 않을 수 있다. 각 직무의 특성을 반영하되, 보상의 공정성이 훼손되지 않도록 보상 정책을 세심하게 설계할 필요가 있다.

보상관리 R코드

```
# 기본 라이브러리 ####
library(readxl) # 엑셀파일 불러오기_read_excel()                                        (1)
library(dplyr) # 데이터프레임 처리_select(), filter(), mutate(), summarize()             (2)
library(psych) # 기술통계량_describe()                                                  (3)
library(descr) # 빈도분석_freq()                                                        (4)
library(ggplot2) # 시각화_ggplot                                                        (5)
library(car) # 다중공선성확인_vif()                                                     (6)


# 데이터 파일 불러오기 ####
df<- read_excel("ch4_compensation.xlsx")                                                (7)
View(df)                                                                                (8)
str(df)                                                                                 (9)


# 3. 데이터 전처리 ####
## 범주형 변수 처리
df$성별 <- factor(df$성별)                                                              (10)
df$결혼여부 <- factor(df$결혼여부)                                                      (11)
df$부서 <- factor(df$부서, levels = c("AD", "FI", "SL", "ST", "OM", "ETC"))             (12)
df$직무 <- factor(df$직무, levels = c("AN", "CL", "MG", "RP", "SP", "ETC"))             (13)
df$성과평가 <- factor(df$성과평가, levels = c(1, 2, 3),                                 (14)
                labels = c("기대미만", "기대부응", "기대초과"))
df$성과급수령여부 <- factor(df$성과급수령여부, levels = c(0, 1),                        (15)
                labels = c("수령못함", "수령"))

## 기본급과 성과급 히스토그램
hist(df$기본급,                                                                         (16)
     breaks = 50,                    # 구간 개수 설정
     col = "skyblue",                # 히스토그램 막대 색상
     border = "black",               # 막대 테두리 색상
     main = "기본급 분포",            # 표 제목
     xlab = "기본급 (단위 : 천 원)",  # X축 레이블
     ylab = "빈도",                   # Y축 레이블
     xlim = c(min(df$기본급)-500, max(df$기본급)+500))   # X축 범위 조정
```

```
df_bonus <- subset(df, 성과급수령여부 == "수령")    # 성과급 수령자만 선택    (17)
hist(df_bonus$성과급,    (18)
    breaks = 50,
    col = "skyblue",
    border = "black",
    main = "성과급 분포",
    xlab = "성과급 (단위 : 천 원)",
    ylab = "빈도",
    xlim = c(min(df_bonus$기본급)-500, max(df_bonus$기본급)+500))

## 파생변수 만들기
df$log_기본급 <- log10(df$기본급 + 1) # 로그 변환된 기본급 값 사용    (19)
df$log_성과급 <- log10(df$성과급 + 1) # 로그 변환된 성과급 값 사용    (20)

df <- df %>%                    # 나이를 연령대로 변환    (21)
  mutate(연령대 = case_when(
    나이 >= 20 & 나이 < 30 ~ "20대",
    나이 >= 30 & 나이 < 40 ~ "30대",
    나이 >= 40 & 나이 < 50 ~ "40대",
    TRUE ~ "50대이상"
  ))
df$연령대 <- factor(df$연령대)         # 연령대를 범주형 변수로    (22)


# 4. 탐색적 분석 ####
## 4.1. 범주형 변수에 대한 탐색적 분석
table(df$성별)    (23)
table(df$성과평가)    (24)
table(df$연령대)    (25)
table(df$부서)    (26)
table(df$직무)    (27)

### 성별 막대그래프
ggplot(df, aes(x = 성별, fill = 성별)) +    (28)
  geom_bar() +
  labs(title = "성별 빈도 분포", x = "성별", y = "빈도수") +
```

```
 theme_minimal() +
 scale_fill_manual(values = c("purple", "yellow")) +
 theme(
  text = element_text(size = 15),
  axis.text.x = element_text(angle = 45, hjust = 1, size = 12),   # X축 레이블 형식
  plot.title = element_text(hjust = 0.5, size = 15, face = "bold") # 제목 제시 형식
 )

### 성과평가별 막대그래프
ggplot(df, aes(x = 성과평가, fill = 성과평가)) +                                  (29)
 geom_bar() +
 labs(title = "성과평가 빈도 분포", x = "성과평가", y = "빈도수") +
 theme_minimal() +
 scale_fill_manual(values = c("purple", "yellow", "pink")) +
 theme(
  text = element_text(size = 15),
  axis.text.x = element_text(angle = 45, hjust = 1, size = 12),
  plot.title = element_text(hjust = 0.5, size = 15, face = "bold")
 )

### 연령대별 막대그래프
ggplot(df, aes(x = 연령대, fill = 연령대)) +                                      (30)
 geom_bar() +
 labs(title = "연령대 빈도 분포", x = "연령대", y = "빈도수") +
 theme_minimal() +
 scale_fill_viridis_d() +
 theme(
  text = element_text(size = 15),
  axis.text.x = element_text(angle = 45, hjust = 1, size = 12),
  plot.title = element_text(hjust = 0.5, size = 15, face = "bold")
 )

### 부서별 막대그래프
ggplot(df, aes(x = 부서, fill = 부서)) +                                          (31)
 geom_bar() +
 labs(title = "부서 빈도 분포", x = "부서", y = "빈도수") +
```

```
  theme_minimal() +
  scale_fill_viridis_d() +
  theme(
    text = element_text(size = 15),
    axis.text.x = element_text(angle = 45, hjust = 1, size = 12),
    plot.title = element_text(hjust = 0.5, size = 15, face = "bold")
  )

### 직무별 막대그래프
ggplot(df, aes(x = 직무, fill = 직무)) +                                    (32)
  geom_bar() +
  labs(title = "직무 빈도 분포", x = "직무", y = "빈도수") +
  theme_minimal() +
  scale_fill_viridis_d() +
  theme(
    text = element_text(size = 15),
    axis.text.x = element_text(angle = 45, hjust = 1, size = 12),
    plot.title = element_text(hjust = 0.5, size = 15, face = "bold")
  )

## 4.2. 기본급과 성과급에 대한 탐색적 분석
### 성과평가별 기본급과 성과급의 분포
ggplot(df,                                                                  (33)
  aes(x = 성과평가, y = log_기본급, fill = 성과평가)) +
  geom_boxplot(outlier.color = "red", outlier.size = 1.5) +
  labs(title = "성과평가에 따른 기본급 분포", x = "성과평가", y = "log(기본급)") +
  theme_minimal()+
  theme(
    plot.title = element_text(hjust = 0.5, size = 15, face = "bold"), # 제목 중앙 정렬
    axis.text.x = element_text(angle = 45, hjust = 1, size = 12)   # X축 레이블 회전
  )

ggplot(subset(df, 성과급수령여부 == "수령"),                                (34)
  aes(x = 성과평가, y = log_성과급, fill = 성과평가)) +
  geom_boxplot(outlier.color = "red", outlier.size = 1.5) +
  labs(title = "성과평가에 따른 성과급 분포", x = "성과평가", y = "log(성과급)") +
```

```
  theme_minimal()+
  theme(
    plot.title = element_text(hjust = 0.5, size = 15, face = "bold"), # 제목 중앙 정렬
    axis.text.x = element_text(angle = 45, hjust = 1, size = 12)     # X축 레이블 회전
  )

### 부서별 기본급과 성과급의 분포
ggplot(subset(df, 부서 %in% c("OM", "SL", "ST", "AD", "FI")),                                    (35)
  aes(x = 부서, y = log_기본급, fill = 부서)) +
  geom_boxplot(outlier.color = "red", outlier.size = 1.5) +
  labs(title = "부서에 따른 기본급 분포", x = "부서", y = "log(기본급)") +
  theme_minimal()+
  theme(
    plot.title = element_text(hjust = 0.5, size = 15, face = "bold"), # 제목 중앙 정렬
    axis.text.x = element_text(angle = 45, hjust = 1, size = 12)     # X축 레이블 회전
  )

ggplot(subset(df, 부서 %in% c("OM", "SL", "ST", "AD", "FI")                                     (36)
                    & 성과급수령여부 == "수령"),
  aes(x = 부서, y = log_성과급, fill = 부서)) +
  geom_boxplot(outlier.color = "red", outlier.size = 1.5) +
  labs(title = "부서에 따른 성과급 분포", x = "부서", y = "log(성과급)") +
  theme_minimal()+
  theme(
    plot.title = element_text(hjust = 0.5, size = 15, face = "bold"), # 제목 중앙 정렬
    axis.text.x = element_text(angle = 45, hjust = 1, size = 12)     # X축 레이블 회전
  )

### 직무별 기본급과 성과급의 분포
ggplot(subset(df, 직무 %in% c("RP", "CL", "MG", "AN", "SP")),                                    (37)
        aes(x = 직무, y = log_기본급, fill = 직무)) +
  geom_boxplot(outlier.color = "red", outlier.size = 1.5) +
  labs(title = "직무에 따른 기본급 분포", x = "직무", y = "log(기본급)") +
  theme_minimal() +
  theme(
    plot.title = element_text(hjust = 0.5, size = 15, face = "bold"), # 제목 중앙 정렬
```

```
    axis.text.x = element_text(angle = 45, hjust = 1, size = 12)     # X축 레이블 회전
  )

ggplot(subset(df, 직무 %in% c("RP", "CL", "MG", "AN", "SP")                                    (38)
                    & 성과급수령여부 == "수령"),
       aes(x = 직무, y = log_성과급, fill = 직무)) +
  geom_boxplot(outlier.color = "red", outlier.size = 1.5) +
  labs(title = "직무에 따른 성과급 분포", x = "직무", y = "log(성과급)") +
  theme_minimal() +
  theme(
    plot.title = element_text(hjust = 0.5, size = 15, face = "bold"), # 제목 중앙 정렬
    axis.text.x = element_text(angle = 45, hjust = 1, size = 12)     # X축 레이블 회전
  )


# 5. 기본급과 성과급에 영향을 미치는 요인: 단변량 분석 ####
library(rstatix) # 사후검정을 위한 라이브러리                                                   (39)

## 5.1. 분산분석(ANOVA)
## 5.2. 성과평가에 따른 기본급과 성과급의 차이
leveneTest(log_기본급 ~ 성과평가, data=df)                                                     (40)
oneway.test(log_기본급 ~ 성과평가, data = df, var.equal = TRUE) #등분산 가정                   (41)
games_howell_test(df, log_기본급 ~ 성과평가)                                                   (42)

leveneTest(log_성과급 ~ 성과평가, data=df)                                                     (43)
oneway.test(log_성과급 ~ 성과평가, data = df, var.equal = TRUE) #등분산 가정                   (44)
games_howell_test(df, log_성과급 ~ 성과평가)                                                   (45)

## 5.3. 부서에 따른 기본급과 성과급의 차이
leveneTest(log_기본급 ~ 부서, data=df)                                                         (46)
oneway.test(log_기본급 ~ 부서, data = df, var.equal = FALSE) # 등분산 가정 안함                (47)
games_howell_test(df, log_기본급 ~ 부서)                                                       (48)

leveneTest(log_성과급 ~ 부서, data=df)                                                         (49)
oneway.test(log_성과급 ~ 부서, data = df, var.equal = FALSE) #등분산 가정 안함                 (50)
games_howell_test(df, log_성과급 ~ 부서)                                                       (51)
```

```
## 5.4. 직무에 따른 기본급과 성과급의 차이
leveneTest(log_기본급 ~ 직무, data=df)                                          (52)
oneway.test(log_기본급 ~ 직무, data = df, var.equal = FALSE)  # 등분산 가정 안함   (53)
games_howell_test(df, log_기본급 ~ 직무)                                        (54)

leveneTest(log_성과급 ~ 직무, data=df)                                          (55)
oneway.test(log_성과급 ~ 직무, data = df, var.equal = FALSE)  #등분산 가정 안함    (56)
games_howell_test(df, log_성과급 ~ 직무)                                        (57)


# 6. 기본급과 성과급에 영향을 미치는 요인: 다변량 분석 ####
## 6.1. 성과급수령여부에 대한 로지스틱 회귀분석
bonus_glm <- glm(성과급수령여부 ~ 성별 + 연령대 + 성과평가 + 부서 + 직무,          (58)
                 data = df,  family = binomial)
vif(bonus_glm)                                                                  (59)
summary(bonus_glm)                                                              (60)

## 6.2. 기본급 액수에 대한 회귀분석
기본급_lm <- lm(log_기본급 ~ 성별 + 연령대 + 성과평가 + 부서 + 직무,              (61)
               data = df)
vif(기본급_lm)                                                                  (62)
summary(기본급_lm)                                                              (63)

## 6.3. 성과급 금액에 대한 회귀분석
df_bonus <- subset(df, 성과급수령여부 == "수령")                                 (64)
bonus_lm <- lm(log_성과급 ~ 성별 + 연령대 + 성과평가 + 부서 + 직무,               (65)
               data = df_bonus)
vif(bonus_lm)                                                                   (66)
summary(bonus_lm)                                                               (67)

# End of File ####
```

V

직원 몰입

V 직원 몰입

1 직원 몰입이란

지난 20여 년 동안 직원 몰입(employee engagement)은 학계와 실무에서 논의하는 주요 HR 이슈 중 하나로 자리매김해 왔다. 많은 기업이 조직 내 몰입도를 측정하기 위해 자체적인 측정 도구를 개발하거나 컨설팅 회사와 협력하는 등 다양한 방안을 모색하고 있다. 이렇게 기업들이 직원 몰입에 많은 관심을 쏟는 이유는 직원 몰입이 조직의 성공과 경쟁 우위를 확보하는 데 핵심 요소 중 하나이기 때문이다[4].

하지만, 이러한 노력에도 불구하고 실제 조직 현장에서 직원 몰입은 기대만큼 빠르게 향상되지 못하고 있다. 글로벌 컨설팅 회사인 갤럽의 최근 보고서[5]에 따르면, 전 세계적으로 직원의 23%만이 몰입 상태에 있고 미국은 그 수치가 다소 높기는 하지만 여전히 33%에 그치고 있다. 특히, 2013년에 14%였던 비율이 2023년에 23%로 10년 전에 비해 대략 10% 상승했지만, 학계와 기업의 노력에 비하면 그 변화의 폭이 그리 크지는 않다. 이러한 통계는 직원 몰입이 여전히 많은 기업의 과제로 남아 있음을 의미한다. 기업들은 직원 몰입을 촉진하고 유지하기 위해 새로운 전략을 모색해야 하는 상황이라고 하겠다.

---

4 Macey, W. H., Schneider, B., Barbera, K. M., & Young, S. A. (2011). Employee engagement: Tools for analysis, practice, and competitive advantage. John Wiley & Sons.
Rich, B. L., Lepine, J. A., & Crawford, E. R. (2010). Job engagement: Antecedents and effects on job performance. Academy of management journal, 53(3), 617-635.

5 https://www.gallup.com/394373/indicator-employee-engagement.aspx

그림 5-1 **갤럽의 직원 몰입 조사 결과**

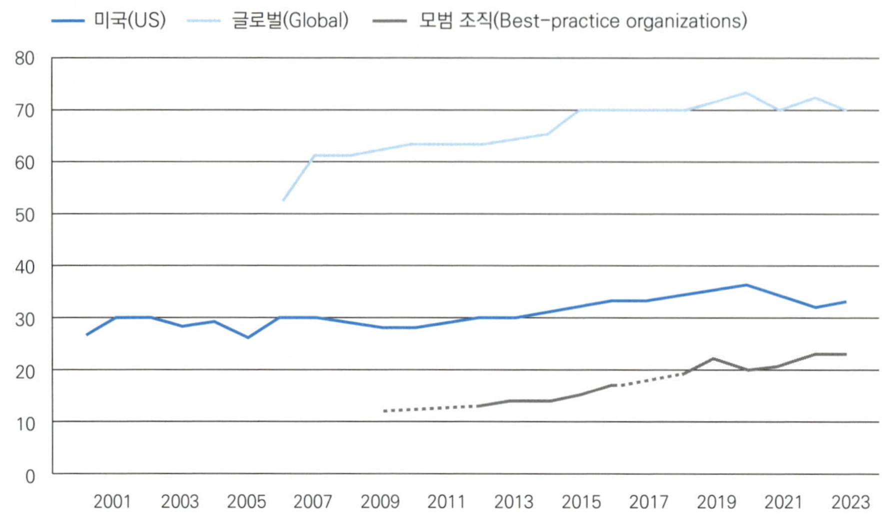

직원 몰입은 인적자원관리 분야에서 오랫동안 중요한 개념으로 주목받아 왔지만, 그 개념 정의는 여전히 모호하다. 이는 직원 몰입이 매우 다차원적이고 복잡한 개념이기 때문이다. 특히, 연구자들이 몰입의 초점과 범위를 확장함에 따라 그 경계가 더욱 모호해졌다는 지적이 나오기도 한다[6]. 이러한 이유로 학계와 실무자 사이에서 직원 몰입의 의미를 두고 혼란과 의견 차이가 발생하고 있는 것이 사실이다.

그럼에도 불구하고 그동안 제안된 여러 정의를 종합해 보면, 직원 몰입은 업무와 조직에 대한 긍정적이고 열정적인 태도, 자신의 일에 대한 가치 인식, 조직 목표 달성을 위한 노력 등을 포함하는 개념이라고 할 수 있다. 이렇게 본다면 직원 몰입을 "조직 구성원이 본인의 업무에 대해 열정적인 태도를 가지고 더 나은 성과를 내는 핵심 동력"이라고 포괄적으로 정의할 수 있을 것이다.

앞서 언급한 바와 같이, 기업들은 직원 몰입을 촉진하기 위해 다양한 노력을 기울이고 있는데, 거기에는 그만한 이유가 있다. 이를 몇 가지로 요약하면 다음과 같다.

---

6 Harter, J. K., Schmidt, F. L., & Hayes, T. L. (2002). Business-unit-level relationship between employee satisfaction, employee engagement, and business outcomes: a meta-analysis. Journal of applied psychology, 87(2), 268.
Saks, A. M. (2006). Antecedents and consequences of employee engagement. Journal of managerial psychology, 21(7), 600-619.

- **생산성 및 성과 향상**: 몰입도가 높은 직원은 업무에 대한 책임감과 열정이 크기 때문에 더 적극적으로 참여하고 조직의 성과와 생산성을 높이는 데 중요한 역할을 담당한다. 갤럽의 연구에 따르면, 직원 몰입이 직원당 최대 18%까지 매출을 끌어올릴 수 있으며, 경우에 따라서는 성장 잠재력을 51% 이상 상승시킬 수 있다[7]. 몰입도가 높은 직원들은 문제 해결에 더 창의적으로 접근하고 협업 능력이 뛰어난 경우가 많아 조직의 역량을 강화하는 데 중요한 역할을 한다.
- **이직률 감소와 충성도 증가**: 몰입도가 높은 직원은 조직에 대한 충성도가 높다. 따라서 직원 몰입을 높이면 장기적으로 이직률을 줄일 수 있다. Lumapps[8]에 따르면, 몰입도가 높은 직원은 이직률이 최대 58%까지 줄어들고 생산성은 17% 증가한다. 또한, 몰입이 개선되면 결근율이 최대 41% 줄어들고 안전사고가 70% 감소하는 긍정적인 효과를 가져온다. 이는 몰입도가 높은 직원이 조직과 더 깊은 유대감을 형성하고, 기업의 지속 가능한 성장에 더 적극적으로 참여하게 되기 때문이다.
- **고객 만족도 및 충성도 향상**: 몰입도가 높은 직원은 고객과의 상호작용에서 더 높은 품질의 서비스를 제공하기 때문에 고객의 만족도에도 긍정적인 영향을 미친다. Seenit[9]의 조사에 따르면, 조직 몰입도가 높아지면 고객 평가가 10% 상승하고 고객 충성도와 유지율이 크게 향상된다. 이는 몰입도가 높은 직원들이 고객의 요구를 더 잘 이해하고 문제 해결을 위해 더 큰 노력을 기울이기 때문이다. 특히, 고객과의 긍정적인 관계를 오랫동안 유지함으로써 고객의 장기적 충성도 확보에도 결정적인 영향을 미친다.

---

7 Gallup. (2015.04.28). Companies Are Missing Opportunities for Growth and Revenue. Retrieved from https://news.gallup.com/businessjournal/182912/companies-missing-opportunities-growth-revenue.aspx

8 기업용 소셜 인트라넷 및 협업 플랫폼 제공 기업으로서, 직원들이 정보를 공유하고 소통할 수 있는 환경을 조성해 조직의 효율성을 높이는 데 중점을 두고 있다.
LumApps. (2024.11.06). Benefits of employee engagement. LumApps. https://www.lumapps.com/employee-engagement/benefits-of-employee-engagement

9 비디오 콘텐츠 제작 플랫폼 제공 기업으로, 여기서 제작된 콘텐츠는 주로 기업 내 커뮤니케이션, 마케팅, 교육 등 다양한 분야에 활용되고 있다.
Seenit. (2023). The state of employee engagement 2023.
https://www.seenit.io/reports-ebooks/the-state-of-employee-engagement

- **조직 수익성 및 지속가능성 향상**: 갤럽에 따르면, 직원 몰입도가 낮아 발생하는 손실은 전 세계적으로 연간 8조 800억 달러에 달한다[10]. 몰입도가 낮은 직원들은 업무 집중력과 효율성이 떨어지고 이직 의향도 높아 조직 전체의 성과 손실을 초래하기 때문이다. 또한, 같은 조사에서 높은 몰입도를 보이는 팀이 몰입도가 낮은 팀에 비해 수익성이 23% 더 높게 나타났다.

이처럼, 직원이 업무에 깊이 몰입하고 직무와 조직에 만족하면 개인 성과뿐만 아니라 기업 전체의 성과를 향상시키는 중요한 동력이 된다.

2 직원 몰입의 다양한 정의와 측정 도구

피플 애널리틱스라는 관점에서 직원 몰입과 관련된 가장 큰 도전은 직원 몰입을 어떻게 측정하느냐 하는 것이다. 직원 몰입의 정의가 모호한 만큼 이를 측정하는 표준화된 도구도 마련되어 있지 않다. Shuck(2011)[11]는 직원 몰입에 대한 광범위한 문헌 고찰을 통해 직원 몰입을 바라보는 네 가지 주요 접근 방식을 제시했는데, 이는 직원 몰입을 이해하고 측정하는 데 중요한 이론적 기반을 제공한다. 여기서는 이러한 이론적 관점을 토대로 기업의 피플 애널리틱스 담당자들이 활용할 수 있는 다양한 측정 도구를 소개하고자 한다. 각 도구마다 조직 몰입을 바라보는 관점이나 그에 대한 정의가 조금씩 다르고, 측정 방식에서도 차이가 있다. 따라서 어떤 도구를 선택할 것인지는 기업의 상황과 맥락에 맞춰 결정하는 것이 좋다.

---

10 Gallup. (2022.06.14). Employee Engagement Strategies: Fixing the World's $8.8 Trillion Problem. Retrieved from https://www.gallup.com/workplace/393497/world-trillion-workplace-problem.aspx

11 Shuck, B. (2011). Integrative literature review: Four emerging perspectives of employee engagement: An integrative literature review. Human Resource Development Review, 10(3), 304-328.

2.1. 욕구-만족 접근법(Need-Satisfying Approach)

Kahn(1990)[12]은 직원 몰입을 신체적 · 인지적 · 정서적으로 직무에 완전히 몰입한 상태로 정의한다. 이 접근법에서는 몰입의 반대 개념으로 탈몰입(disengagement)을 제시하며 몰입된 직원은 자신의 역할을 충실히 수행하지만, 탈몰입된 직원은 업무에서 자신을 분리하고 억제된 태도를 보인다고 설명한다. 이러한 정의를 기반으로 만들어진 측정 도구에는 다음 두 가지가 있다.

- JES(Job Engagement Scale)[13]: 신체적 몰입, 인지적 몰입, 정서적 몰입을 측정한다. 총 18개의 문항으로 구성되어 있는데 예시 문항을 소개하면 다음과 같다.
  - 신체적 몰입: 나는 내 일에 열정을 다해 일한다.
  - 인지적 몰입: 직장에서 나는 내 일에 정말로 집중한다.
  - 정서적 몰입: 나는 내 일에 열정을 느낀다.
- ISA(Intellectual Social Affective engagement scale)[14]: 지적 몰입, 사회적 몰입, 정서적 몰입을 측정한다. 총 9개의 문항으로 구성되어 있으며, 일부 문항을 소개하면 다음과 같다.
  - 지적 몰입: 나는 내 일에 집중한다.
  - 사회적 몰입: 나는 업무 가치를 동료들과 공유한다.
  - 정서적 몰입: 나는 내 일에 대해 긍정적으로 느낀다.

2.2. 소진-반제 접근법(Burnout-Antithesis Approach)

몰입을 번아웃의 반대 또는 긍정적 대조 개념으로 이해하고자 하는 관점이다. 대표적인 학자인 Maslach 등(2001)[15]은 몰입을 번아웃의 반대 개념으로 정의하며

12 Kahn, W. A. (1990). Psychological conditions of personal engagement and disengagement at work. Academy of management journal, 33(4), 692-724.

13 Houle, S. A., Rich, B. L., Comeau, C. A., Blais, A. R., & Morin, A. J. (2022). the job engagement scale: Development and validation of a short form in English and French. Journal of Business and Psychology, 1-20.

14 Soane, E., Truss, C., Alfes, K., Shantz, A., Rees, C., & Gatenby, M. (2012). Development and application of a new measure of employee engagement: the ISA Engagement Scale. Human resource development international, 15(5), 529-547.

15 Maslach, C., Schaufeli, W. B., & Leiter, M. P. (2001). Job burnout. Annual review of psychology, 52(1), 397-422.

활력, 헌신, 효능감이라는 긍정적 심리 상태로 설명한다. 이는 번아웃의 주요 구성 요소인 탈진, 냉소주의, 비효율성(무기력함)과 정반대의 특성을 가진다. 이러한 정의에 기반하여 조직 몰입을 측정하고자 한다면 다음 두 가지 도구를 활용할 수 있다.

- UWES(Utrecht Work Engagement Scale)[16]: 소진-반제 접근법에서 가장 많이 활용되는 측정 도구이다. 활력, 헌신, 몰입을 평가하는 17개 문항(또는 9개 단축형 문항)으로 구성되어 있으며 직무에서의 지속적 몰입 상태를 강조한다. 예시 문항을 소개하면 다음과 같다.
  - 활력: 나는 직장에서 에너지가 넘친다고 느낀다.
  - 헌신: 내가 하는 일에서 의미와 목적을 충분히 느낀다.
  - 몰입: 일을 할 때 시간이 빨리 간다.
- SMVM(Shirom-Melamed Vigor Measure)[17]: 신체적 활력, 정서적 에너지, 인지적 생기를 14개 문항으로 측정하며 직무에서의 정서적 활력을 평가한다. 몇 개 문항을 소개하면 다음과 같다.
  - 신체적 활력: 나는 활력이 넘친다고 느낀다.
  - 정서적 에너지: 나는 다른 사람들에게 따뜻함을 표현할 수 있다고 느낀다.
  - 인지적 생기: 나는 새로운 아이디어를 제안할 수 있다고 느낀다.

2.3. 다차원 접근법(Multidimensional Approach)

몰입을 직무와 조직이라는 두 가지 차원으로 나누어 평가하는 접근법이다[18]. 이 접근법은 직무와 조직의 특성을 모두 반영하여 직원이 조직 내에서 느끼는 몰입의 정도를 측정한다. 이 접근법에서 활용하는 대표적인 측정 도구는 다음과 같다.

---

16 Bakker, A. B., & Schaufeli, W. (2003). Utrecht work engagement scale preliminary manual. Occupational Health Psychology Unit. Utrecht University.

17 Shirom, A. (2003). Feeling vigorous at work? The construct of vigor and the study of positive affect in organizations. In Emotional and physiological processes and positive intervention strategies (pp. 135-164). Emerald Group Publishing Limited.

18 Saks, A. M. (2006). Antecedents and consequences of employee engagement. Journal of managerial psychology, 21(7), 600-619.

- EES(Employee Engagement Scale)[19]: 인지적 몰입, 정서적 몰입, 행동적 몰입을 12개 문항으로 평가하며 직무와 조직에 대한 포괄적인 몰입 경험을 반영한다. 특히, EES는 학계에서 다차원적인 특성을 적절하게 반영하고 측정할 수 있는 도구로 언급되고 있다. 예를 들어 다음과 같은 문항이 활용된다.
  - 인지적 몰입: 나는 일할 때 정말로 집중한다.
  - 정서적 몰입: 현재 조직에서 일하는 것은 나에게 개인적으로 큰 의미가 있다.
  - 행동적 몰입: 나는 요청을 받지 않아도 추가적인 노력을 기꺼이 한다.

2.4. 만족-몰입 접근법(Satisfaction-Engagement Approach)

실무에서 많이 활용되는 도구로서, 기업 성과와 몰입 간 관계성을 확인하는 데 초점을 둔다. 직원 몰입을 직무 만족과 업무에 대한 관여(involvement)로 정의하며 몰입도가 높은 직원은 직무에 만족하고 적극적으로 참여한다고 본다[20]. 특히, 다른 접근법과는 달리 몰입을 직무 만족이나 직무 관여의 개념과 중복되는 개념으로 사용한다. 대표적인 측정 도구에는 갤럽 Q12가 있다.

- Gallup Q12[21]: 몰입을 직원들이 자신의 업무와 직장에 대한 참여도와 열정으로 정의하며 직무 특성과 직무에 대한 만족 정도를 묻는 12개의 문항으로 구성되어 있다. 일부 전문가들은 이 도구가 직원 몰입의 모든 측면을 충분히 포착하지 못한다고 지적하기도 하지만, 컨설팅 회사에서 많이 활용되며 조직에서 직원 몰입을 측정하고 성과와 연결 짓는 매우 유용한 도구로 평가받고 있다. 또한, 최근에는 4개의 항목을 추가한 Q12+도 개발되었다. 다음과 같은 문항이 포함되어 있다.
  - 나는 직장에서 나에게 기대하는 바가 무엇인지 알고 있다.
  - 나는 직장에서 매일 내가 가장 잘할 수 있는 일을 할 기회를 얻는다.

---

19 Shuck, B., Adelson, J. L., & Reio Jr, T. G. (2017). The employee engagement scale: Initial evidence for construct validity and implications for theory and practice. Human Resource Management, 56(6), 953-977.

20 Harter, J. K., Schmidt, F. L., & Hayes, T. L. (2002). Business-unit-level relationship between employee satisfaction, employee engagement, and business outcomes: a meta-analysis. Journal of applied psychology, 87(2), 268.

21 Gallup. Gallup's Employee Engagement Survey: Ask the Right Questions With the Q12® Survey. Retrieved from https://www.gallup.com/q12/

- 직장에서 내 의견이 존중받는 것처럼 느껴진다.
- 지난 1년동안 나는 직장에서 배우고 성장할 기회가 있었다.

2.5. 그 외의 조직 몰입 정의와 측정 도구

Macleod와 Clarke은 영국 정부에 제출한 보고서에서 직원 몰입을 조직의 가치와 목표에 대한 헌신과 조직 성공에 기여하려는 동기로 정의한다[22]. 즉, 회사가 직원을 가치 있게 여기고 직원이 회사를 가치 있게 여기는 것이다. 이는 몰입이 단순한 긍정적 심리 상태를 넘어 더 넓은 의미를 가질 수 있음을 시사한다.

글로벌 인사관리 솔루션을 제공하는 기업인 Aon Hewitt에서는 Say, Stay, Strive 모델이라는 기업 맞춤형 도구를 개발하여 활용하고 있다[23]. 이 모델에서는 말하기(Say), 머물기(Stay), 노력하기(Strive) 세 가지 핵심 요소를 기준으로 직원 몰입을 측정한다. Say는 직원이 조직에 대해 긍정적으로 말할 의지, Stay는 조직에 남고자 하는 의향, Strive는 성과 향상을 위해 노력하려는 동기를 평가한다.

마지막으로 Culture Amp에서는 직원 몰입을 직원이 조직에 대해 갖는 열정과 관계 수준으로 정의한다[24]. 이에 직원들이 조직을 위해 추가적인 노력을 기울일 정도로 동기 부여된 상태를 측정하고 직원들이 조직에 머물고자 하는 의지를 보고자 한다. Culture Amp의 측정 도구에서는 자부심, 추천 의향, 현재의 헌신, 미래의 헌신, 동기 부여 등 총 57개 문항(단축형 20문항)을 가지고 직원 경험 및 몰입을 종합적으로 평가한다. 주요 문항 몇 개를 소개하면 다음과 같다.

- 자부심: 회사에서 일하는 것이 자랑스럽다.
- 추천 의향: 회사를 일하기 좋은 곳으로 추천하고 싶다.
- 현재의 헌신: 나는 다른 회사에서 일자리를 찾는 것을 거의 생각하지 않는다.
- 미래의 헌신: 나는 2년 후에도 회사에서 일하고 있을 것으로 생각한다.
- 동기 부여: 회사는 내가 다른 곳에서 비슷한 역할을 할 때보다 더 큰 노력을 기울이도록 동기를 부여한다.

22 MacLeod, D., & Clarke, N. (2009). Engaging for success: enhancing performance through employee engagement: a report to government.

23 Aon Hewitt. (2015). Aon Hewitt's model of employee engagement. https://www.aon.com/attachments/human-capital-consulting/aon-hewitt-model-of-employee-engagement.pdf

24 Culture Amp. (2024.08.23). 22 employee engagement survey questions you should ask (Updated 2023). https://www.cultureamp.com/blog/employee-engagement-survey-questions

직원 몰입 지표 구성 및 직원 몰입 제고 방안

1 문제 정의

제조업 분야의 대기업 K사는 최근 글로벌 경쟁 심화와 산업 환경 변화에 대응하기 위해 조직 혁신을 적극 추진하고 있다. 1,000명 이상의 직원을 보유한 K사는 지속 가능한 성장을 위해 인적자원 관리의 중요성을 인식하고 다양한 개선 노력을 기울이고 있다. 그러나, 최근 직원들의 업무 몰입도가 전반적으로 저하되는 현상이 두드러지게 나타나고 있으며 이는 조직 혁신 추진 과정에서도 중요한 과제로 떠오르고 있다.

특히 생산성 향상과 품질 개선을 위해서는 직원들의 자발적 참여와 높은 몰입이 필수적임에도 불구하고, 부서별 몰입도 편차가 크고 직무 만족도가 하락하는 추세가 지속되고 있다. 이러한 직원들의 몰입 저하는 업무 성과 하락, 생산성 감소, 품질 관리 문제로 이어져 기업의 핵심 경쟁력을 약화하는 주요 요인이 되고 있다.

또한, 직원들의 수동적인 업무 태도와 소극적인 혁신 활동 참여는 기업의 미래 성장 동력 확보에도 걸림돌로 작용하고 있다. 이에 따라 K사는 직원 몰입도 저하의 원인을 심층적으로 분석하고 맞춤형 개선 방안을 도출할 필요성을 절감하고 있다.

이를 위해 K사는 정규직 직원을 대상으로 설문조사를 실시하여 직무 만족도, HR역할 등 주요 직무 태도 변수를 포함한 몰입도 관련 데이터를 수집하였다. 수집된 데이터를 활용해 직원 몰입도의 주요 결정 요인을 식별하고 이를 기반으로 K사의 기업 경쟁력 강화를 위한 실질적이고 지속 가능한 개선 전략 도출을 목표로 분석을 진행한다.

2 활용 데이터 소개

사용할 데이터셋은 'ch5_employee_engagement.xlsx' 파일로 아래와 같은 정보들이 저장되어 있다. 이 리포트에서 다루는 주요 변수와 측정 지표는 아래 표와 같다.

근로자id	근로자별 id
성별	0: 남성 / 1: 여성
나이	근로자별 나이
혼인상태	0: 미혼 / 1: 기혼
최종학력	1: 고졸 이하 / 2: 대졸 / 3: 대학원졸
근속연수	2024년 기준 근속연수
HR역할	<5점 리커트 척도: ① 전혀 그렇지 않음 ~ ⑤ 전적으로 그러함> 인사제도의 지속적 개선과 실행을 위해 주도적인 역할을 함
HR활동	<5점 리커트 척도: ① 전혀 그렇지 않음 ~ ⑤ 전적으로 그러함> 인사 관련 이슈에 대해 현업부서장들은 교육하고 조언을 제공함
교육훈련	<5점 리커트 척도: ① 전혀 그렇지 않음 ~ ⑤ 전적으로 그러함> 교육훈련 내용이 직무와 연관성이 높음
일만족도	<5점 리커트 척도: ① 전혀 그렇지 않음 ~ ⑤ 전적으로 그러함> 현재 하고 있는 일의 내용에 만족함
임금만족도	<5점 리커트 척도: ① 전혀 그렇지 않음 ~ ⑤ 전적으로 그러함> 현재 받고 있는 임금에 만족함
인간관계만족도	<5점 리커트 척도: ① 전혀 그렇지 않음 ~ ⑤ 전적으로 그러함> 현재 직장의 인간관계에 만족함
직무만족도	<5점 리커트 척도: ① 매우 불만족 ~ ⑤ 매우 만족> 하고 있는 일에 전반적으로 만족함
이직의도	<5점 리커트 척도: ① 전혀 그렇지 않음 ~ ⑤ 전적으로 그러함> 조금이라도 좋은 조건을 제시하는 회사가 있으면 옮길 것을 고려하고 있음
충성도	<5점 리커트 척도: ① 전혀 그렇지 않음 ~ ⑤ 전적으로 그러함> 이 회사는 충성할 만한 가치가 있음

직무스트레스	<5점 리커트 척도: ① 전혀 그렇지 않음 ~ ⑤ 전적으로 그러함> 현재 업무로 인해 무력감이나 피곤함을 느낄 때가 많아짐
몰입	<5점 리커트 척도: ① 전혀 그렇지 않음 ~ ⑤ 전적으로 그러함> 몰입1) 조직의 조직원들은 문제해결 및 의사결정에 적극적으로 참여함 몰입2) 조직 내 다양한 업무와 책임을 맡아 다양한 경험을 쌓을 수 있음 몰입3) 업무를 주도적으로 수행할 수 있는 충분한 자율성이 부여됨 몰입4) 조직 내에 협동 및 신뢰관계가 구축되어 있음 몰입5) 조직원은 대체로 두 가지 이상의 이질적인 업무를 수행할 수 있는 다양한 역량과 경험을 가지고 있음 몰입6) 조직 내에서 조직원들 사이에 의사소통이 잘 이루어짐

3 직원 몰입 지표 구성: 주성분 분석

직원 몰입은 다차원적 개념으로서 단일 지표로 측정하기 어려운 특성이 있다. 따라서 우선 주성분분석(Principal Component Analysis: PCA)을 통해 6개의 몰입 관련 변수들을 단일 차원의 종합적인 몰입도 지표로 통합하고자 한다. 직원 몰입도 지표를 구성한 이후, 이를 종속변수로 설정하고 직원 몰입을 설명하기 위해 인구통계학적 특성(성별, 나이, 혼인상태, 최종학력), 직무 관련 특성(근속연수, HR역할, HR활동, 교육훈련), 그리고 직무 태도 관련 변수들(일만족도, 임금만족도, 인간관계만족도, 직무만족도, 이직의도, 충성도, 직무스트레스)을 독립변수로 포함한 다중 선형회귀분석을 수행한다. 이를 통해 어떤 요인들이 직원들의 몰입도에 유의미한 영향을 미치는지 통계적으로 검증하고 각 요인의 상대적 영향력을 파악할 것이다. 나아가 이러한 분석 결과를 바탕으로 효과적인 몰입도 제고 방안을 도출하고자 한다.

가장 먼저 주성분 분석을 활용하여 6개의 몰입 관련 문항들을 하나의 통합 지표로 만들어야 한다. 여러 문항으로 측정된 직원 몰입도를 단일 지표로 통합할 때 단순 평균이나 합산을 사용할 수 있으나 이는 각 문항의 상대적 중요도를 반영하지 못하는 한계가 있다.

여기서 사용하는 몰입도 측정 문항들은 리커트 척도로 측정되었는데, 엄밀히 말하면 이 문항들은 서열 척도로 측정된 것이다. 그러나 리커트 척도가 등간적 성격을 가진다는 사회과학 연구의 일반적 관행에 근거하여 여기서는 리커트 척도를 등간 척도로 간주하고 주성분 분석을 활용하여 몰입도 문항들을 통합하였다.

우선 탐색적 분석과 시각화에 사용되는 R 기본 라이브러리를 설치한 뒤(1~5), 데이터를 불러와 df로 저장하고 데이터에 관한 기본 정보를 확인한다(6~7). 출력된 결과물을 보면 모든 변수가 데이터 타입이 num이라고 되어 있는데, 이 변수들의 데이터 타입이 모두 수치형으로 설정되어 있다는 뜻이다. 이 중에서 성별, 혼인상태, 최종학력은 몇 개의 범주로 이루어진 범주형 변수이다. 따라서 수치형으로 되어 있는 이 변수들의 데이터 타입을 범주형으로 바꾸어주어야 한다. 여기서 당장은 직원 몰입 관련된 변수들을 가지고 주성분 분석을 수행할 것으므로, 범주형 변수로의 변환은 뒤에서 하기로 한다.

```
> str(df)
tibble [510 × 22] (S3: tbl_df/tbl/data.frame)
$ 근로자id       : num  [1:510]  302 305 306 308 310 312 313 314 315 316 ...
$ 성별           : num  [1:510]  0 0 0 0 1 0 0 0 1 1 ...
$ 나이           : num  [1:510]  37 39 32 48 29 29 35 39 32 29 ...
$ 혼인상태       : num  [1:510]  1 1 1 1 0 0 1 1 0 0 ...
$ 최종학력       : num  [1:510]  2 2 2 2 2 2 2 3 2 3 ...
$ 근속연수       : num  [1:510]  12 11 6 21 3 3 1 7 3 1 ...
$ HR역할         : num  [1:510]  5 2 4 3 3 4 3 5 4 4 ...
$ HR활동         : num  [1:510]  4 1 4 3 2 2 3 5 4 4 ...
$ 교육훈련       : num  [1:510]  4 3 4 3 2 2 4 5 4 3 ...
$ 일만족도       : num  [1:510]  5 4 4 3 2 3 4 5 5 4 ...
$ 임금만족도     : num  [1:510]  4 3 4 4 3 4 4 5 5 4 ...
$ 인간관계만족도 : num  [1:510]  4 5 4 2 3 4 4 5 5 3 ...
$ 직무만족도     : num  [1:510]  4 3 4 2 3 4 4 5 4 4 ...
$ 이직의도       : num  [1:510]  2 5 3 4 4 4 4 5 2 3 ...
$ 충성도         : num  [1:510]  4 2 4 3 2 3 4 5 4 4 ...
```

```
$ 직무스트레스    : num    [1:510]    2 1 3 4 4 4 4 5 4 2 ...
$ 몰입1          : num    [1:510]    5 2 4 3 3 3 4 5 4 4 ...
$ 몰입2          : num    [1:510]    5 2 5 3 4 4 4 5 5 4 ...
$ 몰입3          : num    [1:510]    5 4 4 2 3 4 4 5 4 4 ...
$ 몰입4          : num    [1:510]    5 4 4 2 3 4 4 5 5 4 ...
$ 몰입5          : num    [1:510]    5 3 4 3 3 4 4 5 4 4 ...
$ 몰입6          : num    [1:510]    5 4 4 3 3 3 4 5 5 4 ...
```

주성분 분석을 수행하기 위해서 df라는 이름으로 만들어진 데이터프레임에서 직원 몰입 관련 6개 문항만 선택하여 'engagement_vars'객체에 저장하였다(8). 이어서 prcomp( ) 함수를 사용하여 주성분 분석을 수행하는데 이때 center=TRUE와 scale.=TRUE 파라미터를 설정하면 변수들의 평균이 0으로 맞춰지고(중심화), 표준편차가 1로 표준화된다(9). 이 설정을 통해 측정 단위 차이로 인한 왜곡을 방지하고 보다 정확한 주성분 결과를 얻을 수 있다.

summary( ) 함수를 실행하면 주성분들의 설명된 분산 비율(explained variance ratio)을 확인할 수 있다(10). 분석 결과, 첫 번째 주성분(PC1)이 전체 변동의 67.22%를 설명하는 것으로 나타났다[25]. 즉, 첫 번째 주성분인 PC1 단독으로 67.22%의 변동성을 설명하고, 이는 변수 간 가장 중요한 공통 차원을 반영한다고 볼 수 있다.

주성분 분석 결과를 시각화하는 데에는 Scree Plot이 많이 사용된다. Scree Plot

```
> summary(pca_engagement)
Importance of components :
                          PC1     PC2     PC3     PC4     PC5     PC6
Standard deviation     2.0083 0.75952 0.68069 0.61884 0.54893 0.49228
Proportion of Variance 0.6722 0.09614 0.07722 0.06383 0.05022 0.04039
Cumulative Proportion  0.6722 0.76834 0.84556 0.90939 0.95961 1.00000
```

25 PCA에서는 보통 누적 설명력(cumulative proportion)이 70% 이상이 되도록 주성분을 선택하는 것이 일반적이다. 그러나, PC2를 추가로 선택할 경우 PC2의 표준편차가 0.75로 너무 낮아지고 추가적인 설명력도 9.6%에 그쳤다. 설명력의 증가폭이 급격히 줄어들어 PC1 하나만 선택하였으나, 분석가의 판단에 따라 주성분을 2개로 선택할 수도 있다.

은 각 주성분의 설명된 분산 비율을 시각적으로 나타내는 그래프다. 그래프를 그리기 위해 TraMineR 라이브러리를 불러왔다(11). pca_engagement에 screeplot( )을 적용하면 주성분별 설명력 크기가 순서대로 표시된다(12). 적절한 방식으로 표 제목, x축과 y축 제목을 설정할 수 있다. 아래 그래프를 보면, 첫 번째 주성분(PC1)의 설명력이 다른 주성분과 비교해 압도적으로 크고 두 번째 주성분(PC2)부터는 설명력이 급격히 감소하는 엘보우 포인트(elbow point)가 확인되었다. 이는 PC1 하나만 선택하는 것이 전체 변동성을 설명하기에 충분하고 추가 주성분 선택은 큰 의미가 없음을 시사한다.

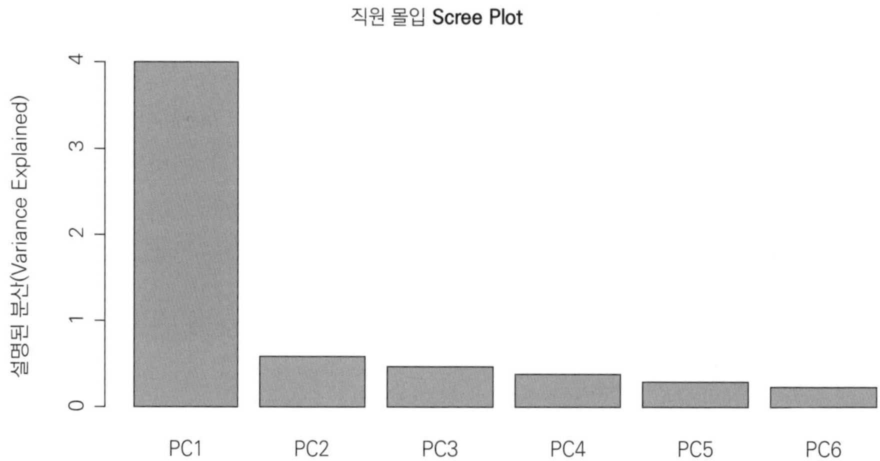

pca_engagement$rotation 코드를 실행하면 변수별 주성분 적재값(loading values)을 확인할 수 있는데, 몰입과 관련된 6개 변수 모두 PC1과 음의 상관관계를 나타냈다(13~14). 이는 PC1 점수가 클수록 직원 몰입 수준이 낮아짐을 의미한다. 이제 우리가 선택한 첫 번째 주성분을 뽑아 기존 데이터에 추가하는 과정이 필요하다(15). 여기서 pca_engagement$x는 주성분 점수가 저장된 행렬이고 각 행은 관측치별로 계산된 주성분 점수이다. [, 1]은 첫 번째 열에 있는 PC1 점수를 선택한다는 뜻이며, df$직원몰입은 이 선택된 주성분 점수를 데이터프레임 df에 직원몰입이라는 변수로 추가한다는 뜻이다.

```
> print(loading_matrix)
             PC1        PC2        PC3        PC4         PC5         PC6
몰입1 -0.4064842  0.4764091 -0.1707473  0.4485325 -0.59161893  0.16569838
몰입2 -0.3948505  0.5820318 -0.3007380 -0.3605734  0.50510551 -0.17246418
몰입3 -0.3933084  0.1053771  0.8615087 -0.1527374  0.06196667  0.25463376
몰입4 -0.4306817 -0.3006428  0.1206198  0.3815687  0.09981647 -0.74432527
몰입5 -0.4064933 -0.3854768 -0.2080013 -0.6469547 -0.47215365 -0.03777303
몰입6 -0.4164717 -0.4291743 -0.2835332  0.2851869  0.39764707  0.56790394
```

앞선 주성분 분석 결과, 첫 번째 주성분(PC1)은 모든 직원 몰입 변수와 음의 상관관계를 보였다. 즉, PC1의 값이 클수록 직원 몰입이 낮다는 것을 의미한다. 이렇게 보면 PC1은 직원 몰입 부족을 나타내는 지표로 해석할 수 있다. 그러나 이렇게 주성분을 정의하면 뒤에서 이루어질 다양한 분석 결과를 해석하는 데 어려움이 있을 수 있다. 따라서 주성분 점수를 높은 몰입을 나타내는 지표로 바꾸어줄 필요가 있다. '직원몰입'으로 저장된 PC1 점수에 -1을 곱하여 값의 부호를 바꾸어 주고, 이 수정된 PC1 점수를 데이터프레임 df에 추가하여 기존 '직원몰입' 변수를 대체하였다(16).

cor( )함수를 사용해 새로 생성된 직원몰입 지표와 원래 6개 몰입 문항 간의 상관관계를 확인하였다(17~18). 그 결과 통합된 지표와 개별 문항 간의 상관관계가 상당히 높게 나타났다. 특히, 몰입4와 몰입6이 PC1을 통해 만들어진 통합지표와 가장 높은 상관관계를 보였다. 다른 변수들과의 상관계수도 모두 0.79~0.86 수준으로 높게 나타나 통합된 직원몰입 지표가 직원 몰입을 포괄적으로 반영하는 타당한 지표가 될 수 있음을 확인하였다.

```
> print(correlations)
         직원몰입    몰입1    몰입2    몰입3    몰입4    몰입5    몰입6
직원몰입 1.000000 0.816332 0.792968 0.789871 0.864927 0.816350 0.836389
몰입1    0.816332 1.000000 0.672170 0.578541 0.631761 0.548455 0.588159
몰입2    0.792968 0.672170 1.000000 0.561556 0.561721 0.565951 0.556047
몰입3    0.789871 0.578541 0.561556 1.000000 0.646669 0.565045 0.547159
몰입4    0.864927 0.631761 0.561721 0.646669 1.000000 0.659388 0.733198
몰입5    0.816350 0.548455 0.565951 0.565045 0.659388 1.000000 0.673119
몰입6    0.836389 0.588159 0.556047 0.547159 0.733198 0.673119 1.000000
```

주성분 분석 결과를 시각적으로 확인하기 위해 ggbiplot( ) 라이브러리를 설치한 후 이 함수를 사용하여 Biplot을 생성하였다(19~20). Biplot은 변수(화살표)와 데이터 관측치(점)를 주성분 공간에서 동시에 시각화할 수 있는 그래프이다[26]. Biplot 상에서 변수 벡터의 방향과 길이는 주성분과 각 몰입 변수 간의 관계를 나타낸다. 6개의 항목이 PC1 축으로 길게 뻗어 있는 것을 확인할 수 있다.

또한, Biplot 상의 검은색 점들은 개별 관측치를 2차원 공간에 나타낸 것으로서, 점들의 위치를 통해 직원 몰입 패턴 간의 유사성을 시각적으로 확인할 수 있다. 중앙에 위치한 점들은 평균적인 직원 몰입 수준을 보이는 그룹을 의미하고 외곽에 위치한 점들은 독특하거나 극단적인 직원 몰입 패턴을 나타낸다. 이를 통해 직원 몰입의 구조적 특징과 주요 차원을 시각적으로 이해하고 분석할 수 있다.

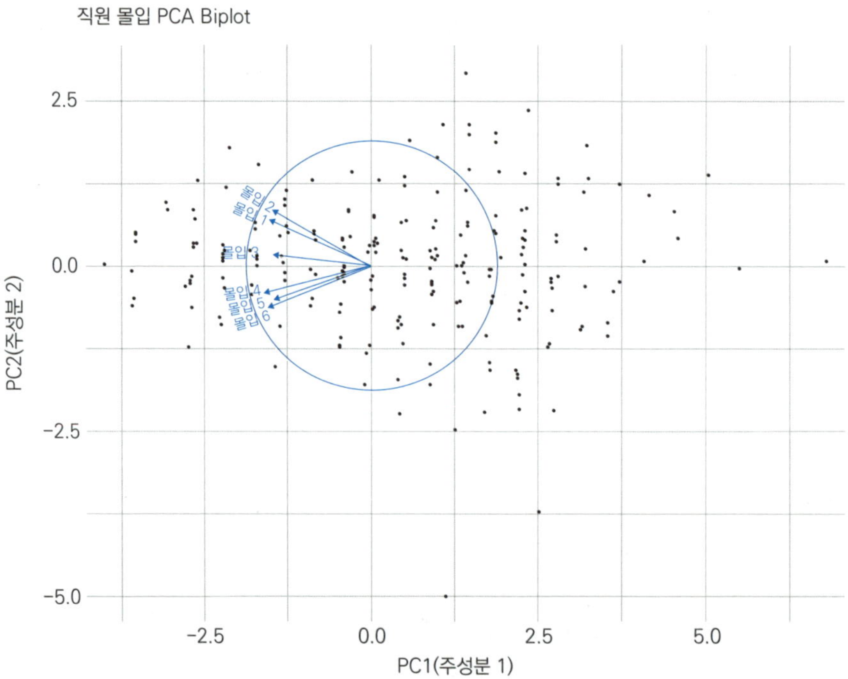

26 PC1만 선택했음에도 PC2를 포함한 이유는 Biplot 시각화를 통해 PCA 결과를 2차원 좌표로 표현하기 위해서는 최소 두 개의 주성분이 필요하기 때문이다. 비록 PC1만 최종 지표로 활용하더라도 PC2를 포함해 시각화하는 것은 변수 간 상관 구조와 주요 패턴을 더 직관적으로 이해하는 데 도움이 된다.

4 변수 간 상관관계 확인

변수 간의 상관관계을 확인하는 방법에는 여러 가지가 있으나, 그중 가장 직관적인 것이 히트맵(Heatmap)을 활용하는 것이다. 히트맵은 변수 간 상관관계의 강도와 방향을 색상으로 시각화한다. 일반적으로 진한 색상은 강한 상관관계를, 연한 색상은 약한 상관관계를 나타내고 양의 상관관계와 음의 상관관계는 서로 다른 색상으로 구분된다. 이를 통해 데이터에 존재하는 복잡한 변수 간 상관 구조를 한눈에 파악할 수 있다.

이러한 히트맵의 특성을 활용하여 직원 몰입 변수와 다른 독립변수 간의 상관관계를 시각적으로 탐색하고자 한다. 이는 직원 몰입에 강한 영향을 미치는 주요 변수들을 직관적으로 식별할 수 있게 도와주고 변수 간의 전반적인 상관성도 효과적으로 보여준다. 이러한 시각적 탐색은 다중회귀분석을 수행하기 전에 변수 간의 관계를 이해하고 잠재적으로 중요한 관계를 파악하는 데 매우 유용한 기초 자료가 된다.

우선 데이터 행렬을 변환하는 라이브러리인 reshape2를 설치한다(21). 데이터 프레임 df에서 주요 변수를 선택하여 variables 객체에 저장하였다(22). 상관관계는 범주형 변주에는 적용되지 않는다. 따라서 성별, 혼인상태, 학력은 제외해야 한다. cor( ) 함수를 사용하여 변수 간 상관계수 행렬을 계산하였고 결측치를 가진 행을 제거하기 위해 use="complete.obs" 옵션을 설정하였다(23).

히트맵 생성을 위해 reshape2 라이브러리에 있는 melt( ) 함수를 사용하여 상관계수 행렬을 long 형식으로 변환하였다(24). 여기서 long 형식이란 복수의 열을 합해서 하나의 열로 늘어놓은 형태의 데이터 구조를 말한다. 이 경우 cor( ) 함수를 통해 계산된 correlations 객체는 행과 열이 모두 변수로 되어 있는 13×13 행렬이다. 이것을 long 형식으로 변환하면 첫 번째 열과 두 번째 열은 변수쌍을 이루고 세 번째 열은 상관관계 값을 갖는 데이터 구조가 된다. 따라서 melt( ) 함수를 활용하여 변환한 melted_correlations 객체는 169(=13×13)개 행과 3개의 열을 갖는다. R Studio의 Environment 창에서 correlations와 melted_correlations를 하나씩 클릭하여 데이터 구조를 비교해 볼 수 있다.

히트맵은 ggplot() 함수를 사용해 생성한다(25). geom_tile()을 사용해 상관계수 값을 타일 형식으로 색상 표시했다. scale_fill_gradient2() 옵션을 사용해 색상 범위를 푸른색(low)은 음의 상관관계, 흰색(중간)은 상관관계 없음, 붉은색(high)은 양의 상관관계로 설정했다. 상관계수 범위는 -1에서 1로 설정되었고 상관계수가 1에 가까울수록 붉은색, -1에 가까울수록 푸른색으로 표시된다. 다만 제시된 그림과 실제 R코드 실행 결과 간에 색상 차이가 있을 수 있으므로, 직접 코드를 실행해보기를 권장한다. 또한 시각적 가독성을 높이기 위해 theme_minimal() 테마를 적용했으며 변수명이 잘리지 않도록 x축 레이블을 45도 기울이기 설정을 추가했다.

간단히 히트맵 결과를 보자. 직원몰입 변수는 충성도, 직무만족도, 인간관계만족도, 일만족도와 높은 양의 상관관계를 보인다. 이 네 개 변수가 직원몰입에 가장 큰 영향을 미치는 요인으로 해석할 수 있다. 반대로, 직원몰입과 직무스트레스는 약한 음의 상관관계를 보이는데, 이는 스트레스 지수가 높아질수록 직원 몰입이 낮아질 가능성을 시사한다.

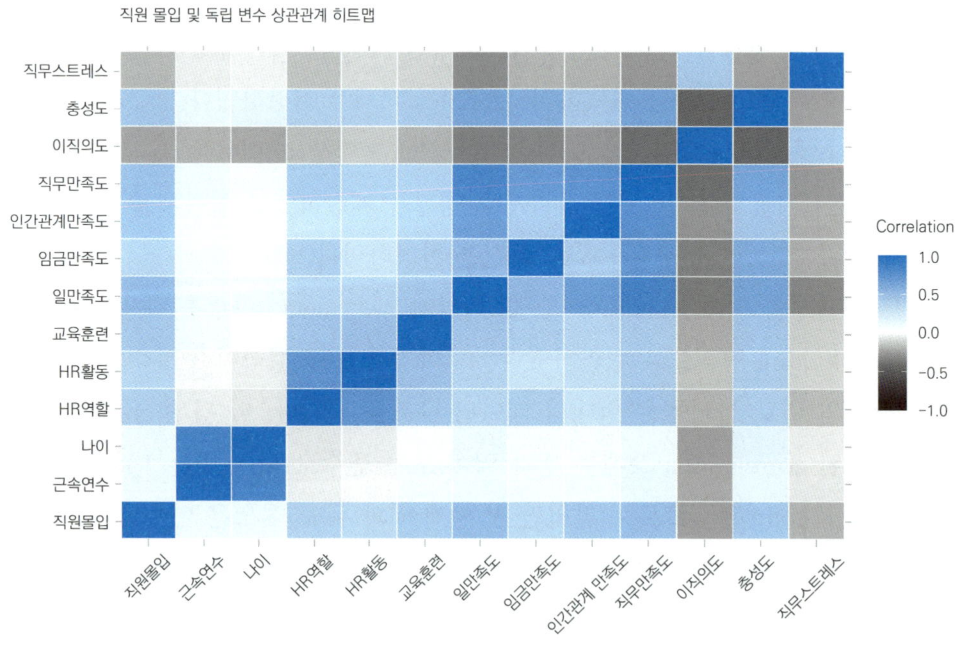

5 직원 몰입에 영향을 미치는 요인 분석

5.1. 다중회귀분석

직원 몰입을 높이거나 낮추는 요인이 무엇일까? 이를 알아보기 위해 다중회귀분석을 실시한다. 다중회귀분석은 별도의 설명이 필요하지 않을 정도로 데이터 분석에서 자주 쓰이는 분석 기법이다. 그렇더라도 익숙하지 않은 독자들을 위해 간략히 정리해 보겠다. 다중회귀분석은 하나의 종속변수와 여러 독립변수 간의 관계를 분석하는 통계 기법이다. 이때 종속변수는 기본적으로 연속형 변수여야 한다. 단순회귀분석이 하나의 독립변수만을 사용하는 데 비해, 다중회귀분석은 여러 독립변수를 동시에 고려하여 종속변수에 미치는 각 변수의 영향을 평가할 수 있다. 예를 들어, 학생의 학업 성취도라는 종속변수를 설명하기 위해 학습 시간, 수면 시간, 자기 효능감, 학습 동기 등 여러 독립변수가 얼마나 영향을 미치는지 분석할 때 다중회귀분석을 사용할 수 있다.

다중회귀분석은 종속변수에 영향을 주는 주요 독립변수들을 식별하고 각 변수의 영향력을 정량적으로 분석하는 데 유용하다. 회귀모형은 다음과 같은 수식으로 표현된다:

$$Y = \beta_0 + \beta_1 X_1 + \beta_2 X_2 + \cdots + \beta_k X_k + \epsilon$$

Y : 종속변수
$X_1, X_2, \cdots X_k$: 독립변수
β_0 : 절편
$\beta_1, \beta_2 \cdots \beta_k$: 회귀계수(독립변수가 종속변수에 미치는 영향의 크기)
ϵ : 오차항(모델이 설명하지 못한 부분)

다중회귀분석의 결과를 신뢰하기 위해서는 다음 4가지의 조건이 충족되어야 한다. 첫째, 선형성(linearity)으로서, 독립변수와 종속변수 간의 관계가 선형적이어야 한다는 것이다. 이는 잔차 플롯(Residual Plot)을 통해 확인할 수 있는데, 잔차에 특이한 패턴이 없는지를 살펴보아야 한다. 둘째, 정규성(normality)으로 잔차가 정규분포를 따라야 한다는 것이다. Q-Q 플롯이나 Shaprio-Wilk 검정을 통해 확인할 수 있다. 셋째, 등분산성(homoscedasticity)이다. 잔차의 분산이 독립변수 값에 따라 일정해야 한다는 것으로 Scale-Location 플롯을 통해 확인할 수 있다. 넷째, 독립성(independence)으로 독립변수 간의 상관관계(다중공선성)가 없어야 한다는 것이다. 이를 확인하기 위해 분산팽창계수(VIF)를 계산하며 일반적으로 VIF 값이 10 미만이면 다중공선성 문제는 없다고 판단한다.

다중회귀분석을 활용하여 직원 몰입에 영향을 미치는 주요 요인들을 분석하고 각 독립변수의 기여도를 파악해 보자.

5.2. 다중회귀분석 결과와 해석

다중회귀분석을 수행하기 전에 해야 할 일이 하나 있다. 앞서 str( ) 함수를 통해 산출한 결과를 보면, 원본 데이터에는 범주형 변수인 성별, 혼인상태, 최종학력이 수치형 변수로 기재되어 있다. 범주형 변수에 들어있는 숫자는 수치의 의미를 갖지 않는다. 예를 들어 성별에서 남성은 0, 여성은 1로 표시되어 있다. 여기서 0이라는 숫자는 남성을 가리킨다는 것 이외에는 다른 의미가 없다. 성별 이외에도 결혼여부의 경우 미혼은 0, 기혼은 1로 표시되어 있고, 최종학력은 1이 고졸 이하를, 2는 대졸, 3은 대학원졸을 의미한다.

회귀분석을 수행하기에 앞서 이 세 변수를 범주형 변수로 설정해야 한다. factor( ) 함수를 이용하면 수치형 변수를 범주형 변수로 변환할 수 있고, 이때 levels와 labels 인자를 통해 각 수치에 대한 레이블을 부착할 수 있다(26~28). 다시 str( ) 함수를 통해 변환이 잘 이루어졌는지를 확인할 수 있는데, 여기서는 생략한다.

주성분 분석을 통해 구성한 직원몰입 단일 지표를 종속변수로 설정하고, 이를 설명하기 위해 '성별', '나이', '혼인상태', '최종학력', '근속연수', 'HR역할', 'HR활동', '교육훈련', '일만족도', '임금만족도', '인간관계만족도', '직무만족도', '이직의도', '충성도', '직무스트레스' 등을 독립변수로 선택하여 모델을 구성했다(29). 이 과정에서 lm( ) 함수를 사용하여 회귀 모델을 생성하였다. lm( )함수는 선형 회귀 모델을 생성하여 독립변수와 종속변수 간의 관계를 수식으로 표현하고 회귀계수 추정 및 모델 적합도 평가를 수행하는 데 사용된다. 이후, data 매개변수에는 사용할 데이터프레임인 df를 지정하였다. 생성된 회귀모델에 대한 결과는 summary( ) 함수를 통해 확인할 수 있다(30).

```
> summary(model)
Call:
lm(formula = 직원몰입 ~ 성별 + 나이 + 혼인상태 +
    최종학력 + 근속연수 + HR역할 + HR활동 + 교육훈련 +
    일만족도 + 임금만족도 + 인간관계만족도 +
    직무만족도 + 이직의도 + 충성도 + 직무스트레스,
    data = df)
 Residuals:
 Min       1Q        Median    3Q        Max
 -5.5298   -0.9111   0.1787    1.0023    4.4764
Coefficients :
                   Estimate    Std. Error   t value   Pr(>|t|)
 (Intercept)       -5.924038   0.894866     -6.62     9.40E-11   ***
 성별여성           0.181192    0.170525      1.063    0.2885
 나이              -0.008804    0.016349     -0.539    0.59045
 혼인상태기혼       0.545284    0.182047      2.995    0.00288    **
 최종학력대졸       0.6074      0.205535      2.955    0.00327    **
 최종학력대학원졸   0.712679    0.335824      2.122    0.03432    *
 근속연수          -0.003434    0.015658     -0.219    0.82652
 HR역할             0.198821    0.101906      1.951    0.05162    .
 HR활동             0.088742    0.110560      0.803    0.42256
 교육훈련           0.323851    0.096856      3.344    0.00089    ***
 일만족도           0.327635    0.137631      2.381    0.01767    *
 임금만족도        -0.008099    0.103527     -0.078    0.93768
 인간관계만족도     0.362044    0.135289      2.676    0.0077     **
 직무만족도         0.096498    0.196993      0.49     0.62445
 이직의도          -0.063816    0.083573     -0.764    0.44547
 충성도             0.274125    0.114354      2.39     0.01689    *
 직무스트레스      -0.091436    0.084044     -1.088    0.27715
 ---
 Signif. codes:   0 '***'  0.001 '**'  0.01 '*'  0.05 '.'  0.1 ' '  1

 Residual standard error: 1.634 on 493 degrees of freedom
 Multiple R-squared: 0.3591,       Adjusted R-squared: 0.3384
 F-statistic: 17.27 on 16 and 493 DF,   p-value: < 2.2e-16
```

이 함수는 각 독립변수의 회귀계수(coefficients), t값, p값, 그리고 모델의 설명력을 나타내는 R-squared와 Adjusted R-squared 값을 제공한다. 예를 들어, 회귀계수는 각 독립변수가 종속변수에 미치는 영향의 크기와 방향을 나타내며 p값은 해당 계수가 통계적으로 유의한지를 평가한다. 회귀분석 결과표에서 coefficients(회귀계수) 부분은 변수별 계수(Estimate), 표준 오차(Std. Error), t-값(t-value), 그리고 유의확률(p-값, Pr(>|t|))을 보여준다. 이를 통해 각 독립변수가 직원몰입에 미치는 영향의 크기와 통계적 유의미성을 평가할 수 있다.

분석 결과, 직원몰입에 유의미한 양(+)의 영향을 미치는 변수로는 혼인상태(기혼여부), 최종학력(대졸 및 대학원졸), 교육훈련, 일만족도, 인간관계만족도, 그리고 충성도가 도출되었다. 이는 이러한 변수들의 값이 증가할수록 직원 몰입도가 높아짐을 의미한다. 한편, 'HR역할'은 유의수준 경계선에 있는 변수로 확인되었다.

모델의 적합도 평가 결과, 결정계수(Multiple R-squared)는 0.3591(35.91%), 조정된 결정계수(Adjusted R-squared)는 0.3384(33.84%)로 나타났다. 이는 독립변수들이 직원 몰입 변동성의 약 36%를 설명한다는 것을 의미한다.

앞서 회귀분석은 선형성, 정규성, 등분산성 등 몇 가지 기본적인 가정을 가지고 있다고 했다. 잔차 분석을 통해 모델이 이러한 가정을 잘 따르고 있는지를 살펴볼 필요가 있다. 먼저 잔차 분석 플롯 네 개를 그리기 위해 2x2 레이아웃을 생성한다(31). 플롯이 그려지는 공간을 네 개로 분할한다는 의미이다. plot( ) 함수를 사용하여 잔차 플롯(Residual Plots)을 생성하였으며, 이는 회귀 모델이 가정하는 선형성, 정규성, 등분산성 등이 충족되는지를 시각적으로 검토하는 데 유용하다(32).

왼쪽 위에 있는 'Residuals vs Fitted' 그래프는 선형성을 확인하는 도구로 잔차가 가운데 선을 중심으로 위아래에 무작위로 분포할수록 모델이 선형 관계를 잘 설명한다고 볼 수 있다. 오른쪽 위에 있는 'Normal Q-Q' 그래프는 정규성을 확인하는 데 사용되며 점들이 대각선을 따라 분포할수록 잔차가 정규분포를 따른다고 판단할 수 있다. 다음으로 아래 왼쪽에 있는 'Scale-Location' 그래프는 등분산성을 확인하는 도구로 점들이 X축을 따라 고르게 퍼져 있어야 등분산성 가정이 충족된다. 마지막으로 'Residuals vs Leverage' 그래프는 이상치와 영향력 있는 데이터를 확인할 수 있는 시각화 결과이다. 만약 일부 관측치로 인해 직선이 휘어진다면, 일부 극단적인 점들이 모델에 지나치게 강한 영향을 미친다는 것을 의미한다.

이러한 잔차 플롯들은 회귀 모델의 적합성을 시각적으로 검토할 수 있는 필수적인 도구로, 모델 평가 과정에서 반드시 확인해야 할 항목이다.

시각화 결과, 대부분의 회귀 가정이 충족되었으나 Q-Q 그래프의 양 끝단에서 약간의 이탈이 관찰되어 정규성이 완전히 충족되었다고 보기는 어렵다. 또한, Residuals vs Leverage 그래프에서 관측치 210처럼 일부 영향력이 큰 관측치들이 식별되었다.

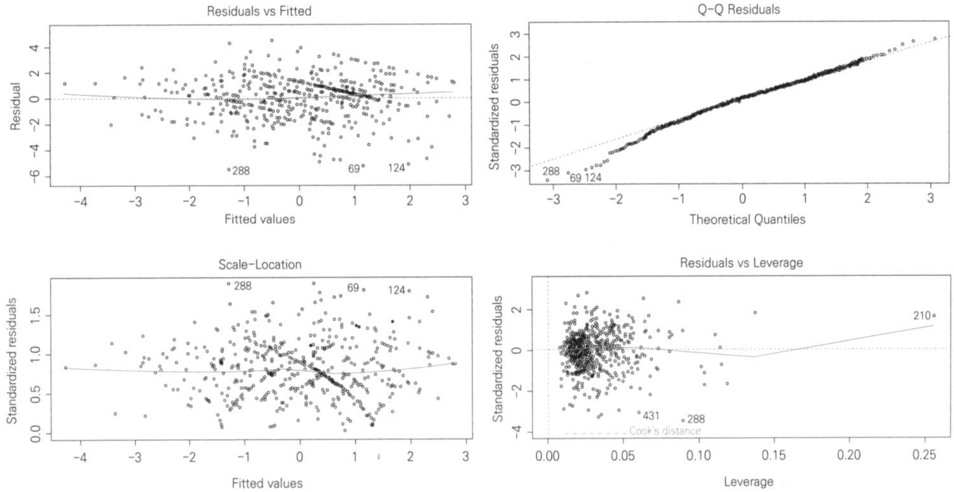

5.3. 데이터 재처리 후 다중회귀분석 결과

잔차분석을 통해 살펴본 바에 따르면, 일부 관측치가 모델에 과도한 영향을 미치는 것으로 나타났다. 이러한 점들은 회귀분석의 신뢰성을 저해할 수 있으므로 Cook's Distance를 사용하여 영향을 미치는 관측치를 식별하고 이를 제거하는 것이 좋다. Cook's Distance는 회귀분석에서 특정 관측치가 모델의 결과에 얼마나 큰 영향을 미치는지를 평가하는 통계적 지표로 회귀 모델의 잔차와 레버리지를 결합하여 계산된다. 이를 통해 특정 관측치를 제거했을 때 모델의 변화 정도를 정량적으로 측정할 수 있다. 이 지표는 값이 클수록 해당 관측치가 모델의 결과에 큰 영향을 미친다는 것을 의미하며 회귀 모델의 적합도를 심각하게 왜곡할 가능성이 있는 이상치(outlier) 또는 영향력 있는 데이터(influential data point)를 평가하는 데 사용된다.

cooks.distance( ) 함수를 실행하기 전에 우선 영향력 있는 데이터인지 여부를 판단하는 임곗값을 설정한다. 임곗값을 설정하기 위해서는 보통 4/(n-k-1) 공식을 활용한다. 여기서 n은 총 데이터 수, k는 회귀 모델의 독립변수 개수이다. 이 임계값을 기준으로 특정 관측치가 모델 결과에 과도한 영향을 미치는지를 평가할 수 있다. nrow(df)를 실행하여 데이터 수인 n을 계산하고(33), length(coefficients(model)) - 1 코드를 실행하여 회귀계수의 개수에서 절편(intercept)을 제외하고 순수 독립변수의 개수, 즉 k를 계산한다(34). 이렇게 n과 k를 산출한 후, 4/(n-k-1) 공식을 이용하여 임곗값(threshold) 객체를 생성한다(35). 이제 앞선 회귀분석에서 도출된 결과인 model 객체에 cooks.distance( ) 함수를 적용하여 각 관측치별로 Cook's Distance 값을 계산한다(36). 다음 단계로 Cook's Distance 값이 기준값을 초과하는 관측치를 식별해야 하는데, 이를 위해 which( ) 함수를 사용한다. 개별 관측치의 Cook's Distance 값을 의미하는 cooks_d가 임곗값(threshold)를 넘어서면 influential_rows 객체에 해당 관측치의 행 번호를 저장한다(37). influential_rows에는 영향력이 있는 관측치의 행 번호가 저장되어 있으므로, 그 수를 세면 영향력 있는 관측치가 몇 개인지를 알 수 있다. length( ) 함수를 이용하여 그 수를 센 뒤 cat( ) 함수를 사용하여 결과를 출력해 보자. 출력물을 보면 총 31개의 관측치를 식별하였다는 것을 확인할 수 있다(38).

```
> influential_rows <- which(cooks_d > threshold)
> cat("영향력 있는 행 수:", length(influential_rows), "₩n")
영향력 있는 행 수: 31
```

이후 이러한 관측치를 제거하여 df_clean이라는 새로운 데이터를 생성하였다(39). 이 코드는 influential_rows에 들어 있는 행 번호를 식별한 후 데이터프레임 df에서 그 번호에 해당하는 행(관측치)을 모두 삭제하고 그 결과를 df_clean이라는 데이터프레임에 저장하라는 뜻이다. 이렇게 모델의 적합성을 떨어뜨릴 수 있는 관측치들을 제거한 후 다중회귀분석을 재시행하면 더욱 신뢰할 수 있는 모델을 구축할 수 있다.

영향력이 과도하게 컸던 일부 데이터를 제거한 후 동일한 방식으로 다중회귀 분석을 다시 수행하였다(40~43). 그 결과, 모델의 적합도가 이전 결과에 비해 상승한 것으로 나타났다. 결정계수는 0.3591에서 0.4627로, 조정된 결정계수(Adjusted R-squared)는 0.3384에서 0.4441로 크게 상승하였다. 따라서 모형에 포함된 독립변수들이 직원들의 조직몰입이 높고 낮은 이유를 44~46% 가량 설명한다고 할 수 있다. 잔차분석 플롯에서 확인할 수 있는 바와 같이, 잔차의 분포가 이전 모델에 비해 훨씬 안정적인 모습을 보인다.

분석 결과를 간략히 살펴보자. 여성이 남성에 비해, 기혼자가 미혼자에 비해 직원 몰입이 높았다. HR부서의 역할과 활동에 대해 긍정적으로 평가한 직원들은 직원 몰입이 높은 것으로 나타났다. 교육훈련이 직무와 관련이 된다고 생각할수록 직원 몰입이 높았다. 일에 대한 만족도, 인간관계 만족도, 조직에 대한 충성도 역시 직원 몰입에 긍정적 영향을 미쳤다. 종합하면, 영향력 있는 관측치를 제거한 이후 모델이 더 적합하게 개선되었음을 알 수 있다. 아울러 주요 독립변수들이 직원 몰입에 미치는 영향이 더욱 정확히 드러났다.

```
> summary(model_clean)
Call:
lm(formula = 직원몰입 ~ 성별 + 나이 + 혼인상태 +
    최종학력 + 근속연수 + HR역할 + HR활동 + 교육훈련 +
    일만족도 + 임금만족도 + 인간관계만족도 +
    직무만족도 + 이직의도 + 충성도 + 직무스트레스,
    data = df_clean)
Residuals:
Min       1Q        Median    3Q        Max
-4.7051   -0.8729   0.0919    0.8785    3.6851
Coefficients :
              Estimate    Std. Error   t value   Pr(>|t|)
(Intercept)   -6.995703   0.803139     -8.710    < 2e-16    ***
성별여성        0.321932   0.151147      2.130    0.033706   *
나이            0.008064   0.014908      0.541    0.588836
혼인상태기혼    0.553896   0.158007      3.506    0.000500   ***
```

```
최종학력대졸          0.194169    0.186679    1.040    0.298827
최종학력대학원졸      0.281896    0.294755    0.956    0.339384
근속연수             -0.019081    0.014297   -1.335    0.182657
HR역할                0.276118    0.092185    2.995    0.002889   **
HR활동                0.165705    0.098604    1.680    0.093537   .
교육훈련              0.335368    0.087694    3.824    0.000149   ***
일만족도              0.353148    0.130213    2.712    0.006936   **
임금만족도           -0.107513    0.096949   -1.109    0.268024
인간관계만족도        0.364955    0.129454    2.819    0.005021   **
직무만족도            0.141967    0.199482    0.712    0.477022
이직의도              0.001511    0.073693    0.021    0.983647
충성도                0.343632    0.104959    3.274    0.001140   **
직무스트레스         -0.090121    0.074819   -1.205    0.229006
---
Signif. codes : 0 '***'  0.001 '**'  0.01 '*'  0.05 '.'  0.1 ' '  1

Residual standard error: 1.376 on 462 degrees of freedom
Multiple R-squared: 0.4627,        Adjusted R-squared: 0.4441
F-statistic: 24.87 on 16 and 462 DF,   p-value: < 2.2e-16
```

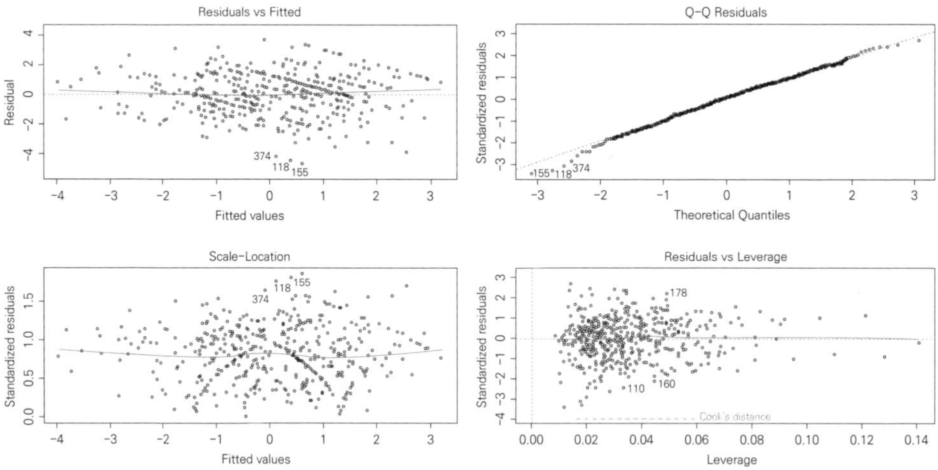

6 핵심 인사이트

직원 몰입은 개인적, 직무적, 조직적 요인이 상호작용하여 형성되는 다차원적 개념이다. 이 장에서는 주성분 분석을 활용하여 K사 직원의 직원 몰입 통합 지표를 구성하고 이를 종속변수로 활용하여 직원 몰입을 높이거나 낮추는 요인이 무엇인지 살펴보았다.

분석 결과, 직원 몰입에 유의미한 영향을 미치는 주요 변수로는 성별, 혼인상태, HR역할 수행, 교육훈련 참여, 일 만족도, 인간관계 만족도, 충성도가 도출되었다. 특히 인구통계학적 특성 중 여성일수록 직원 몰입 점수가 높게 나타났으며, 혼인상태는 기혼자의 조직 몰입이 미혼자보다 높은 것으로 나타났다. 이들은 조직에 대한 책임감과 경제적 안정성 추구 경향이 높아 직원 몰입도가 상대적으로 높게 나타난 것으로 보인다. 이는 가족 부양에 따른 직업 안정성 중시 경향이 조직 몰입으로 이어질 수 있음을 시사한다.

직무 관련 특성에서는 HR역할과 교육훈련이 직원 몰입도를 높이는 핵심 요인으로 확인되었다. HR역할 수행 수준이 높을수록 직원들은 조직 내 인사제도의 지속적 개선과 실행에 주도적으로 참여한다고 느끼고 이러한 인식이 직원 몰입 점수를 높이는 데 긍정적인 영향을 미친다. HR역할 수행 수준이 높다고 인식할수록 자신의 기여가 조직의 목표 달성에 긍정적인 영향을 미친다고 느껴 직무 만족도와 몰입도가 증가하는 것으로 해석된다. 한편, 부서장들이 인사 관련 이슈에 대해 교육하고 조언을 제공하는 HR활동 변수도 꽤 중요한 요인으로 파악되었다 이러한 결과는 HR 부서의 활동 및 지원 역할의 중요성을 시사한다.

또한, 교육훈련의 내용이 직무와 밀접하게 연관되어 있다고 느낄수록 직원들은 직무 수행 역량과 경력개발에 도움이 된다고 인식하여 조직에 대한 몰입도가 증가하는 것으로 보인다. 정기적이고 효과적인 교육훈련은 직무 역량 향상뿐 아니라 개인의 경력개발에도 기여함으로써 조직에 대한 긍정적 태도를 강화할 수 있을 것이다.

따라서, 조직 내 체계적인 인사관리 시스템과 지속적인 역량 개발 기회 제공이 직원들의 업무 만족도와 조직 적응을 촉진하는 주요 수단이 될 것이다. 결과적으로 이러한 요인들은 직원의 직무 성과와 조직 충성도를 증진시켜 기업의 지속가능성과 경쟁력 강화에 중요한 역할을 할 것으로 판단된다.

직무 태도 측면에서는 일 만족도와 인간관계 만족도, 충성도가 직원 몰입을 강하게 예측하는 요인으로 나타났다. 일 만족도는 업무 자체에서 얻는 흥미와 성취감을, 인간관계 만족도는 조직 내 협업과 소통의 질을 반영한다. 특히, 충성도의 중요성을 확인하였는데, 이는 조직에 대한 정서적 애착과 장기적 헌신이 높은 몰입도로 이어진다는 것을 의미한다. 즉, 조직에 대한 높은 충성도는 개인이 조직의 가치와 목표를 내재화하고 조직의 성공을 위해 자발적으로 노력하게 만드는 핵심 요인이라고 해석할 수 있다.

이러한 분석 결과는 직원의 몰입도 제고를 위해서는 다차원적 접근이 필요함을 보여준다. 구체적으로 교육훈련 기회의 확대(직무 전문성 강화 프로그램, 경력개발 워크숍 등), 체계적 인사관리 시스템 구축(성과관리 시스템 관리, 평가/보상 시스템의 투명화 등), 조직 내 소통 활성화(수평적 소통, 사내 동아리 지원 등) 등의 전략적 방안을 통해 직원 몰입도를 향상시킬 수 있을 것이다. 이는 궁극적으로 개인과 조직의 성과 향상으로 이어질 수 있다는 점에서 중요한 시사점을 제공한다.

직원 몰입 R코드

```
# 기본 라이브러리 ####
library(readxl) # 엑셀파일 불러오기_read_excel()                                        (1)
library(dplyr) # 데이터프레임 처리_select(), filter(), mutate(), summarize()             (2)
library(psych) # 기술통계량_describe()                                                  (3)
library(descr) # 빈도분석_freq()                                                        (4)
library(ggplot2) # 시각화_ggplot                                                        (5)


# 데이터 불러오기 ####
df <- read_excel("ch5_employee_engagement.xlsx")  # 엑셀 파일 경로 입력                 (6)
str(df)                                                                                 (7)


# 3. 직원 몰입 지표 구성: 주성분 분석 ####
## 직원 몰입 변수 선택
engagement_vars <- df[, c("몰입1", "몰입2", "몰입3", "몰입4", "몰입5", "몰입6")]       (8)

## PCA 수행(센터링(평균제거) 및 스케일링(표준화) 포함)
pca_engagement <- prcomp(engagement_vars, center = TRUE, scale. = TRUE)                (9)
summary(pca_engagement) # PCA 결과 요약                                                 (10)

library(TraMineR) # screeplot 시각화에 활용                                             (11)
screeplot(pca_engagement, main = "직원몰입 Scree Plot",                                 (12)
          xlab = "주성분(Principal Components)",
          ylab = "설명된 분산(Variance Explained)")
loading_matrix <- pca_engagement$rotation # 주성분 로딩(주성분에 대한 기여도) 확인     (13)
print(loading_matrix)                                                                   (14)

df$직원몰입 <- pca_engagement$x[, 1] # 주성분을 데이터프레임에 추가                     (15)
df$직원몰입 <- -1 * df$직원몰입 # PC1의 부호방향 바꾸기(반비례-> 비례 관계)              (16)
correlations <- cor(df[, c("직원몰입",                                                  (17)
                        "몰입1", "몰입2", "몰입3", "몰입4", "몰입5", "몰입6")])
print(correlations) # PC1과 각 engagement 문항 간의 상관관계 확인                       (18)
```

```
## PC1의 해석을 위한 추가적인 시각화(biplot)
library(ggbiplot)                                                            (19)
ggbiplot(pca_engagement,                                                     (20)
            obs.scale = 1,
            var.scale = 1,
            ellipse = FALSE,     # 그룹 타원 생략
            circle = TRUE) +     # 원 추가
  theme_minimal() +
  labs(title = "직원몰입 PCA Biplot",
        x = "PC1 (주성분 1)",
        y = "PC2 (주성분 2)"
        ) # ggbiplot으로 Biplot 시각화


# 4. 변수 간 상관관계 확인 ####
library(reshape2)                                                            (21)

## 히트맵에 사용할 변수 선택
variables <- df[, c("직원몰입", "근속연수", "나이",                                (22)
                        "HR역할", "HR활동", "교육훈련", "일만족도", "임금만족도",
                        "인간관계만족도", "직무만족도", "이직의도", "충성도",
                        "직무스트레스")]

## 상관관계 계산
correlations <- cor(variables,                                               (23)
                 use = "complete.obs") # 결측치 제거하고 상관관계를 계산하는 옵션
melted_correlations <- melt(correlations) # 상관관계 행렬을 long 형식으로 변환        (24)

## 히트맵 생성
ggplot(data = melted_correlations, aes(x = Var1, y = Var2, fill = value)) +   (25)
  geom_tile(color = "white") +   # 타일을 사용하여 각 상관관계를 색상으로 표시
  scale_fill_gradient2(low = "blue",  # 음의 상관관계 = blue
                          high = "red",  # 양의 상관관계 = red
                          mid = "white", midpoint = 0,  # 상관관계0 = white
                          limit = c(-1, 1),     # 상관계수의 범위를 -1에서 1까지 설정
                          space = "Lab",
```

```
                    name = "Correlation") +  # 색상 범례 이름 설정
  theme_minimal() +                        # 최소화된 테마 사용
  labs(title = "직원몰입 및 독립 변수 상관관계 히트맵",
       x = "", y = "") +                   # 히트맵 제목 설정, 축 이름 제거
  theme(axis.text.x = element_text(angle = 45,   # x축 레이블 45도 회전
                                   vjust = 1,
                                   hjust = 1))


# 5. 직원 몰입에 영향을 미치는 요인 분석 ####
## 5.1. 다중회귀분석
## 5.2. 다중회귀분석 결과와 해석
df$성별 <- factor(df$성별, levels=c(0,1), labels=c("남성", "여성"))                (26)
df$혼인상태 <- factor(df$혼인상태, levels=c(0,1), labels=c("미혼", "기혼"))        (27)
df$최종학력 <- factor(df$최종학력, levels=c(1,2,3),                                (28)
                labels=c("고졸 이하", "대졸", "대학원졸"))

model <- lm(직원몰입 ~ 성별 + 나이 + 혼인상태 + 최종학력                            (29)
            + 근속연수 + HR역할 + HR활동 + 교육훈련
            + 일만족도 + 임금만족도 + 인간관계만족도 + 직무만족도
            + 이직의도 + 충성도 + 직무스트레스,
            data = df)

summary(model) # 모델 요약 결과 확인                                               (30)
par(mfrow = c(2, 2))  # 잔차 분석을 위한 플롯(2x2 레이아웃)                          (31)
plot(model)                                                                         (32)

## 5.3. 데이터 재처리 후 다중회귀분석 결과
### 임곗값 계산
n <- nrow(df)                                                                       (33)
k <- length(coefficients(model)) - 1 # 회귀 계수 개수(절편 제외)                     (34)
threshold <- 4 / (n - k - 1) # 표준 기준                                            (35)

### Cook's distance 기준으로 영향력 있는 행 번호 찾기
cooks_d <- cooks.distance(model) # Cook's distance 계산                             (36)
influential_rows <- which(cooks_d > threshold)                                      (37)
```

```
cat("영향력 있는 행 수:", length(influential_rows), "₩n") # 결과 출력        (38)
df_clean <- df[-influential_rows, ] # 영향력 있는 데이터 제거                 (39)

### 새로운 모델 생성
model_clean <- lm(직원몰입 ~ 성별 + 나이 + 혼인상태 + 최종학력                 (40)
                  + 근속연수 + HR역할 + HR활동 + 교육훈련
                  + 일만족도 + 임금만족도 + 인간관계만족도 + 직무만족도
                  + 이직의도 + 충성도 + 직무스트레스,
                  data = df_clean)

### 새 모델 요약
summary(model_clean)                                                         (41)
par(mfrow = c(2, 2))  # 잔차 분석을 위한 플롯(2x2 레이아웃)                   (42)
plot(model_clean)                                                            (43)

# End of File ####
```

VI

이직관리

VI 이직관리

1 이직과 이직관리

과거에는 정년퇴직할 때까지 한 회사에서 오랫동안 근무하고 싶어 하는 사람들이 많았다. 그러나 근래에 들어 직업 가치관이 다양해지면서 자신의 가치관에 부합하는 조직을 찾아 이동하는 사람들이 늘어나고 있다. 이직은 직장 혹은 직업을 바꾸는 것을 통칭하는 용어인데, 누가 이직을 주도했는지에 따라 자발적 이직과 비자발적 이직으로 나뉜다. 자발적 이직은 개인의 사정으로 인한 사직이나 다른 조직으로의 전직처럼 조직의 의도와 상관없이 개인의 의사로 인한 이직을 의미한다. 이에 반해, 개인의 의사와 무관하게 조직의 결정으로 인해 발생하는 이직을 비자발적 이직이라고 부른다. 해고나 정년퇴직 등이 그 대표적인 예이다.

개인 입장에서 보면, 더 좋은 조건을 찾아 다른 직장으로 옮기는 것은 너무나 자연스러운 일이다. 그러나 조직 측면에서는 반드시 그렇지 않다. 직원의 이직은 여러 가지 손실과 부담을 가져올 수 있기 때문이다. 이직이 발생하면 인재 양성에 투입했던 시간과 노력이 투자에서 비용으로 전환된다. 우수한 인재가 경쟁사로 이직하는 경우에는 그 손실이 배가될 수도 있다. 유능한 경력직원을 상실함으로써 발생하는 업무 공백은 조직의 생산성에도 좋지 않은 영향을 미친다. 또한 조직에 남아 있는 사람의 업무가 늘어나고 조직몰입이 감소하는 결과로 이어질 수 있다. 나아가 조직 내에서 이직 현상이 전염되어 조직을 떠나는 사람이 많아진다면 조직 내 불안감이 확산될 우려도 있다.

하지만 이직이 조직에 항상 부정적 영향을 미치는 것만은 아니다. 조직에 불만이 있거나 저성과를 내던 직원이 이직하면, 이를 대체하기 위해 더 유능한 직원을 영입할 기회가 생긴다. 새로 영입된 인재가 조직에 새로운 활기를 불어넣어 긍정적인 효과를 주기도 한다. 또한 인력이 과다하여 승진이 적체되어 있거나 인력배치에 어려움이 있는 조직이라면, 직원의 이직이 내부 이동과 효율적인 인력배치의 기회를 증가시킬 수도 있다. 이처럼 이직은 여러 측면에서 조직의 혁신을 촉진하는 요인이 될 수도 있다.

이직은 긍정적, 부정적 측면을 모두 가지고 있기 때문에, 인사담당자는 이직의 부정적 효과를 상쇄하고 긍정적 효과를 제고할 수 있도록 각별히 노력해야 한다. 훌륭한 인재를 채용하고 선발하는 것도 중요하지만, 우수한 인재가 이탈하지 않도록 세심히 잘 관리하는 것 또한 인사담당자의 중요한 과업이다. 이를 위해서 인사부서는 조직에 축적된 인사 데이터를 효과적으로 활용할 수 있는 역량을 갖출 필요가 있다. 한 직원이 조직에 들어온 순간부터 조직을 나가기까지 채용성적, 인사기록, 성과평가 등 다양한 데이터가 조직 내 데이터베이스에 계속 쌓인다. 조직 구성원을 관리할 때 감에 의존하기보다는 축적된 다양한 인사 데이터를 잘 활용한다면 효과적인 이직관리 시스템을 구축할 수 있을 것이다.

2 이직에 영향을 미치는 요인

직원의 이직에 영향을 미치는 요인은 크게 외부요인, 업무 관련 요인, 개인적 요인으로 나눌 수 있다. 외부요인에는 실업률이나 고용률과 같은 노동시장 상황이 포함된다. 예를 들어, 실업률이 높은 상황이라면 구직이 어렵기 때문에, 이직을 고려하던 직원도 현재 직장에 최대한 남으려 할 것이다. 반면 고용 상황이 좋다면 더 나은 기회를 찾아 이직을 결심하는 직원이 증가할 수 있다. 이처럼 조직 밖의 상황이나 환경은 개인의 이직에 커다란 영향을 미칠 수 있다. 다음으로 업무 관련 요인은 일차적으로 직무성과나 역할 명확성과 같이 구성원이 하는 일과 관련된 요인이다. 이뿐만 아니라 직무 만족도, 조직 몰입도와 같이 업무로 인해 발생하는 심리적인 상태까지 포함하여 개인이 조직 내에서 수행하는 활동이나 그로 인한 결과와 관련된 다양한 요소들을 포함한다. 마지막으로 개인적 요인은 나이, 성별, 학력, 결혼 여부, 자녀 유무 등 업무와 무관하게 조직 구성원 개인의 생물학적, 사회적 특성과 관련된 요소들을 의미한다.

이처럼 한 사람이 조직을 이탈하는 데에 영향을 미칠 수 있는 요인은 다양한데, 특히 업무 관련 요인은 조직 구성원이 속한 조직에 따라 커다란 차이를 보일 수 있다. 조직마다 인사관리 제도가 상이하고 제각기 특유의 조직문화를 형성하고 있기 때문이다. 따라서 왜 어떤 사람이 이직을 하는지를 알아보기 위해서는 그가 속한 조직의 맥락을 함께 고려할 필요가 있다. 나아가 같은 기업 내에서도 구성원이 속한 팀이나 사업부에 따라 조직 구성원의 이직을 야기하는 요인이 다르다. 따라서 피플 애널리틱스 담당자들은 이러한 맥락들을 종합적으로 고려하여 해당 조직에서 구성원의 이탈이 어떤 맥락에서 왜 발생하는지를 면밀히 분석해야 할 것이다.

표 6-1 이직에 영향을 미치는 요인

외부요인	업무 관련 요인	개인 요인
고용인식 실업률 채용률 노조 유무	급여 직무성과 역할 명확성 작업 반복도 전반적인 직무 만족도 임금 만족도 업무 만족도 상사 만족도 동료 만족도 승진 기회 만족도 조직 몰입	연령 근속기간 성별 생물학적 정보 학력 결혼 여부 부양가족 수 적성 지능 행동 의도 기대 충족

출처: Cotton, J. L., & Tuttle, J. M. (1986). Employee turnover: A meta-analysis and review with implications for research. Academy of management Review, 11(1), 55-70.

3 이직 지표

이직과 관련된 지표라고 하면 주로 이직률을 떠올리기 마련이다. 그러나 이직률 이외에도 조직 내에서 이직과 관련하여 고려해 볼 만한 몇 가지 유용한 지표가 있다.

$$\text{이직률} = \frac{\text{일정기간 동안 이탈한 조직 구성원 수}}{\text{일정기간 동안 평균 조직 구성원 수}} \times 100$$

$$\text{고용률} = \frac{\text{일정기간 동안 들어온 신입 구성원 수}}{\text{일정기간 동안 평균 조직 구성원 수}} \times 100$$

$$\text{안정률} = \frac{\text{일정기간 동안 남아있는 신규 구성원 수}}{\text{일정기간의 시작 시점에서 조직 구성원 수}} \times 100$$

$$\text{불안정률} = \frac{\text{일정기간 동안 이탈한 신규 구성원 수}}{\text{일정기간의 시작 시점에서 조직 구성원 수}} \times 100$$

$$\text{생존율} = \frac{\text{일정기간 동안 이탈하지 않은 신입 구성원 수}}{\text{일정기간 동안 신입 구성원 수}} \times 100$$

$$\text{이탈율} = \frac{\text{일정기간 동안 이탈한 신입 구성원 수}}{\text{일정기간 동안 신입 구성원 수}} \times 100$$

여기서 '일정 기간'은 보통 월 혹은 연 단위로 산출하는 경우가 대부분이다. 한편, 고용노동부에서는 조직 구성원의 이탈과 관련된 지표로 이직률을 활용하고 있으며 보통 월 단위, 분기 단위, 연 단위를 기준으로 값을 산출한다. 그중 월간 이직률과 연간 이직률의 산식은 아래와 같다.

$$\text{월간 이직률} = \frac{\text{당월 이직자 수}}{(\text{당월 조직 구성원 수} + \text{전월 조직 구성원 수})/2} \times 100$$

$$\text{연간 이직률} = \frac{\text{당해년도 12개월 이직자 수 합계}}{(\text{전년도 12개월 조직구성원 수 합계} + \text{전년 12월부터 당년 11월까지 조직 구성원 수 합계})/2} \times 100$$

고용노동부의 이직률 산정 방식은 국가에서 발행하는 고용 관련 통계나 보고서에 활용되기 때문에, 이를 활용하면 조직 간 비교가 용이하다는 장점이 있다. 만약 우리 조직의 이직률을 다른 조직 혹은 경쟁사의 이직률과 비교하고 싶다면 고용노동부의 산정 방식을 활용해 봐도 좋을 것이다.

우리 회사 신입 직원이 퇴사하는 이유

1 문제 정의

디지털 트랜스포메이션을 추진 중인 금융 기업 M사는 최근 사업을 확장함에 따라 조직 역량 강화를 위해 다방면으로 노력 중이다. 특히 경영지원팀과 기술엔지니어링팀의 채용 규모를 적극적으로 늘려 디지털 역량을 갖춘 핵심 인재를 유치함으로써 경쟁력을 확보하려고 시도하고 있다. 그러나 입사 이후 몇 년 안 되어 퇴사하는 신입 직원이 증가하면서 인적자원 운영 효율성과 조직 운영 안정성이 위협받고 있다. 잦은 팀원 변동으로 인해 업무 진행에 차질을 빚는 팀이 나타나기 시작했으며 디지털 트랜스포메이션의 핵심 추진 동력인 기술 및 지원 조직의 역량이 약화되는 등 여러 문제가 발생하고 있다. 따라서 M사는 최근 4개년 동안 입사한 직원들의 데이터를 기반으로 퇴사에 대해 다각적으로 분석할 필요성을 느끼고 있다.

따라서 조직 구성원의 인사 데이터를 활용하여 퇴사를 유발하는 주요 요인을 식별하고, 조직의 안정성을 높이기 위한 실효성 있는 해결 방안을 모색하는 것을 목표로 분석을 진행해 보았다.

2 활용 데이터 소개

사용할 데이터셋은 'ch6_turnover.xlsx' 파일로 2021년부터 2024년 사이 금융 기업 M사에 입사한 292명에 대해 아래와 같은 정보들이 저장되어 있다.

ID	직원번호
성별	M: Male / F: Female
생년	태어난 연도 4자리 수
결혼여부	S: 미혼 / M: 기혼
입사일	입사연-월-일
퇴사일	퇴사한 경우, 퇴사연-월-일
입사성적	보통, 우수
연봉	연 단위 급여(단위 : 천 원)
사업부	AD: 경영지원팀 / FI: 파이낸스팀 / SL: 영업팀 / ST: 기술엔지니어링팀 / ETC : 그 외

3 데이터 전처리

먼저 분석에 필요한 기본 라이브러리를 설치한다(1~6). 다음으로 분석에 사용할 데이터셋을 불러온 뒤 df라는 이름의 데이터프레임으로 저장한다(7). 첫 단계에서 해야 할 일은 데이터의 구조를 파악하는 것이다. View(df)를 실행하여 불러온 데이터프레임을 별도의 창에서 확인할 수 있다(8). 또한 str(df)를 통해 데이터프레임에 있는 변수들의 데이터 타입과 값을 간략하게 확인할 수 있다(9).

```
> str(df)
tibble [292 × 9] (S3: tbl_df/tbl/data.frame)
$ ID        : chr      [1:292]   "00003203588" "00003150181" "00003202042" ...
$ 성별       : chr      [1:292]   "M" "F" "M" "M" ...
$ 생년       : num      [1:292]   2004 1983 1996 1983 1980 ...
$ 결혼여부    : chr      [1:292]   "S" "M" "S" "M" ...
$ 입사일      : POSIXct  [1:292]   format: "2024-12-20" "2024-12-13" "2024-12-13" ...
$ 퇴사일      : POSIXct  [1:292]   format: NA NA NA NA ...
$ 입사성적    : chr      [1:292]   "우수" "보통" "보통" "우수" ...
$ 연봉       : num      [1:292]   26520 90000 60000 95000 65000 ...
$ 사업부      : chr      [1:292]   "AD" "SL" "ST" "ST" ...
```

str(df)를 실행하여 출력한 결과를 확인하면 이 데이터프레임은 총 292개의 관측치와 9개의 변수로 구성되어 있으며, 변수의 데이터 타입도 다양한 것을 알 수 있다. chr는 문자형 데이터를 의미하며, POSIXct는 날짜와 시간을 나타내는 데이터 타입이다. num은 숫자형 데이터를 나타내는데 주로 실수형 데이터를 포함한다. 정수형 데이터 타입인 int와는 구분된다. 이처럼 데이터에 들어 있는 변수마다 고유한 데이터 타입이 있기 때문에 그에 맞는 유형으로 변수를 처리해 주는 작업을 거쳐야 데이터 분석이 가능하다.

데이터에서 성별, 결혼 여부, 입사성적, 사업부 등 문자형 타입의 변수는 각 문자열이 특정한 범주를 가리킨다. 가령 M은 남성, F는 여성을 의미하는 식이다. 이러한 변수들은 factor( )를 통해 올바른 데이터 타입으로 수정해 주어야 한다(10~14). 만약 알파벳 순서로 정렬되어 있는 '사업부'를 원하는 순서로 정렬해 주고 싶다면 levels를 통해 순서를 지정해줄 수 있다(14).

범주형 변수의 경우 더미 변수로 변환해 주는 것이 좋을 때가 가끔 있다. 더미 변수는 특정한 속성을 가지고 있으면 1, 그렇지 않으면 0의 값을 갖는 이진형 변수의 한 종류이다. 예를 들어, 성별의 경우 남성과 여성의 두 가지 범주를 가지고 있는데, 이를 남성인 경우 1, 여성인 경우 0의 값을 갖는 남성이라는 변수로 변환할 수 있다. 이때 이 남성이라는 변수는 남성이라는 특성을 갖고 있는 사람에게 1이 부여되었고, 남성이라는 특성이 없는 사람에게 0이 부여되었으므로 더미 변수라고 할 수 있다. 이 데이터에서 성별을 남성이라는 더미 변수로, 결혼 여부를 미혼이라는 더미 변수로 만들어 보자. ifelse 구문을 이용해 성별이 남성을 의미하는 "M"이면 1의 값을, 그렇지 않으면 0의 값을 갖도록 변환해 준다, 마찬가지로 결혼 여부 변수가 미혼을 의미하는 "S"로 되어 있다면 1을, 그렇지 않으면 0의 값을 갖도록 변환해 준다(15~16).

변수를 알맞은 타입으로 처리해 주고 난 후에는 원래 주어진 데이터를 변환하여 분석에 필요한 파생변수를 생성할 수 있다. 예를 들어 인사기록에는 출생 연도 데이터가 있는데, 분석에서는 출생 연도 대신 연령을 사용하고 싶다면 2025에서 출생 연도를 빼주면 된다(17). 연속형 변수인 연령을 분석에 그대로 사용할 수도 있지만, 10세 단위의 연령대를 사용하는 것이 좋을 때도 있다. 이 경우 mutate( ) 함수에 case_when 구문을 적용하여 연령대라는 파생변수를 만들 수 있다(18). 연령이 20세 이상이고 30세 미만이라면 "20대"라는 변숫값을 부여하는 식이다. 20대, 30대, 40대이상의 세 개의 범주로 나누었다. 연령대를 범주형 변수로 변환하고 범주별 빈도를 출력하면 다음과 같다(19~20).

```
> table(df$연령대)
   20대       30대       40대이상
   117        116         59
```

다음으로는 날짜와 관련된 파생변수를 생성해 보자. 우선 POSIXct와 같은 날짜-시간 타입의 데이터를 활용하기 위해서 라이브러리 lubridate가 필요하다(21). 인사기록에는 날짜와 관련된 데이터가 많은데, 날짜와 관련된 변수는 as.Date를 통해 해당 변수의 데이터 타입을 날짜로 지정해 주어야 한다. 우선 입사일과 퇴사일 데이터를 날짜 데이터로 지정한다(22~23). str(df)나 View(df)를 이용해 데이터를 확인해 보면, 날짜 타입으로 바뀐 입사일과 퇴사일 변수는 데이터 타입이 Date이고 "2024-12-20"과 같은 형태로 기록되어 있음을 알 수 있다. 쉽게 이해할 수 있지만, 2024는 연도를, 12는 월을, 20은 일을 의미한다. 이제 year( ), month( ), date( ) 등의 명령어를 통해 원하는 부분을 추출하여 파생변수를 생성할 수 있다. 여기서는 입사일과 퇴사일 데이터에서 연도만을 뽑아 입사연도와 퇴사연도 변수를 생성했다(24~25).

입사연도와 퇴사연도를 통해서는 해당 직원의 재직기간을 계산할 수 있다. 간단히 생각해 보면 퇴사연도에서 입사연도를 빼면 재직 연수가 나오겠지만, 그렇게 간단하지만은 않다. 아직 재직 중인 직원의 경우 퇴사연도 데이터가 없기 때문에 이러한 방식으로 파생변수를 만들면 퇴사하지 않은 직원의 재직기간을 계산할 수 없다. 따라서 ifelse를 활용하여 만약 퇴사연도가 NA(not applicable) 값을 갖는다면(is.na(df$퇴사연도)) 현재 연도인 2025를 추출하고, NA가 아니라면 퇴사연도 값을 추출한 뒤(df$퇴사연도), 그 값에서 입사연도를 빼는 방식으로 재직한 기간을 연수로 생성할 수 있다(26). 예를 들어 어떤 사람이 2021년에 입사하여 퇴사하지 않고 지금까지 회사에 다니고 있다면, 재직기간은 2025-2021=4가 된다. 만약 2021년에 입사해서 2023년에 퇴사했다면, 이 사람의 재직기간은 2023-2021=2가 된다.

다만 이렇게 재직기간 변수를 만들면, 이 변수만으로는 퇴사여부를 알 수 없다. 예를 들어, 2024년에 입사하여 지금까지 재직하고 있는 직원이나, 2022년에 입사하여 2023년에 퇴사한 사람 모두 재직기간 변수에는 1의 값을 갖는다. 따라서 재직 중인지 아닌지를 가리키는 더미 변수를 별도로 만들어 주는 것이 좋다. 이 변수는 해당 직원이 퇴사했다면 1, 재직 중이라면 0의 값을 갖게 된다. ifelse를 활용하여 퇴사일 데이터가 비어있다면 재직 중이므로 0을, 비어있지 않다면 퇴사자이므로 1을 입력하는 조건문을 작성하면 된다(27). 만들어진 퇴사여부의 빈도를 뽑아보면, 퇴사자는 152명이고, 아직 퇴사하지 않은 사람은 140명이다(28).

추가적으로 재직 연수가 아니라 재직 일수나 재직 개월 수를 알고자 한다면 interval( )을 통해 일수 혹은 개월 수로 날짜 간격을 계산할 수 있다. 먼저, 재직 중인 사람은 퇴사일 데이터가 없기 때문에 관찰 종료 시점(여기서는 2025년 4월 1일)을 기준 시점(reference date)로 지정하고(29), 만약 퇴사일 데이터가 없다면(NA) 기준 시점까지의 기간을 계산하도록 해야 한다(30). 다음으로 interval( ) 함수를 이용하여 입사일부터 퇴사일까지의 간격을 구하는데, 이때 days(1)을 사용하면 1일 단위로 간격을 구하고, months(1)을 사용하면 1개월 단위로 간격을 구한다(31~32). 따라서 새로 생성한 재직일수는 입사일로부터 퇴사일(퇴사하지 않은 경우 관찰 종료 시점)까지의 일수가 되며, 재직개월은 그 개월 수가 된다. describe( ) 함수를 실행하면 재직일수와 재직기간 변수가 잘 만들어졌는지 확인할 수 있다(33~34). 여기서 결과는 생략하지만 각자 코드를 실행하여 결과를 확인해 보자. 데이터에 포함된 직원들의 평균 재직 일수는 552.26일이고, 평균 재직 개월 수는 17.67개월이었다. 이외에도 표준편차, 최솟값, 최댓값 등을 확인해 볼 수 있다.

4 탐색적 분석

4.1. 기술통계량 살펴보기

본격적인 분석에 앞서 describe( )와 summary( ) 명령어를 통해 데이터프레임 전체의 기술통계량을 살펴보는 것이 좋다. describe(df)을 실행하여 모든 데이터의 분산, 평균, 표준편차, 중간값, 왜도, 첨도 등을 확인한다(35). describe(df$재직기간)을 통해 재직기간의 기초통계량만 뽑아보면 재직기간에 관한 기술통계량을 확인할 수 있다(36), 데이터에 포함된 292명의 평균 재직기간은 1.64년이고 표준편차는 1.26년이다. summary( )를 사용하면 각 변수의 최솟값, 1사분위값, 중간값, 평균값, 3사분위값, 최댓값 등을 확인할 수 있다(37~38). 출력 결과물이 길어 여기서는 생략한다. 첨부된 R 코드를 직접 실행해 보고 그 결과를 확인해 보기를 권한다.

4.2. 빈도분석

성별, 퇴사여부, 사업부 등 범주형 변수인 경우, table( ) 명령어를 통해 범주의 분포를 확인할 수 있다(39~42). table( )을 실행하게 되면 전처리 단계에서 설정해 두었던 라벨의 순서대로, 만약 설정한 라벨이 없다면 알파벳 순으로, 데이터 분포를 출력해 준다. 결과를 보면 최근 4년 동안 입사한 직원 292명 중 퇴사자가 152명으로 절반 이상을 차지한다. 우려하는 바와 같이 입사한지 얼마 안되어 퇴사하는 직원들이 예상보다 많다는 점을 확인할 수 있다.

연도별로 남성과 여성의 퇴사자가 얼마나 되는지 알아보았다(43). 이때 table(df$퇴사연도, df$성별)를 실행하여 연도별 남성과 여성의 퇴사자 수를 비교할 수도 있다. addmargins를 사용하여 margin=1을 옵션으로 지정하면 맨 마지막

행에 남성과 여성의 퇴사자 총합이 출력되어 좀 더 효과적으로 분포를 확인할 수 있다. 남성 203명 중 퇴사자는 107명이었으며 지속적으로 증가하고 있는 것을 알 수 있다. 여성 직원 89명 중 퇴사자는 45명이었으며, 여성 역시 퇴사자가 매해 증가하고 있는 것으로 나타났다. 참고로 빈도분석에서 범주에 속한 데이터가 많은 순으로 결과를 보고 싶다면 count( ) 명령어를 사용하고 sort=T로 설정하면 된다(44).

```
> table(df$성별)
  F        M
 89      203

> table(df$결혼여부)
  M        S
107      185

> table(df$퇴사여부)
  0        1
140      152

> table(df$사업부)
  AD       FI       SL       ST       ETC
  99        6       55       98        34

> addmargins(table(df$퇴사연도, df$성별), margin = 1)

         F     M
2021     2     0
2022     7    17
2023    14    29
2024    19    59
2025     3     2
Sum     45   107
```

```
> count(df, 사업부, sort=T)
     사업부    n
     <fct>  <int>
1    AD      99
2    ST      98
3    SL      55
4    ETC     34
5    FI       6
```

4.3. 비율분석

범주형 변수의 경우 단순히 데이터 간의 절대적인 수치를 비교하는 것보다 비율로 변환하여 비교하는 것이 유용할 때가 있다. 이를 위해 prop.table( ) 명령어를 사용할 수 있다(45). 결과를 보면 최근 4년간 입사한 직원 중 52%가 퇴사했다.

만약 두 변수 간의 관계를 살펴보고 싶다면 교차표를 만들어 행이나 열에 따라 비율을 계산해 줄 수 있다. 예를 들어, 사업부에 따라 퇴사자의 비율이 다른지를 알아 보자. 먼저 사업부와 퇴사여부에 따라 교차표를 형성한 후 그 결과를 확인해 보자(46~47). 이 교차표에 prop.table( ) 명령어를 적용하되, 사업부별로 퇴사자와 비퇴사자의 비율을 나누어 살펴 보기 위해 margin=1 옵션을 설정한다. 이때 margin이 1이면 행(여기서는 사업부)을 기준으로 비율을 계산한다(48). 결과에서 보는 바와 같이 AD 부서 직원 중 퇴사자 비율은 64.6%로 매우 높고 ST 부서 직원 중 퇴사자 비율은 38.8%로 가장 낮다. 만약 전체 퇴사자들이 사업부에 어떻게 분포하는지를 확인해야 하고 싶다면, prop.table( ) 명령어에서 margin=2로 옵션을 주면 된다. 이 경우 열(여기서는 퇴사여부)별로 비율을 계산한다(49).

```
> prop.table(table(df$퇴사여부))
     0                    1
0.4794521            0.5205479
```

```
> table_사업부퇴사
      0    1
AD   35   64
FI    3    3
ST   23   32
SL   60   38
ETC  19   15

> prop.table(table_사업부퇴사, margin=1)
          0          1
AD   0.3535354  0.6464646
ST   0.5000000  0.5000000
SL   0.4181818  0.5818182
ETC  0.6122449  0.3877551
FI   0.5588235  0.4411765

> prop.table(table_사업부퇴사, margin=2)
          0           1
AD   0.25000000  0.42105263
ST   0.02142857  0.01973684
SL   0.16428571  0.21052632
ETC  0.42857143  0.25000000
FI   0.13571429  0.09868421
```

5 사업부별 퇴사 비율의 차이 확인

그렇다면 사업부별로 퇴사자의 비율에 차이가 있을까? 사업부마다 고유한 업무 특성과 환경, 관리자의 리더십 스타일, 조직문화 등에서 차이가 존재하기 때문에, 구성원이 속한 사업부의 특성이 퇴사 결정에 영향을 미칠 가능성이 높다. 따라서 사업부별로 퇴사율에 유의미한 차이가 나타날 것이라고 예상할 수 있다. 그렇다면 이러한 차이가 통계적으로 유의미할까? 이를 위해 카이제곱 검정(Chi-Square Test)을 수행한다.

본격적인 카이제곱 검정을 시행하기에 앞서 두 변수, 즉 사업부와 퇴사여부를 교차한 표를 만들어 준다. 여기에서는 앞선 비율분석에서 사용한 'table_사업부퇴사'를 활용한다(50).

```
> table_사업부퇴사
      0   1
AD    35  64
FI    3   3
ST    23  32
SL    60  38
ETC   19  15
```

카이제곱 검정은 명목형 변수 간의 독립성을 평가하는 통계기법으로서, 카이제곱 통계량은 각 셀에 대해 관찰된 값과 두 변수가 독립적(두 변수는 관계가 없다)이라고 가정했을 때 기대되는 값 간의 차이가 얼마나 되는지를 토대로 계산된다. 그 차이가 클수록 두 변수 간에 관계가 있을 가능성이 높은 것으로 본다. 이때 검정 결과로 산출된 p값이 충분히 작으면(흔히 기준값으로 0.05를 사용한다), 사업부별 퇴사자의 비율이 통계적으로 유의미하게 다르다고 판단한다. 즉, 어떤 사업부에 속하느냐에 따라 직원의 퇴사여부가 달라진다는 뜻이다.

chisq.test( )를 사용하여 카이제곱 검정을 수행한 결과(51~52), 관찰된 값과 기댓값 간의 차이를 나타내는 검정 통계량(X-squared)은 14.909였다. 또한, p-value가 0.05보다 작아, 사업부와 퇴사여부 간에 유의미한 관계가 있음을 확인할 수 있다. 다만, 검정 과정에서 경고 메시지가 출력되었는데, 이는 일부 사업부에서 기대 빈도가 너무 작아 카이제곱 검정의 결과가 정확하지 않을 수 있다는 뜻이다. 이런 경우 다른 대안을 고려할 수 있다.

```
> chi2_result <- chisq.test(table_사업부퇴사)
경고메시지(들):
chisq.test(table_사업부퇴사)에서:
  카이제곱 approximation은 정확하지 않을수도 있습니다.

> chi2_result

        Pearson's Chi-squared test
data:  table_사업부퇴사
X-squared = 14.909,  df = 4,  p-value = 0.004894
```

경고 메시지의 문제를 해결하기 위해 다른 통계적 대안을 고려할 수도 있으나, 여기서는 분포가 너무 작은 변수를 정리하는 방법으로 해결하고자 한다. 기존 사업부 분포를 보면 최근 4년 이내에 파이낸스팀(FI)에 입사한 사람은 6명에 불과하고, 그중 3명이 퇴사하고 3명이 남아 있었다. 따라서 파이낸스팀을 별도로 분석하기보다는 ETC, 즉 기타 부서 범주에 넣었다(53).

이후 새로운 분포를 확인한 결과, 범주가 알파벳 순으로 정렬되어 있었다(54). 분석의 편의성을 위해 levels 옵션을 사용하여 원하는 순서대로 범주를 재정렬하고, 변수를 다시 설정하였다(55). 마지막으로, 카이제곱 검정을 위해 사업부별 퇴사여부 테이블을 다시 생성하고 그 결과를 확인했다(56~57).

```
> table(df$사업부2)
 AD    ETC    SL     ST
 99    40     55     98
```

```
> table_사업부2퇴사
        0     1
AD      35    64
ST      23    32
SL      60    38
ETC     22    18
```

새로 형성된 table_사업부2퇴사로 카이제곱 분석을 시행한 결과, 경고 메시지가 출력되지 않았으며, p-value가 0.05보다 작아 여전히 사업부별 퇴사여부가 통계적으로 유의미한 관계가 있음을 확인할 수 있었다(58~59). 앞서 비율 분석을 통해 살펴본 것처럼 AD 부서와 SL 부서는 퇴사자가 많고, ST 부서는 퇴사자가 적다는 것을 통계적으로 확인한 것이다.

```
> chi2_result <- chisq.test(table_사업부2퇴사)
> chi2_result

        Pearson's Chi-squared test
data:  table_사업부2퇴사
X-squared = 14.838,  df = 3,  p-value = 0.00196
```

6 퇴사하는 사람들의 특징

지금까지 퇴사하는 사람들이 어떤 부서에 많이 분포되어 있는지를 살펴보았다. 그러나 퇴사에는 소속 부서 이외에도 다양한 요인이 영향을 미칠 수 있다. 이를 알아보기 위해 로지스틱 회귀분석을 사용하였다. 종속변수가 연속형 변수라면 선형 회귀분석을 활용할 수 있으나, 범주를 갖는 질적 변수인 경우에는 로지스틱 회귀분석을 활용하는 것이 일반적이다. 종속변수의 범주가 세 개 이상이라면 다항 로지스틱 회귀분석을, 두 개라면 이항 로지스틱 회귀분석을 사용한다. 조직에 남아 있는 사람과 퇴사한 사람의 특징을 통계적으로 비교하기 위해서는 '퇴사여부'를 종속변수로 하는 이항 로지스틱 회귀분석을 사용해야 한다.

6.1. 이항 로지스틱 회귀분석을 통한 퇴사자 특성 파악

독립변수로 사용할 연봉과 같은 임금 데이터는 값이 큰 쪽으로 지나치게 치우친 분포를 보이는 경우가 많다. 이 경우 극히 큰 값을 갖는 소수의 데이터가 모형의 안정성을 해칠 수 있다. 이러한 경우 로그 변환을 해주어 분포를 고르게 하고 극단값에 의한 왜곡을 줄이는 것이 좋다(60).

일반화 선형 모델(Generalized Linear Model)을 의미하는 glm( )명령어를 사용하면 정규분포 이외의 다양한 유형의 분포를 처리하는 모델을 사용할 수 있다. glm( )명령어를 시행할 때 family인자를 binomial로 정의하면 이항 로지스틱 회귀분석을 시행할 수 있다.

다양한 변수들을 통해 종속변수를 살펴보는 회귀분석의 결과를 살펴보기에 앞서 확인해야 할 중요한 사항으로 다중공선성이 있다. 독립변수 간에 강한 상관관계가 있다면 회귀분석 결과가 왜곡될 우려가 있다. 따라서 모델의 안정성과 신뢰성을 위해 변수 간의 다중공선성을 확인하는 절차가 필요하다. 일반적으로 분산팽창계수(Variance Inflation Factor; VIF) 또는 일반화된 분산팽창계수(Generalized Variance Inflation Fator; GVIF)가 10 이상이면 다중공선성이 심각한 것으로 본다. 다만, 독립변수에 범주형 변수가 포함된 경우에는 변수의 자유도를 고려한 GVIF^(1/(2*df))를 활용할 수 있다. 이 값이 5 이상인 경우 강한 다중공선성 문제가 있는 것으로 판단하면 된다. 퇴사여부를 살펴보기 위해 이항 로지스틱 회귀분석을 실행한 후(61) 분산팽창계수를 살펴보았다(62). 결과를 보면 모든 변수의 분산팽창계수가 크지 않아 다중공선성이 우려될 만한 변수는 없는 것으로 해석할 수 있다. 따라서 모델에 해당 변수들을 그대로 사용하더라도 다중공선성에 따른 추정값의 왜곡을 크게 우려할 필요는 없다고 하겠다.

```
> vif(model)
            GVIF      Df   GVIF^(1/(2*Df))
남자        1.075437  1    1.037033
미혼        1.430458  1    1.196018
연령대      2.331507  2    1.235689
재직기간    1.353498  1    1.163399
입사성적    1.403727  1    1.184790
ln연봉      3.102692  1    1.761446
사업부2     2.601670  3    1.172759
```

모델에 포함된 각 변수가 퇴사 가능성에 어떤 영향을 미치는지 알아보자. summary( )를 시행하면 이항 로지스틱 회귀분석을 시행 결과에 대한 회귀계수를 나타내는 Coefficients 부분과 분산 파라미터, 잔차, 모델적합도 등이 출력된다(63). 우선 Coefficients 부분을 살펴보면 각 변수마다 계수(Estimate), 표준오차(Std.Error), Z값(Z-value), 유의확률(Pr)이 나와 있다.

퇴사여부에 통계적으로 유의미한 영향을 미치는 변수는 재직기간, 입사성적, 연봉인 것으로 나타났다. 계수의 방향을 살펴보면 재직기간과 연봉은 음의 방향으로, 입사성적은 양의 방향으로 영향을 미쳤다. 범주형 변수인 입사성적의 결과를 해석할 때에는 주의를 기울여야 한다. 입사성적 변수는 '보통'과 '우수'로 구성되는데, 입사시험 당시 평가를 종합하여 부여된 등급이다. 입사성적 변수를 회귀분석 모형에 넣으면 변숫값 중 앞선 순서에 있는 것을 자동적으로 기준 범주로 변환한다. 여기서는 '보통'이 기준 범주인 더미 변수로 처리된다. 따라서 출력된 분석 결과에서 입사성적 우수와 관련된 통계량은 입사 당시 보통을 받은 구성원과 비교한 값이 된다.

```
> summary(model)

Call:
glm(formula = 퇴사여부 ~ 남자 + 미혼 + 연령대 + 재직기간 +
    입사성적 + ln연봉 + 사업부2, family = binomial,
    data = df)

Coefficients:
                 Estimate   Std.Error   z value   Pr(>|z|)
(Intercept)      19.77393   4.67163      4.233    2.31e-05    ***
남자              0.15809   0.29537      0.535    0.5925
미혼             -0.17030   0.32548     -0.523    0.6008
연령대30대        0.66917   0.37653      1.777    0.0755      .
연령대40대이상    0.74013   0.49717      1.489    0.1366
재직기간         -0.67897   0.13285     -5.111    3.21e-07    ***
입사성적우수      0.75065   0.31711      2.367    0.0179      *
ln연봉           -1.81345   0.45146     -4.017    5.90e-05    ***
사업부2SL         0.05719   0.41872     -0.137    0.8914
사업부2ST         0.36917   0.44878      0.823    0.4107
사업부2ETC        0.66535   0.54536      1.220    0.2225
---
Signif. codes: 0 '***' 0.001 '***' 0.01 '*' 0.05 '.' 0.1 ' ' 1
(Dispersion parameter for binomial family taken to be 1)

Null deviance     :  404.30 on 291 degrees of freedom
Residual deviance:   340.92 on 281 degrees of freedom
AIC: 362.92
Number of Fisher Scoring iterations: 4
```

로지스틱 회귀분석 결과를 종합하면 재직기간이 짧을수록, 연봉이 낮을수록 퇴사할 가능성이 높고, 입사성적 보통을 받은 구성원보다 우수를 받은 구성원이 퇴사할 가능성이 높다는 것을 알 수 있다. 경영진이 느끼고 있던 빠른 퇴사가 데이터 분석을 통해 확인되었으며, 낮은 연봉이 퇴사의 한 원인일 수 있다고 하겠다. 무엇보다 입사성적이 높은 구성원의 퇴사 가능성이 높다는 것에 주목할 필요가 있다. 우수한 인적자원을 유지하기 위한 효과적인 대응 전략을 마련해야 함을 시사한다.

이항 로지스틱 회귀분석에서 각 독립변수가 종속변수에 영향을 미치는 정도를 알아보기 위해 오즈비(odds ratio)를 활용하기도 한다(64). 오즈비는 두 확률의 비라고 생각하면 된다. 예를 들어 신생아가 태어났는데 여성일 확률이 0.4, 남성일 확률이 0.6이라면 남성의 오즈비는 0.6/0.4=1.5가 된다. 우리가 일반적으로 성비라고 하는 것이 바로 오즈비이다. 따라서 오즈비가 1을 넘는다면 독립변수가 한 단위 증가할 때 종속변수의 발생 가능성이 몇 배나 증가하는지를 의미한다. 예를 들어, 아래 오즈비 계산 결과에서 '남자'가 1.17라는 것은 여자(0)보다 남자(1)인 경우에 퇴사가 발생할 확률이 1.17배 증가한다고 해석할 수 있다. 반면, 오즈비가 1보다 작다면 독립변수가 한 단위 증가할 때 감소하는 종속변수의 발생 가능성을 의미한다. 재직기간의 오즈비가 0.51로 나타났는데, 이는 재직기간이 1년 증가하면 퇴사 가능성이 49% 감소한다는 의미이다. 연봉의 경우 자연로그값을 사용하였기 때문에 연봉이 1% 증가한다면 퇴사 가능성이 84% 감소하는 것으로 해석할 수 있다.

```
> round(exp(coef(model)), 2)
(Intercept)       남자    미혼    연령대30대   연령대40대이상   재직기간
386997644.14      1.17    0.84      1.95          2.10          0.51
입사성적우수     ln연봉  사업부2SL  사업부2ST    사업부2ETC
    2.12          0.16    0.94      1.45          1.95
```

이항 로지스틱 회귀분석을 시행한 결과, 최근 입사한 조직 구성원은 재직기간이 짧을수록, 연봉이 낮을수록, 우수한 입사성적으로 입사할수록 퇴사할 가능성이 높은 것으로 보인다. 특히 재직기간이 1년 증가한다면 퇴사가능성은 49% 감소하는 것으로 나타나 재직기간이 M사 신규 구성원의 퇴사여부에 큰 영향을 미치는 것을 알 수 있다. 그렇다면 퇴사하는 데까지 얼마만큼의 시간이 걸릴까? 왜 어떤 사람은 회사를 빨리 떠나고 다른 사람은 회사에 오래 남아 있을까?

7 생존분석을 활용한 퇴사율 추이 분석

조직 내 구성원 이탈의 양상을 심층적으로 이해하고자 할 때, 생존분석(survival analysis)을 활용하는 것을 고려해 볼 수 있다. 생존분석은 단순히 사건(예: 퇴사, 발병 등)의 발생 여부를 넘어, 사건이 얼마나 빨리 발생하는지, 그리고 발생 속도에 영향을 미치는 요인이 무엇인지를 종합적으로 분석할 수 있게 해 준다. 예를 들어, 여러 환자에게 똑같은 약물을 투입했을 때, 어떤 사람은 이삼일 만에 병에서 완치되기도 하지만, 완치까지 수주 이상 걸리는 사람도 있다. 물론 몇 달이 지나도 완치되지 않는 환자도 있을 수 있다. 이때 한 달이나 두 달과 같이 일정한 기간 내에 병에서 회복할 확률을 분석한다면 이항 로지스틱 회귀분석을 사용할 수 있으나, 회복 기간에 관심을 갖는다면 이항 로지스틱 회귀분석을 사용하기는 어렵다. 이처럼 같은 상황에 노출되었더라도 사람마다 그 반응 속도가 다를 수 있는데, 생존분석은 그 반응 속도의 이질성을 찾아내는 데 유용한 방법론이다.

생존분석의 핵심은 시간의 흐름에 따른 사건 발생확률을 알 수 있다는 점이다. 예를 들어, 조직 내 구성원의 퇴사에 대한 분석을 수행할 때, 생존분석을 활용하면 단순히 "어떤 사람이 그만두는지"가 아니라 "어떤 사람이 얼마나 빨리 그만두는지"에 대한 설명이 가능해진다. 일단 회사에 입사하여 일을 시작하면 그 사람은 언제든 퇴사할 '위험'(risk)에 노출된다. 바로 다음 날일 수도 있고 혹은 20년 뒤가 될 수도 있다. 정년까지 퇴사하지 않고 남아 있을 수도 있다. 똑같이 퇴사라는 위험에 노출되어 있음에도 불구하고 입사 후 퇴사까지 걸리는 시간이 다른 이유는 무엇일까? 다르게 질문하자면, 왜 어떤 사람은 그 위험을 오래 견뎌낼까?

생존분석에서는 퇴사와 같은 사건을 경험하는 사람들뿐만 아니라 그 사건을 경험하지 않는 사람들의 데이터도 분석에 포함할 수 있다. 예를 들어보자. 앞서 이항 로지스틱 회귀분석에서는 최근 4년 동안 입사자 중 퇴사한 사람의 특성을 살펴보았다. 데이터에 있는 전체 구성원 292명 중 152명이 퇴사했으므로 퇴사율은 0.52이다. 그런데 퇴사한 152명은 입사 후 퇴사까지 걸린 시간이 다르다. 극단적으로 어떤 사람은 하루 만에 퇴사할 수도 있고, 어떤 사람은 그 시간이 훨씬 길 수도 있다. 이제 퇴사하지 않은 140명에 주목해 보자. 이들은 아직 퇴사하지 않았으므로 입사 후 퇴사까지 걸린 시간을 계산할 수 없다. 가령, 관찰 종료 시점 하루 전에 입사했다면 이 사람이 이 회사에 머문 시간은 하루이다. 이 사람이 관찰 종료 시점이 지나고 하루 만에 나갈지 아니면 수십 년을 이 회사에 머무를지는 현재로서는 알 수 없다. 우리가 알고 있는 것은 입사 후 하루가 지난 관찰 종료 시점까지는 퇴사하지 않았다는 사실 뿐이다. 이러한 140명의 사례를 우측절단(right-censoring)이라고 부른다. 시간을 왼쪽으로 오른쪽으로 흐르는 직선으로 표현한다면, 맨 우측에 위치한 관찰 종료 시점 이후의 정보는 알 수 없다는 뜻이다.

종합하면, 생존분석의 데이터에서 각 개인의 상태를 확인하려면 두 가지 차원의 정보가 필요하다. 첫째는 관찰 시작부터 관찰 종료까지 퇴사와 같은 사건이 발생했는지 아닌지를 나타내는 변수이다. 이 변수만을 다루고자 한다면 이항 로지스틱 회귀분석으로 충분하다. 하지만 생존분석에서는 두 번째 차원의 정보가 추가된다. 사건이 발생한 경우 사건이 발생하기까지, 사건이 발생하지 않은 경우 관찰 종료 시점까지 얼마만큼의 시간이 지났는가 하는 것이다. 이 두 가지 차원의 정보를 모두 활용하여 사건 발생률을 계산하는 것이 생존분석의 기본적 접근법이다.

7.1. 카플란-마이어 생존분석

카플란-마이어(Kaplan-Meier) 생존분석은 가장 기본적이고 널리 사용되는 방법으로, 시간의 흐름에 따라 사건을 경험하지 않는 사람의 비율(예를 들어, 퇴사하지 않고 남아 있는 사람의 비율)이 어떻게 변화하는지를 시각적으로 보여주는 데 효과적이다. 이 방법은 시간 경과에 따른 생존곡선을 만들어, 조직 구성원들이 특정 시점까지 퇴사하지 않을 확률을 직관적으로 이해할 수 있도록 돕는다. 예를 들어 총 292명의 데이터가 있다고 해 보자. 입사일에 퇴사하는 사람은 없다고 가정하면, 0일이 경과할 때까지는 292명이 데이터에 그대로 남아 있다. 즉, 퇴사하지 않고 생존하는 사람의 비율은 1.00이다. 하루가 지나서 5명이 퇴사했다고 해 보자. 이제 '생존자'는 287명이다. 이 시점까지 생존확률은 287/292=.98이다. 하루가 더 지난 뒤에 생존자가 287명으로 동일하다면 이 시점까지의 생존확률은 똑같이 .98이다. 이런 방식으로 하루가 지날 때마다 생존확률을 갱신하는 것이 카플란-마이어 생존분석의 핵심이다.

카플란-마이어 생존분석에서는 구성원을 여러 집단으로 나누어(예: 사업부별, 입사성적 등급별) 각각의 생존곡선을 비교할 수도 있다. 예를 들어, 특정 사업부의 생존곡선이 다른 사업부에 비해 더 급격히 하락한다면, 해당 사업부에서 퇴사가 더 빠르게 발생한다는 것을 알 수 있다. 이러한 비교는 각 집단의 퇴사 경향을 시각적으로 파악할 수 있게 해주며, 집단별로 차별화된 이탈 방지 전략을 세우는 데 유용하게 활용될 수 있다. 카플란-마이어 생존분석을 활용하면 이처럼 조직 구성원의 퇴사 시점과 패턴을 이해할 수 있고, 이는 조직 관리에 필요한 인사이트를 얻는 데 중요한 도구로 활용될 수 있다. 카플란-마이어 생존분석은 일반적으로 다음과 같은 순서로 진행된다.

① 분석 데이터 준비

조직 구성원의 퇴사여부, 재직기간을 알 수 있는 입사일자와 퇴사일자, 추가적으로 확인하고 싶은 개인 특성 변수(연령, 부서, 성과평가) 등의 정보가 포함되어 있는 데이터를 준비한다.

② 생존율 계산

카플란-마이어 생존함수를 통해 전체 조직 구성원의 생존율(퇴사하지 않고 조직에 잔류한 비율)을 시간에 따라 계산한다.

③ 생존곡선 시각화

집단(예: 사업부, 입사성적, 결혼여부 등) 간 생존곡선의 차이를 확인하고 싶다면, 생존곡선을 집단별로 별도로 그려볼 수 있다.

④ 로그-랭크 검정(Log-rank Test)

시각화를 통해 살펴본 집단 간의 생존곡선이 통계적으로 유의미한 차이인지 검정할 수 있다.

⑤ 위험률(Hazard Rate) 확인

시간에 따른 이직 위험의 변화를 분석한다. 예를 들어, 입사 후 몇 년 차에 이직 위험이 가장 높아지는지 파악할 수 있다.

M사의 사업부별 조직 구성원의 재직기간(생존기간)과 퇴사여부(생존) 관계에 차이가 있는지 확인하기 위해 생존분석을 진행해 보자. 먼저 생존분석을 수행하기 위한 라이브러리 survival과 생존분석 결과를 시각화하는 데 필요한 survminer를 설치한다(65~66). 다음으로 입사일과 퇴사일을 통해 도출한 파생변수인 '재직일수'와 현재 조직 구성원이 조직에 생존해 있는 상태인지를 의미하는 '퇴사여부' 변수를 함께 종속변수로 고려하여 Surv(재직일수, 퇴사여부)로 지정하고 survfit( ) 함수를 시행한다(67).

fit 객체를 summary( ) 함수로 실행하면 특정 시점에서의 생존확률(survival)을 사업부별로 확인할 수 있다(68). 예를 들어, 경영지원팀(사업부=AD)에 속한 구성원의 생존율은 입사 후 35일 시점에서 99%로 나타났으며, 시간이 경과하여 입사 99일 시점에서는 77.8%로 감소하였다. 그러나 사업부별로 기간에 따른 생존율을 하나씩 확인하는 방식은 각 사업부 간 생존율의 차이를 직관적으로 이해하기 어렵다. 따라서 이를 보완하기 위해 추가적인 분석과 시각화를 통해 전반적인 차이를 파악하고 의미 있는 인사이트를 도출할 필요가 있다.

```
> summary(fit)
Call: survfit(formula = Surv(재직일수, 퇴사여부) ~ 사업부2,
    data = df)
                사업부2=AD
 time   n.risk   n.event   survival   std.err   lower 95% CI   upper 95% CI
 35     99       1         0.990      0.0100    0.9704         1.000
 39     98       1         0.980      0.0141    0.9525         1.000
 40     97       1         0.970      0.0172    0.9365         1.000
 49     96       1         0.960      0.0198    0.9216         0.999
 52     95       1         0.949      0.0220    0.9073         0.994
 54     94       1         0.939      0.0240    0.8935         0.988
 58     93       1         0.929      0.0258    0.8801         0.981
 67     92       2         0.909      0.0289    0.8542         0.968
 74     90       1         0.899      0.0303    0.8415         0.960
 81     89       3         0.869      0.0339    0.8046         0.938
 85     86       1         0.859      0.0350    0.7926         0.930
 86     85       1         0.848      0.0360    0.7807         0.922
 88     84       2         0.828      0.0379    0.7572         0.906
 92     82       1         0.818      0.0388    0.7456         0.898
 94     81       1         0.808      0.0396    0.7341         0.890
 95     80       1         0.798      0.0404    0.7227         0.881
 98     79       1         0.788      0.0411    0.7113         0.873
 99     78       1         0.778      0.0418    0.7000         0.864
                                  ...
                              (이하 생략)
```

생존곡선을 시각화하기에 앞서, windows( )를 실행하면 별도의 빈 창이 생성된다(69). windows( )를 시행하지 않아도 시각화에 문제는 없으나, 편의성 측면에서 R 프로그램 상의 작은 분할 화면으로 그래프를 확인하는 것보다는 별도의 창을 띄우는 것을 추천한다. 다음으로 plot( )를 통해 생존곡선을 생성할 수 있는데, 시각적 편의성을 위해 최소한의 옵션을 부여하였다(70). 그리고 사업부의 정보를 담은 범례를 추가했다(71).

사업부별 생존율을 그래프로 시각화한 결과, 사업부에 따라 재직기간에 따른 생존율의 경향이 제각기 다른 것으로 나타났다. 특히 경영지원팀(AD)에 속한 조직 구성원들이 입사 초기부터 다른 사업부에 비해 급격하게 퇴사하는 경향이 나타났다. 반면, 기술엔지니어링팀(ST)의 구성원들은 분석 대상 기간 전반에 걸쳐 다른 사업부에 비해 생존율이 높은 것으로 확인되었다.

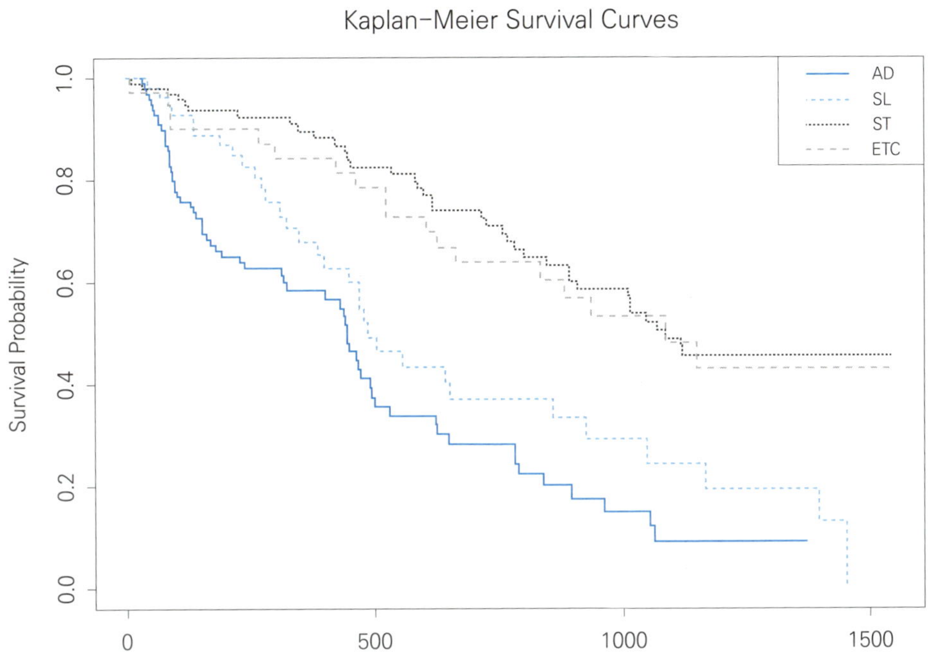

그래프를 통해 사업부별로 조직 구성원이 퇴사하지 않고 조직에 남아 있을 확률이 다르다는 것을 확인하였으나 이것이 실질적으로 의미 있는 차이인지는 그래프만으로 판단할 수 없다. 따라서 추가적으로 귀무가설(그룹 간 생존곡선에 차이가 없다)을 검정하는 로그-랭크 검정을 시행하여 이러한 차이가 통계적으로 유의미한지 확인할 필요가 있다. survdiff( ) 함수를 사용하여 로그-랭크 검정을 수행한 결과(72~73), p-value가 매우 낮은 값(6e-11)으로 나타나 귀무가설을 기각하고, 사업부별로 생존곡선에 통계적으로 유의미한 차이가 있음을 확인하였다.

```
> logrank_test
Call:
survdiff(formula = Surv(재직일수, 퇴사여부) ~ 사업부2,
    data = df)
                 N  Observed  Expected  (O-E)^2/E  O-E)^2/V
  사업부2=AD     99        64      32.9      29.51     39.43
  사업부2=SL     55        32      24.6       2.25      2.71
  사업부2=ST     98        38      66.5      12.22     22.47
  사업부2=ETC    40        18      28.1       3.61      4.46

Chisq= 50.8  on 3 degrees of freedom, p= 6e-11
```

앞 절에서 조직 구성원의 퇴사여부에 영향을 미치는 요인을 확인하기 위해 로지스틱 회귀분석을 실시하였다. 분석 결과, 입사 당시 받은 평가가 퇴사여부에 유의미한 영향을 미치는 주요 요인인 것으로 나타났다. 이 같은 결과를 바탕으로, 입사 당시 평가가 단순히 퇴사여부뿐만 아니라 구성원의 재직기간과 조직 내 생존 여부에도 영향을 미치는지 살펴볼 필요가 있다. 위의 사업부별 생존율 차이를 살펴본 것과 마찬가지로 입사성적별 생존율의 차이를 살펴보기 위한 카플란-마이어 생존분석을 시행해 보자(74~75).

입사성적별로 조직 구성원의 생존율을 시각화한 결과(76~80), 입사 당시 평가에 따라 생존율의 경향이 뚜렷하게 다르게 나타나는 것을 확인할 수 있다. "보통" 평가를 받은 구성원은 입사 이후 꾸준히 조직을 이탈하는 경향을 보였으며, 이는 지속적인 생존율 감소로 나타났다. 반면, "우수" 평가를 받은 구성원은 입사 초기에는 이탈이 적었으나, 1년을 넘긴 시점부터 퇴사율이 조금씩 높아지는 것으로 나타났다. 앞선 로지스틱 회귀분석에서는 입사 당시 우수한 평가를 받은 사람들의 조직 이탈 경향이 더 높은 것으로 나타났으나, 생존분석으로 살펴본 결과, 오히려 입사 당시 우수한 평가를 받은 사람들이 상대적으로 장기간 재직하며 완만한 퇴사를 보이는 것으로 나타났다.

이 생존곡선에서 특히 주목할 점은 "우수" 평가를 받는 직원들이 대거 퇴사하는 시점이 존재한다는 것이다. 초기에 생존율이 급격히 떨어지다가 입사 50일 정도부터는 생존율의 하락이 완만하게 진행된다. 그 이후 입사 400일을 전후하여 생존율 하락이 가속화되고, 입사 1000일을 전후하여 다시 한번 퇴사 속도가 빨라진다. 따라서 우수한 인적자원을 유지하기 위해서는 입사 1년이 지나는 시점과 입사 3년 직전 시점에 특별히 주의를 기울일 필요가 있을 것으로 보인다.

입사성적에 따른 조직 내 생존율의 차이가 유의미한지 확인하기 위해 로그-랭크 검정을 시행하였다(81~82). 그 결과, p-value가 3e-5로 나타나 집단 간 생존율에 차이가 없다는 귀무가설을 기각할 수 있었다. 이를 통해 입사성적 간의 차이를 보이는 생존곡선은 통계적으로 유의미한 차이가 있음을 확인하였다.

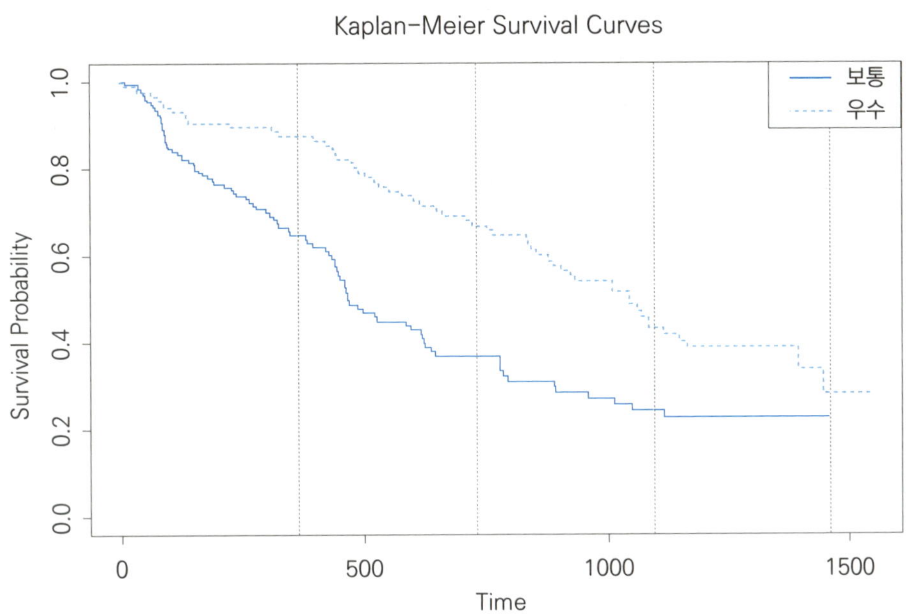


```
> logrank_test

Call:
survdiff(formula = Surv(재직일수, 퇴사여부) ~ 입사성적,
    data = df)
                  N   Observed  Expected  (O-E)^2/E  (O-E)^2/V
입사성적=보통   174      95       69.8       9.10       17.6
입사성적=우수   118      57       82.2       7.73       17.6

 Chisq= 17.6  on 1 degrees of freedom, p= 3e-05
```

7.2. 콕스 비례위험 생존분석

콕스 비례위험 모형(Cox Proportional Hazards Model)은 생존분석에서 널리 사용되는 모형으로, 다양한 변수(연령, 입사성적, 사업부 등)가 사건 발생(예: 퇴사)에 미치는 영향을 분석하는 데 효과적이다. 이 모형은 시간에 따른 퇴사 위험의 변화를 설명하면서도 다양한 변수 간의 관계를 반영하여 각 변수의 영향을 정량적으로 분석할 수 있다는 강점이 있다. 이러한 특징 덕분에, 단일 범주형 요인만을 고려하는 카플란-마이어 생존분석보다 실무적으로 더 의미 있는 인사이트를 도출할 수 있다. 따라서 조직 구성원의 퇴사 원인을 심층적으로 분석하고자 할 때 유용하게 활용될 수 있다. 콕스 비례위험 생존분석은 일반적으로 다음과 같은 순서로 진행된다.

① 분석 데이터 준비

퇴사여부, 재직기간, 분석 대상이 되는 독립변수가 포함된 데이터를 준비한다. 이때 종속변수는 당연히 범주형 이진변수여야 하지만, 독립변수는 범주형과 연속형 모두 사용 가능하다.

② 모형 실행 후 위험비 확인

콕스 비례위험 모형을 실행한 후, 변수별 위험비(hazard ratio)와 p-value를 확인한다. 이때, 위험비는 해당 요인이 퇴사 위험에 미치는 상대적인 영향을 의미한다.

③ 잔차 및 모형 진단

콕스 비례위험 모형의 적합성을 검토하려면 비례위험 가정(proportional hazards assumption)이 충족되는지 확인해야 한다. 비례위험 가정이란 특정 변수의 위험비가 시간에 따라 일정하게 유지되어야 한다는 가정이다. 비례위험 가정이 충족되지 않는 변수가 있다면, 해당 변수에 대해 추가적인 조치를 취하거나 모형을 수정해야 한다.

④ 생존곡선 시각화

생존곡선을 시각화하여 입사 이후 어느 시점에서 생존율이 급격히 감소하는 지 등의 패턴을 직관적으로 확인할 수 있다.

카플란-마이어 생존분석과 같이 재직일수(생존기간)와 퇴사여부(생존)를 함께 종속변수로 설정하고, 앞서 진행한 로지스틱 회귀분석에서 사용했던 독립변수를 넣어 콕스 비례위험 모형을 시행하였다. 로지스틱 회귀분석 모델에서는 재직기간 변수를 독립변수로 포함하였으나, 생존분석에서는 재직일수가 설명해야 할 변수이므로 독립변수에 포함되어서는 안 된다는 점에 유의해야 한다.

재직일수와 퇴사여부를 함께 종속변수로 설정하고 여러 독립변수를 포함한 coxph( ) 함수를 시행한 뒤 결과를 cox_model이라는 객체에 저장하였다(83). 결과가 저장된 cox_model 객체를 summary( ) 함수로 실행하면 콕스 비례위험 모형 시행 결과로 도출된 회귀계수(coef), 위험비(exp(coef)), p-value 등의 통계량을 확인할 수 있다(84). 콕스 비례위험 모형 시행 결과, 연봉과 사업부가 퇴사 위험에 음의 방향으로 유의미한 영향을 미치는 것으로 나타났다. 이는 연봉을 높게 받을수록, 경영지원팀(AD)보다 기술엔지니어링팀(ST)에 속할수록, 퇴사 가능성이 낮아짐을 의미한다.

회귀계수(coef)는 각 변수의 영향을 +와 - 형태로 제시하기 때문에 변수가 주는 영향의 방향을 직관적으로 이해할 수 있는 장점이 있다. 그러나 해당 변수가 퇴사율에 얼마만큼의 영향을 주는지를 확인하기는 쉽지 않다. 이때 활용할 수 있는 통계량이 exp(coef)로 계산되는 위험비이다. 위험비는 독립변수 한 단위 증가가 퇴사 사건 발생 위험에 몇 배의 영향을 미치는지를 보여준다. 예를 들어, "사업부 ST"의 위험비를 해석해 보자. 그 위험비가 0.511로 나타났는데, 이는 기술엔지니어링팀(ST)에 속하는 조직구성원의 퇴사 위험이 경영지원팀(AD)에 속하는 조직구성원의 0.511배라는 의미이고, 다른 말로 하면 퇴사 위험이 48.9%만큼 낮다는 뜻이 된다.

다음으로 모형 적합성 지표들을 살펴보면 concordance가 0.694라는 것은 이 모형이 약 69.4%의 정확도로 퇴사 위험을 예측하고 있다는 것을 의미한다. 또한 likelihood ratio test, wald test, score(log-rank) test의 검정결과, p-value가 낮은 것으로 확인되어 모형이 통계적으로 유의미하다는 것을 알 수 있다.

```
> summary(cox_model)
Call:
coxph(formula = Surv(재직일수, 퇴사여부) ~ 남자 + 미혼 +
    연령대 + 입사성적 + ln연봉 + 사업부2, data = df)
  n= 292, number of events= 152
                    coef     exp(coef)   se(coef)      z      Pr(>|z|)
 남자              0.07794    1.08106    0.18538    0.420    0.67418
 미혼             -0.10784    0.89778    0.20438   -0.528    0.59776
 연령대30대       -0.09271    0.91146    0.21533   -0.431    0.66681
 연령대40대이상   -0.34754    0.70643    0.30749   -1.130    0.25838
 입사성적우수     -0.32903    0.71962    0.18991   -1.733    0.08317 .
 ln연봉           -0.75053    0.47212    0.25571   -2.935    0.00333 **
 사업부2SL        -0.07119    0.93129    0.24201   -0.294    0.76864
 사업부2ST        -0.66974    0.51184    0.26809   -2.498    0.01248 *
 사업부2ETC       -0.53641    0.58484    0.31285   -1.715    0.08642 .
 ---
 Signif. codes:  0 '***'  0.001 '***'  0.01 '*'  0.05 '.'  0.1 ' '  1
                  exp(coef)  exp(-coef)  lower .95  upper .95
 남자              1.0811     0.925      0.7517     1.5547
 미혼              0.8978     1.114      0.6014     1.3401
 연령대30대        0.9115     1.097      0.5976     1.3900
 연령대40대이상    0.7064     1.416      0.3867     1.2906
 입사성적우수      0.7196     1.390      0.4960     1.0441
 ln연봉            0.4721     2.118      0.2860     0.7793
 사업부2SL         0.9313     1.074      0.5795     1.4965
 사업부2ST         0.5118     1.954      0.3026     0.8656
 사업부2ETC        0.5848     1.710      0.3168     1.0798

 Concordance= 0.694  (se = 0.023)
 Likelihood ratio test = 69.54  on 9 df,   p=2e-11
 Wald test             = 64.75  on 9 df,   p=2e-10
 Score (logrank) test = 71.46  on 9 df,   p=8e-12
```

실행한 콕스 비례위험 모형의 적합성을 검토하기 위해 비례위험 가정 충족 여부를 확인하였다. cox.zph()를 실행한 후(85), print()를 통해 도출된 결과를 해석해 보자(86). p-value가 0.05보다 크면 비례위험 가정이 충족된다고 볼 수 있다. 모든 변수가 비례위험 가정을 충족한 것으로 해석할 수 있다.

```
> cox_test <- cox.zph(cox_model)
> print(cox_test)
          chisq    df    p
남자      1.1035    1   0.29
미혼      0.8199    1   0.37
연령대    0.0776    2   0.96
입사성적  3.5306    1   0.06
ln연봉    0.2867    1   0.59
사업부2   3.2904    3   0.35
GLOBAL    9.0918    9   0.43
```

콕스 비례위험 모형의 시행 결과를 생존곡선으로 나타낸 결과는 다음과 같다(87~88). 해당 곡선은 다양한 요인의 영향을 모두 고려한 후, 입사 이후 각 시점에서 조직 구성원이 생존할 가능성을 나타낸다. 그래프를 살펴보면, 입사 초기에 급격한 감소가 발생한 후 서서히 생존확률이 감소하며, 약 500여 일 시점에서 또 한 번 급격한 생존확률의 하락이 나타나는 것을 확인할 수 있다.

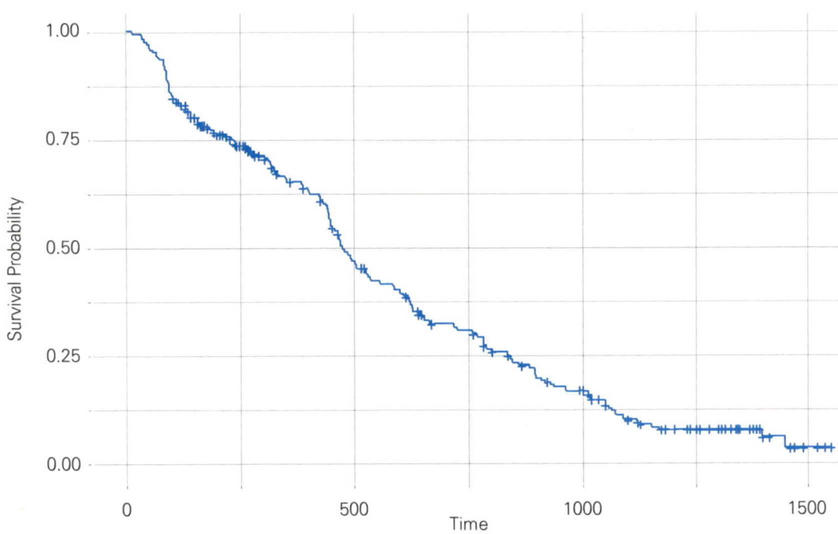

8 핵심 인사이트

M사 조직 구성원의 퇴사여부와 관련된 주요 요인을 도출하고, 퇴사 가능성 및 생존율에 미치는 영향을 다각도로 검토해 보았다. M사 최근 입사자의 퇴사 결정은 연봉과 입사 당시 평가와 깊은 관련이 있는 것으로 나타났다.

연봉은 이항 로지스틱 회귀분석, 생존분석 모두에서 퇴사여부에 부정적인 영향을 주었다. M사는 신규 직원의 보상 체계가 적절성과 형평성을 갖추고 있는지 검토해 볼 필요가 있다. 생존분석 결과, 연봉이 높을수록 퇴사 위험이 낮아지는 것으로 나타나 경쟁력 있는 보상 정책은 구성원의 재직기간을 장기화하는 데에 효과적일 것으로 생각된다.

로지스틱 회귀분석에서 재직기간이 짧을수록 퇴사 가능성이 높았으며 생존분석에서도 입사 1년 이내에 생존율이 급감하는 것을 확인할 수 있었다. 신규 입사자의 초기 적응 과정에서 퇴사율이 급격히 증가하는 것으로 보아 온보딩 과정을 다시 검토하고 M사의 신규 구성원이 조직에 잘 안착할 수 있는 방안을 마련하는 것이 필요할 것이다. 더불어, 입사 후 500여 일 전후로 생존율이 또 한번 급감하는 것을 확인할 수 있었는데, 이는 1년 차 이후 조직 구성원들이 느끼는 경력 정체감을 해소하는 방안을 마련할 필요성이 있음을 의미한다.

입사 당시 평가는 앞선 두 가지 분석 방법에서 다소 상이한 결과가 나왔다. 로지스틱 회귀분석에서는 입사 당시 우수한 평가를 받은 신규 구성원이 퇴사 가능성이 높은 것으로 나타났다. 이에 반해 생존분석에서는 우수한 평가를 받은 구성원이 조직에 더 오래 남을 확률이 높다는 결과가 나왔다. 구체적으로, 낮은 평가를 받은 구성원은 초기에 빠르게 이탈하되 일정한 시간이 지난 후부터는 이탈 속도가 완만해지는 것으로 나타났다. 하지만, 우수한 평가를 받은 구성원은 초기에는 다소 느리게 이탈하지만, 입사 후 1년, 3년을 전후한 시점에서 대거 이탈하였다. 입사 5년이 지난 시점에서는 두 집단의 생존율이 거의 비슷하지만, 5년 동안 발생하는 이탈의 패턴은 확연히 다르다는 것을 시사한다.

이러한 결과는 시간에 따른 조직 구성원의 적응과 성장 과정의 차이를 보여준다. 입사 초기에 우수한 평가를 받은 사람들은 얼마 안 지나 더 나은 기회를 찾거나 초기 적응에 어려움을 겪어 퇴사할 수 있으나 점차 조직에 잘 적응하여 일정 시기를 지나면 오히려 장기적으로 근무를 할 가능성이 높다. 따라서 M사는 입사 후 초기 1년 동안 우수 입사자들의 온보딩을 지원하고, 연차마다 지속적으로 경력 성장에 대한 기회를 제공하여 이들의 이탈을 방지할 필요가 있다.

이직관리 R코드

```
# 기본 라이브러리 ####
library(readxl) # 엑셀파일 불러오기_read_excel()    (1)
library(dplyr) # 데이터프레임 처리_select(), filter(), mutate(), summarize()    (2)
library(psych) # 기술통계량_describe()    (3)
library(descr) # 빈도분석_freq()    (4)
library(ggplot2) # 시각화_ggplot    (5)
library(car) # 다중공선성확인_vif()    (6)


# 데이터 불러오기 ####
df<-read_excel("ch6_turnover.xlsx")    (7)
View(df)    (8)
str(df)    (9)


# 3. 데이터 전처리 ####
## 데이터 유형 처리
df$성별 <- factor(df$성별)    (10)
df$결혼여부 <- factor(df$결혼여부)    (11)
df$사업부 <- factor(df$사업부)    (12)
df$입사성적 <- factor(df$입사성적, levels = c("보통", "우수"))    (13)
df$사업부 <- factor(df$사업부, levels = c("AD", "FI", "SL", "ST", "ETC"))    (14)
df$남자 <- ifelse(df$성별 == "M", 1, 0)    (15)
df$미혼 <- ifelse(df$결혼여부 == "S", 1, 0)    (16)

## 나이관련 변수 생성
df$연령 <- 2025 - df$생년    (17)
df <- df %>%    (18)
  mutate(연령대 = case_when(
    연령 >= 20 & 연령 < 30 ~ "20대",
    연령 >= 30 & 연령 < 40 ~ "30대",
    연령 >= 40 ~ "40대이상",
    TRUE ~ "기타"
  ))
```

```
df$연령대 <- factor(df$연령대)    (19)
table(df$연령대)    (20)

## 재직기간 관련 변수 생성
library(lubridate) # 날짜 데이터 활용하기 위한 라이브러리    (21)
df$입사일 <- as.Date(df$입사일)    (22)
df$퇴사일 <- as.Date(df$퇴사일)    (23)
df$입사연도 <- year(df$입사일)    (24)
df$퇴사연도 <- year(df$퇴사일)    (25)
df$재직기간 <- ifelse(is.na(df$퇴사연도), 2025, df$퇴사연도) - df$입사연도    (26)
df$퇴사여부 <- ifelse(is.na(df$퇴사일), 0, 1)    (27)
table(df$퇴사여부)    (28)

reference_date <- as.Date("2025-04-01") # 재직 중인 사람은 분석 시점의 날짜    (29)
df$퇴사일[is.na(df$퇴사일)] <- reference_date    (30)
df$재직일수 <- interval(df$입사일, df$퇴사일) %/% days(1)    (31)
df$재직개월 <- interval(df$입사일, df$퇴사일) %/% months(1)    (32)
describe(df$재직일수)    (33)
describe(df$재직개월)    (34)


# 4. 탐색적 분석 ####
## 4.1.기술통계량 살펴보기
describe(df)    (35)
describe(df$재직기간)    (36)
summary(df)    (37)
summary(df$재직기간)    (38)

## 4.2.빈도분석
table(df$성별)    (39)
table(df$결혼여부)    (40)
table(df$퇴사여부)    (41)
table(df$사업부)    (42)
addmargins(table(df$퇴사연도, df$성별), margin = 1)    (43)
count(df, 사업부, sort=T) # sort 오름차순, 내림차순    (44)
```

```
## 4.3.비율분석
prop.table(table(df$퇴사여부))                                                     (45)
table_사업부퇴사 <- table(df$사업부, df$퇴사여부)                                  (46)
table_사업부퇴사                                                                   (47)
prop.table(table_사업부퇴사,                                                       (48)
           margin=1) # 행기준 비율(가로행 합이 1): 사업부별 퇴사자 비율
prop.table(table_사업부퇴사,                                                       (49)
           margin=2) # 열기준 비율(세로열 합이 1): 퇴사자, 재직자별 사업부 비율


# 5. 사업부별로 퇴사비율에 차이가 있을까? ####
table_사업부퇴사 # 그룹별 빈도수 테이블 생성                                       (50)
chi2_result <- chisq.test(table_사업부퇴사)                                        (51)
chi2_result                                                                        (52)

## 너무 작은 분포를 갖는 변수 정리
df <- df %>%                                                                       (53)
  mutate(사업부2 = ifelse(사업부 == "FI", "ETC", as.character(사업부)))
table(df$사업부2)                                                                  (54)
df$사업부2 <- factor(df$사업부2, levels = c("AD", "SL", "ST", "ETC"))              (55)
table_사업부2퇴사 <- table(df$사업부2, df$퇴사여부)                                (56)
table_사업부2퇴사                                                                  (57)
chi2_results <- chisq.test(table_사업부2퇴사)                                      (58)
chi2_results                                                                       (59)


# 6. 퇴사하는 사람은 어떤 특징을 가지고 있을까? ####
## 6.1. 이항 로지스틱 회귀분석을 통한 퇴사자 특성 파악
df$ln연봉 <- log(df$연봉)                                                          (60)
model <- glm(퇴사여부 ~ 남자 + 미혼 + 연령대 +                                     (61)
               재직기간 + 입사성적 + ln연봉+ 사업부2,
               data = df,  family = binomial)
vif(model)  # 다중공선성 확인                                                      (62)
summary(model) # 로지스틱 회귀분석 결과 확인                                       (63)
round(exp(coef(model)), 2) # 소수 둘째 자리까지만 출력                             (64)
```

```
# 7. 생존분석을 활용한 퇴사율 예측 ####
library(survival) # 생존분석을 위한 라이브러리 (65)
library(survminer) # 생존분석 결과를 시각화 하기 위한 라이브러리 (66)

## 7.1. 카플란-마이어 생존분석
### 사업부별
fit <- survfit(Surv(재직일수, 퇴사여부) ~ 사업부2, data = df) (67)
summary(fit) (68)

windows() (69)
plot(fit, col = c( "purple", "red", "blue", "brown"), #선의 색상 (70)
     lty = 1:4,  #선의 종류
     xlab = "Time", ylab = "Survival Probability",
     main = "Kaplan-Meier Survival Curves")
legend("topright", legend = c("AD", "SL", "ST", "ETC"), (71)
     col = c("purple", "red", "blue", "brown"),
     lty = 1:4) # 범례 표시
logrank_test <- survdiff(Surv(재직일수, 퇴사여부) ~ 사업부2, (72)
                    data = df)
logrank_test (73)

### 입사성적별
fit <- survfit(Surv(재직일수, 퇴사여부) ~ 입사성적, (74)
                 data = df)
summary(fit) (75)

windows() (76)
plot(fit, col = c("blue", "magenta"), lty = 1:2, (77)
     xlab = "Time", ylab = "Survival Probability",
     main = "Kaplan-Meier Survival Curves")
legend("topright", legend = c("보통", "우수"), (78)
     col = c("blue", "magenta"), lty = 1:2) # 범례 표시
time_intervals <- seq(365, max(fit$time), by = 365) # 간격 설정(365일) (79)
abline(v = time_intervals, col = "gray", lty = 3) # 설정한 간격마다 보조선 표시 (80)
logrank_test <- survdiff(Surv(재직일수, 퇴사여부) ~ 입사성적, (81)
                          data = df)
```

```
logrank_test                                                        (82)

## 7.2. 콕스 비례위험 생존분석
cox_model <- coxph(Surv(재직일수, 퇴사여부)                          (83)
                   ~ 남자 + 미혼 + 연령대 +  입사성적 + ln연봉+ 사업부2,
                   data = df)
summary(cox_model)                                                  (84)
cox_test <- cox.zph(cox_model) # 비례위험 가정 검토                  (85)
print(cox_test)                                                     (86)

windows()                                                           (87)
ggsurvplot(survfit(cox_model), data = df,                           (88)
      xlab = "Time",
      ylab = "Survival Probability",
      conf.int = FALSE,
      ggtheme = theme_minimal()) # 예측 생존곡선 시각화

# End of File ####
```

VII

조직문화

Ⅶ 조직문화

1 조직문화란

조직문화는 흔히 조직 내 구성원들이 공유하는 가치, 신념, 행동 방식의 총체로 정의된다. 경영 구루 중 한 명인 애드거 샤인은 조직문화를 빙산에 비유했는데, 그에 따르면 조직문화는 가시적 수준, 인지적 수준, 잠재의식 수준으로 구성된다[27]. 먼저, 가장 상위에는 가시적 인공물(artifacts)이 존재하는데, 이는 조직에서 쉽게 관찰될 수 있는 행동, 환경, 상징물 등을 포함한다. 바다 표면 위에 떠 있는 빙산의 일부처럼, 시각적으로 확인이 가능한 외적인 요소이다. 그 아래에는 인식적 수준에 해당하는 가치(values)가 존재하는데, 구성원들이 중요하게 여기는 신념과 가치를 반영한다. 가장 아랫부분인 잠재의식 수준에는 기본 가정(basic assumptions)이 있다. 기본 가정은 구성원들이 의식하지 못하더라도 조직 내에서 공유되는 기본적인 사고방식과 믿음을 포함한다. 이 모델에 따르면 기본 가정은 가치와 인공물을 형성하는 원천이다. 그러나 쉽게 관찰되지 않을뿐더러 바뀌기도 쉽지 않다. 한편 사무실 구조, 호칭, 인사법 등과 같은 인공물은 쉽게 변경이 가능하다. 따라서 조직문화를 변화시키고자 하는 경영자는 원하는 조직문화를 상징적으로 드러낼 수 있는 인공물을 도입하는 것부터 고려해 볼 수 있다. 가령, 서로를 부르는 호칭을 바꾼다든지 공간을 재배치함으로써 특정한 조직문화로의 변화를 도모할 수 있다.

27 Schein, E. H. (2010). Organizational culture and leadership (4th ed.). Jossey-Bass.

조직문화는 조직의 목표 달성에 중대한 영향을 미친다. 똑같은 전략을 실행하고 똑같은 노력을 들이더라도 어떤 조직문화를 가지고 있느냐에 따라 성과 개선, 이직률 감소, 혁신 촉진, 고객 만족도 향상 등 여러 측면에서 성과가 다르게 나타나기 때문이다. 최근 채용 과정에서 조직문화 적합성을 평가하여 조직문화에 부합하는 인재를 선발하려는 노력이 강화되고 있는 것도 이와 무관하지 않을 것이다. 아울러 조직문화를 관리함으로써 조직 효과성을 높이고 구성원들이 조직 내에서 오랜 기간 안정적으로 근무할 수 있는 토대를 마련하려는 기업도 늘어나고 있다.

이렇게 조직들이 조직문화 관리에 심혈을 기울이는 이유는 조직문화가 조직에 여러 가지 긍정적 기능을 제공하기 때문이다. 바람직한 조직문화는 조직 구성원의 장기적 근속과 성과를 높일 수 있다. 국내 구직사이트 인크루트 설문조사에 따르면, 채용 과정에서 문화 적합성을 평가하는 것이 장기적으로 조직에 잘 적응하고 성과를 내는 인재를 선발하는 데 효과적이다[28]. 또한 조직문화는 조직효과성에 지대한 영향을 미친다. 조직문화 적합성이 높은 인재를 채용하면 구성원의 만족도와 몰입도가 자연스럽게 높아져 장기적으로 조직에 안정적으로 근속할 가능성이 커진다. 이는 조직 성과 증진과 조직 효과성 강화로 이어진다. 이와 더불어, 조직문화를 효과적으로 관리하면 조직 내 구성원들이 일관된 가치와 신념을 공유할 수 있고, 이는 변화하는 환경에 빠르게 적응하는 데에도 도움이 된다.

하지만, 조직문화가 항상 순기능만을 갖는 것은 아니다. 잘못 설계된 조직문화 관리는 조직에 부정적인 영향을 끼칠 수도 있다. 먼저 지나치게 강한 조직문화는 동질성에 따른 다양성 부족을 유발할 가능성이 있다. 조직문화 적합성을 지나치게 강조하다 보면, 모든 구성원의 생각이 비슷해져서 조직 내 다양성이 떨어지게 된다. 이렇게 되면, 혁신과 창의적 사고가 필요한 상황에서 조직의 문제해결 능력이 부족해지고, 편향된 집단 사고에 빠질 수도 있다. 또한, 조직문화가 지나치게 강한 규범으로 작동하게 되면 개인의 자율성을 제한하기도 한다. 특정 조직문화에 대한 지나친 강조는 구성원들에게 동질화된 행동을 요구하여 개인의 자율성과 창의성을 제한할 수 있다. 조직문화가 지나치게 규범적으로 작용하면 구성원들은 새로운 아이디어를 제안하거나 도전적인 시도를 지양하는 분위기가 형성될 수도 있다.

28 인크루트. (2024년 8월 30일). 인사 담당자 49%, "채용 과정에서 지원자의 컬처핏 확인한다". https://news.incruit.com/news/newsview.asp?newsno=436950&ty=8.

마지막으로 부서나 팀별로 형성되어 있는 하위문화를 적절히 관리하지 못할 때는 심각한 수준의 갈등이 일어날 수 있다. 특히 하위문화가 상위문화와 적절히 조율되지 못하면, 조직 내부의 소통과 협업에 부정적 영향을 미치고 조직의 몰입도 저하와 같은 문제를 유발할 수 있다. 조직문화를 효과적으로 관리하기 위해서는 그 순기능과 역기능을 두루 고려해야 한다. 조직의 목표와 방향에 맞는 바람직한 조직문화를 형성하면서도 구성원들의 다양성을 존중하고 유연성을 고려하는 접근이 필요하다.

2 조직문화 유형

조직문화가 순기능과 역기능을 가지고 있다는 점을 고려할 때, 조직문화가 조직의 효과성에 어떤 영향을 미치는지를 면밀히 분석하는 것이 매우 중요하다. 조직문화 분석에 사용할 수 있는 모형은 여러 가지가 있지만, 그중에서 경쟁가치 모형과 데니슨(Denison)의 조직문화 모형이 대표적이다. 이 두 모형은 조직문화를 분류하는 방식에서는 약간의 차이가 있지만, 조직문화의 유형과 관리 방식에 따라 조직이 달성할 수 있는 성과가 달라진다고 본다는 점에서는 차이가 없다. 또한 두 모형 모두 조직의 목표와 상황에 따라 필요한 조직문화가 달라질 수 있기 때문에 절대적으로 좋은 조직문화는 없다고 본다.

2.1. 경쟁가치 모형[29]

경쟁가치 모형은 조직문화 진단에 가장 많이 활용되는 모형 중 하나이다. [그림 7-1]과 같이 융통성-안정성, 외부지향-내부지향이라는 두 가지 축에 따라 조직문화를 집단문화, 혁신문화, 위계문화, 합리문화로 분류한다. 조직 전체, 각 부서, 사

29 Quinn, R. E., & Rohrbaugh, J. (1983). A spatial model of effectiveness criteria: Towards a competing values approach to organizational analysis. Management science, 29(3), 363-377.

업 부분에 나누어서 대상에 따라 다르게 활용할 수 있다. 각 조직문화 유형을 간략히 설명하면 다음과 같다.

그림 7-1 **경쟁가치 모형의 조직문화 유형**

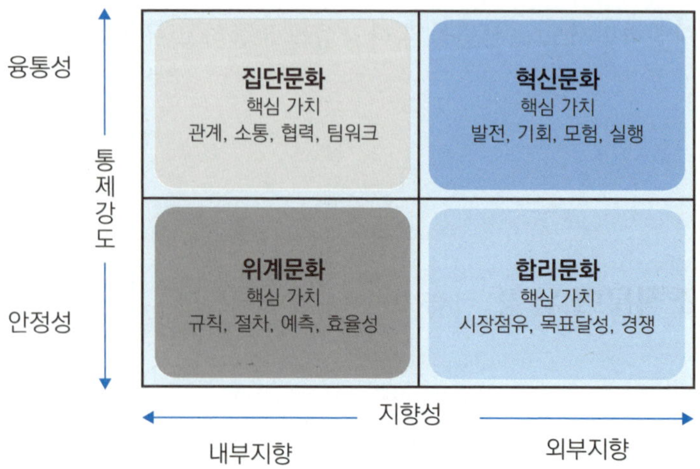

- **집단문화**: 융통성과 내부지향이 높은 문화유형으로 관계, 소통, 협력, 팀워크를 핵심 가치로 한다. 가족적인 조직 분위기와 구성원 간의 유대감을 통해 형성된 신뢰와 참여가 중요하다. 예를 들어, 구성원들이 서로 수평적인 관계로 소통하고 리더는 멘토처럼 구성원의 성장과 복지를 지원하는 모습이다. 사람 중심의 운영을 통해 장기적으로 조직에 대한 충성도와 만족감을 높인다.
- **혁신문화**: 융통성과 외부지향이 높은 문화유형으로 발전, 기회, 모험, 실행을 핵심 가치로 한다. 새로운 아이디어를 수용하고 실패를 두려워하지 않으며 과감한 도전과 빠른 실행을 중시한다. 예를 들어, 실리콘밸리의 IT기업에서는 기존의 방식보다는 기준을 새롭게 만들어 변화에 앞장선다. 이를 위해 구성원에게 실험을 위한 예산과 자율성을 부여하고 실패는 학습의 일부로 받아들이는 모습이다. 조직은 구성원의 창의성을 촉진하고 변화하는 시장에서의 새로운 가치와 성과를 창출하는 동력을 확보한다.

- **위계문화**: 안정성과 내부지향이 높은 문화유형으로 규칙, 절차, 예측, 효율성을 핵심 가치로 한다. 안정성을 중요시하며 체계적이고 일관된 운영 방식을 취한다. 권한과 책임이 명확히 구분된 구조에서 표준화된 절차와 공식화된 규범을 통해 조직을 움직인다. 예를 들어, 공공기관이나 대기업의 관리 부서에서는 모든 업무가 전통적인 메뉴얼에 따라 진행되며 까다로운 승인 절차를 거친 후 업무 실행을 할 수 있다. 안정성과 내부지향을 바탕으로 통제된 환경에서 예측 가능성을 높이고 효율성을 최우선의 가치로 한다.
- **합리문화**: 안정성과 외부지향이 높은 문화유형으로 시장점유, 목표 달성, 경쟁을 핵심 가치로 한다. 외부 환경 변화에 민감하게 대응하며 목표 달성을 위한 성과와 실적 중심으로 조직이 움직인다. 경쟁적이고 성취 지향적인 분위기가 특징이다. 예를 들어, 대형 유통회사가 각 지점의 매출 목표를 설정하고 이에 따른 보상과 평가를 명확히 구분함으로써 구성원의 경쟁을 유도한다. 조직의 생산성을 높이고 시장 점유율의 확대와 경쟁력 강화를 추구한다.

2.2. 데니슨의 조직문화 모형[30]

데니슨의 모형은 [그림 7-2]에 나타난 바와 같이 지향성과 통제강도에 따라 참여도, 적응성, 일관성, 사명의 네 가지 핵심 요소를 도출하고 이를 통해 조직의 장기적인 성공과 성장에 필요한 조직문화를 관리할 수 있도록 한다. 이 네 가지 요소는 조직의 효과성 제고와 장기적 성장에 필수적인 요소이다. 따라서 어느 하나만을 지나치게 강조하는 것은 바람직하지 않다. 그 대신 네 가지 요소가 적절히 균형을 이루어 작동할 때 조직 효과성이 향상된다고 본다. 이 네 가지 요소를 간략히 설명하면 다음과 같다.

30 Denison, D. R. (1990). Corporate Culture and Organizational Effectiveness. John Wiley & Sons.

그림 7-2 데니슨의 조직문화 모형

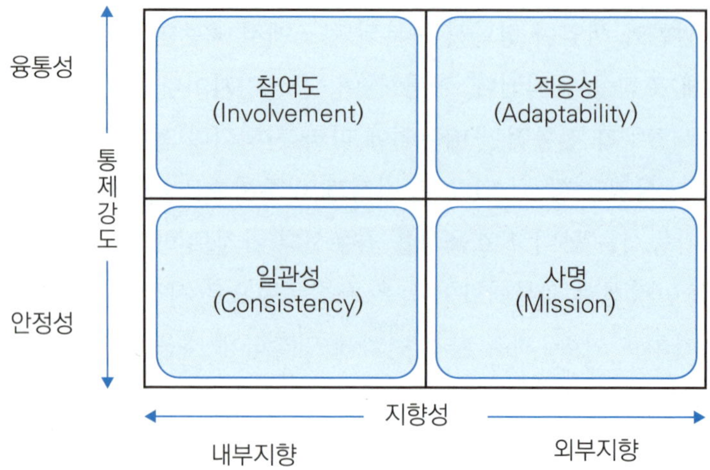

- **참여도**: 융통성과 내부지향성이 높은 문화 요소로서, 구성원들이 조직에서의 활동과 의사결정에 적극적으로 참여하고 주도적으로 역할을 수행할 수 있는 문화를 의미한다. 주도적으로 참여를 할 수 있는 환경에서 구성원들은 조직의 목표에 깊이 몰입하며 주인의식을 갖게 되고 조직의 문제를 적극적으로 해결하고자 노력한다. 구성원 권한 부여와 자율성의 강조는 책임감 있는 행동을 유도하고 구성원 간의 소통과 협업을 강화해 조직 성과와 만족도를 높이는 데 기여한다.
- **적응성**: 융통성과 외부지향성이 높다. 적응성 요소는 조직이 외부 변화에 신속하게 대응하고 고객의 요구와 시장 변화를 반영할 수 있는 유연한 문화를 의미한다. 고객 중심의 관점을 강화하고 내부적으로는 혁신과 개선을 촉진해 조직이 외부 변화에 민첩하게 대응할 수 있도록 한다. 특히 빠르게 변화하는 환경에서 적응성은 조직의 경쟁력을 유지하고 성장하는 데 중요한 역할을 한다.
- **일관성**: 안정성과 내부지향을 특징으로 하며 조직 내에서 공통된 규범, 가치, 행동 기준을 통해 안정성과 효율성을 강화하는 것을 중시하는 문화를 의미한다. 구성원들이 공유하는 핵심 가치를 기반으로 조직을 운영하며 높은 협력과 조화가 형성된다. 표준화된 프로세스와 절차를 통해 조직의 운영 효율성을 높이고 일관성 있는 성과를 유지한다.

- **사명**: 안정성과 외부지향이 높은 문화 요소이다. 사명 요소는 조직의 비전과 목표를 명확히 설정하고 구성원들이 이를 이해하여 몰입할 수 있는 문화를 의미한다. 장기적인 목표와 방향성을 제공하여 구성원들이 공통의 목표를 향해 집중할 수 있는 환경을 조성하며 동기부여와 목적의식을 확고히 한다. 명확한 목표와 비전은 구성원들이 일관된 방향성을 유지하도록 함으로써 조직 성과와 장기적 성장에 긍정적인 영향을 미친다.

조직문화를 측정하는 방법은 이외에도 여러 가지가 존재한다. 구성원에 대한 설문조사를 사용하는 것이 일반적인데, 한국직업능력연구원의 인적자본기업패널에서는 다음과 같이 5점 척도로 되어 있는 12개 문항을 사용한다[31].

(1) 우리 회사는 변화와 새로운 시도를 장려한다.
(2) 우리 회사는 혁신에 대한 적절한 보상이 이루어진다.
(3) 우리 회사에서는 성실한 사람보다 창의적인 사람이 대우를 받는다.
(4) 우리 회사는 가족과 같은 조직 분위기가 형성되어 있다.
(5) 우리 회사는 인화단결과 일체감을 중시한다.
(6) 우리 회사는 팀워크를 더욱 중요시한다.
(7) 우리 회사는 공식적인 절차, 규칙 및 방침을 중시한다.
(8) 우리 회사의 의사전달이나 정보 흐름은 하향식이다.
(9) 우리 회사는 서열의식을 강조하는 조직분위기가 형성되어 있다.
(10) 우리 회사는 경쟁적 분위기와 성과달성을 강조한다.
(11) 우리 회사에서는 과업수행에 필요한 전문지식과 능력을 중요하게 생각한다.
(12) 우리 회사는 직무수행능력과 실적을 중심으로 한 평가가 이루어진다.

31 한국직업능력연구원. (2024). HCCP II_근로자용 설문지.

3 하위문화

조직에는 모든 구성원이 공유하고 있는 단 하나의 문화만 존재하는 것은 아니다. 조직은 부서나 팀마다 독특한 하위문화를 가지고 있는 것이 일반적이다. 조직 전체의 가치는 모든 구성원에게 공유되지만 각 부서나 팀의 구성원들은 전체의 가치와는 다른 자신들만의 가치를 공유하고 있을 수 있다. 부서나 팀마다 기능과 역할, 목표가 다르고 요구되는 기술과 전략도 다르기 때문에, 각각의 상황과 맥락에 맞는 하위문화가 자연스럽게 형성된다. 따라서 인사담당자는 조직 내에 존재하는 다양한 하위문화를 조사하고 그 형성 맥락을 이해하는 것이 대단히 중요하다. 가령, 컨설팅 그룹인 맥킨지에서 조직 분석 도구로 제안했던 7S 모델을 활용하여 각 부서 및 단위별 하위문화의 형성 맥락을 이해할 수도 있다[32].

- **공유가치**(shared value): 구성원들이 공통적으로 가지고 있는 사고 및 신념으로 조직의 목표 달성에 도움이 되는 사고방식과 행동양식 등을 말한다. 조직 내에서 공유되는 가치가 조직 전체적으로는 통일될 수도 있지만 각 부서에서는 부서의 업무 성격에 따라 다른 가치가 중시될 수 있다. 예를 들어 인사 부서는 인간 중심의 가치가 중요할 수 있지만 IT 부서는 혁신과 기술적 성취를 더 중시할 수 있다.
- **구성원**(staff): 구성원 개인의 욕구와 보유한 능력, 지각과 태도를 말한다. 연구 부서에서는 높은 수준의 전문성을 가진 구성원을 필요로 할 수 있지만 고객 지원 부서에서는 서비스 지향적 구성원이 중요하며 인사 부서에서는 원활한 의사소통 능력과 갈등 해결 역량이 더 중요할 수 있다.
- **기술**(skill): 조직이 보유하고 있는 경영관리 기술 또는 생산기술을 말하며 조직의 효율성과 성과를 높이는 데 다양한 기술이 활용될 수 있다. 예를 들어 채용이나 성과 관리에 대한 기술을 보유한 인사 부서는 인간 중심을 우선시하고 생산관리를 위해 자동화된 기술이나 기계를 다루는 제조 부서는 공식적인 구조를 지향하며 최우선의 가치로 효율성을 추구할 수 있다.

32 Waterman Jr, R. H., Peters, T. J., & Phillips, J. R. (1980). Structure is not organization. Business horizons, 23(3), 14-26.

- **구조**(structure): 조직에서 책임 관계 등이 구조화된 모습을 가리킨다. 관리 부서는 공식적이고 계층적인 구조를 가지고 있는 것이 일반적이며, 새로운 기술 개발 등의 창의성을 중시하는 팀에서는 유기적인 구조의 형태가 나타날 수 있다.
- **전략**(strategy): 조직의 목표 달성을 위한 조직 차원의 중장기 계획으로 조직의 비전, 방향성 등을 말한다. 구성원들은 조직의 전략에 따라 사고와 행동을 수정하게 된다. 예를 들어 기술 개발 부서에서는 장기적인 혁신 전략을 중시하고 영업 부서에서는 단기적인 성과 달성과 경쟁적인 시장 점유율 확보가 강조될 수 있다.
- **시스템**(system): 조직의 제도와 프로세스로 조직 내에서 시행하고 있는 평가제도, 보상제도, 의사결정 시스템, 의사소통 방식, 사내 정보시스템 등을 말한다. 인사 부서 및 품질 관리 부서는 엄격한 표준과 절차를 강조할 수 있으나 마케팅 부서는 창의적이고 융통성을 발휘할 수 있는 시스템을 사용하고 있을 수 있다.
- **스타일**(style): 조직 관리자들의 행동과 의사결정 방식을 말하며 리더십과도 일맥상통한다. 예를 들어 영업 부서에서는 성과 중심의 전략적 리더십이 나타나고, 창의성을 중시하는 부서에서는 수평적이고 유연한 리더십이 강조될 수 있다.

조직 내 여러 하위문화가 어떻게 상호작용하고 하위문화가 조직 전체의 상위문화와 어떻게 연계되는지를 분석하는 것이 매우 중요하다. 왜냐하면 그 상호작용의 방식이나 연계의 형태에 따라 협력과 시너지가 일어날 수도 있고, 그 반대로 중대한 갈등이 발생할 수도 있기 때문이다. 따라서 각 부서나 팀이 가지고 있는 하위문화의 특성을 살펴봄으로써 미래에 발생할 수 있는 문화 충돌을 사전에 예방할 수 있다. 또 현실화된 갈등을 조율하고 해결하기 위한 방안을 마련하기 위해서도 하위문화의 형성 맥락을 이해하는 것이 중요하다. 아울러 서로 다른 하위문화를 상호보완적으로 연계할 수 있는 방안을 마련하는 것도 인사담당자가 담당해야 할 중요한 과제이다.

조직문화 인식에 차이가 나는 원인 탐색

1 문제 정의

K사는 컴퓨터 시스템 통합 관련 자문, 구축, 관리 서비스를 주요 매출원으로 하는 중견기업이다. 최근 매출 부진이 지속되면서 새로운 매출원 발굴과 조직 역량 강화가 중요한 과제로 대두되었다. 특히 시장 변화에 유연하게 대응하고 지속 가능한 성장 동력을 확보하기 위해 새로운 부서를 신설하는 계획이 추진되고 있다. 이러한 계획을 추진하기에 앞서 K사의 조직문화에 대한 구성원의 인식을 정확히 파악할 필요가 있다. 특히 조직변화 과정에 구성원들의 참여를 촉진하기 위해서는 조직문화의 현 상황을 정확히 인식하는 것이 매우 중요하다.

2 활용 데이터 소개

조직문화 데이터 분석에서는 'ch7_organization_culture.xlsx' 데이터셋을 활용한다. 2023년 말 기준 K사에 재직 중인 임직원 208명을 대상으로 실시한 조직문화 인식 설문조사에 대한 응답이다. 변수 oc1~oc12는 조직문화에 대한 설문 측정 문항으로 리커트 5점 척도로 기록되어 있다.

ID	직원번호(1~208)
성별	남자 / 여자
연령대	20대 / 30대 / 40대 / 50대이상
혼인상태	미혼 / 기혼
학력	학사미만 / 학사 / 석사이상
직급	사원급 / 대리급 / 과장급 / 차장급 / 부장 이상
근속기간	10년미만 / 10년이상 / 20년이상
부서	IT전문 / 경영지원 / 마케팅영업 / 연구개발 / 전략기획
oc1	우리 회사는 변화와 새로운 시도를 장려한다.
oc2	우리 회사는 혁신에 대한 적절한 보상이 이루어진다.
oc3	우리 회사에서는 성실한 사람보다 창의적인 사람이 대우를 받는다.
oc4	우리 회사는 가족과 같은 조직 분위기가 형성되어 있다.
oc5	우리 회사는 인화 단결과 일체감을 중시한다.
oc6	우리 회사는 팀워크를 더욱 중요시한다.
oc7	우리 회사는 공식적인 절차, 규칙 및 방침을 중시한다.
oc8	우리 회사는 의사전달이나 정보 흐름은 하향식이다.
oc9	우리 회사는 서열 의식을 강조하는 조직 분위기가 형성되어 있다.
oc10	우리 회사는 경쟁적 분위기와 성과달성을 강조한다.
oc11	우리 회사에서는 과업수행에 필요한 전문지식과 능력을 중요하게 생각한다.
oc12	우리 회사는 직무수행능력과 실적을 중심으로 한 평가가 이루어진다.

3 데이터 전처리

먼저 필요한 기본 라이브러리를 설치한 뒤(1~5), 데이터를 불러들여 데이터프레임 df를 생성한다(6). View()를 실행하여 데이터를 스프레드시트에 띄우고 데이터의 구조와 변수 등을 확인한다(7). str( ) 함수를 사용하여 각 열의 데이터 타입과 값을 출력하고 데이터의 전반적인 구조를 확인한다(8). 총 20개의 열과 208개의 행으로 구성되어 있으며 변수별로 데이터 타입을 확인할 수 있다.

```
> str(df)
tibble [208 × 20] (S3: tbl_df/tbl/data.frame)
$ ID        : num  [1:208]  1 2 3 4 5 6 7 8 9 10 ...
$ 성별      : chr  [1:208]  "남자" "남자" "남자" "남자" ...
$ 연령대    : chr  [1:208]  "30대" "50대이상" "40대" "30대" ...
$ 혼인상태  : chr  [1:208]  "기혼" "기혼" "기혼" "미혼" ...
$ 학력      : chr  [1:208]  "학사" "학사" "학사" "학사" ...
$ 직급      : chr  [1:208]  "사원급" "차장급" "과장급" "대리급" ...
$ 근속기간  : chr  [1:208]  "10년미만" "10년이상" "10년이상" "10년이상" ...
$ 부서      : chr  [1:208]  "경영지원" "연구개발" "IT전문" "IT전문" ...
$ oc1       : num  [1:208]  2 1 2 2 3 3 2 2 2 3 ...
$ oc2       : num  [1:208]  2 3 2 1 2 2 1 2 3 3 ...
$ oc3       : num  [1:208]  2 3 2 2 4 2 1 2 2 3 ...
$ oc4       : num  [1:208]  3 1 3 3 2 4 3 3 4 3 ...
$ oc5       : num  [1:208]  2 3 3 3 2 3 3 3 3 3 ...
$ oc6       : num  [1:208]  3 3 3 3 2 3 3 3 3 3 ...
$ oc7       : num  [1:208]  4 3 2 3 5 3 4 4 4 3 ...
$ oc8       : num  [1:208]  4 2 4 4 2 3 3 4 4 3 ...
$ oc9       : num  [1:208]  3 2 4 3 5 3 3 4 4 3 ...
$ oc10      : num  [1:208]  3 4 4 3 4 3 3 3 4 3 ...
$ oc11      : num  [1:208]  3 2 3 4 4 3 3 4 4 3 ...
$ oc12      : num  [1:208]  3 3 3 2 3 3 2 3 4 3 ...
```

분석을 수행하기 위해서는 데이터 타입을 정확히 지정해 주어야 한다. 성별, 연령대, 혼인상태, 학력, 직급, 근속기간, 부서 등은 범주형 변수이므로 factor( )를 사용하여 알맞은 데이터 타입으로 변환해 준다(9~15). 이때 연령대, 학력, 직급, 근속기간과 같이 순서가 의미를 갖는 변수인 경우에는 levels 옵션을 사용하여 순서를 설정해 주면 좋다. str() 함수를 다시 한번 적용하여 데이터가 잘 변환되었는지 확인해 본다(16). 출력 결과에서 범주형 변수가 Factor로 잘 변환되었는지 확인해 보자.

4 문항의 신뢰도와 타당도 분석

설문을 기반으로 한 데이터 분석을 할 때에는 문항의 신뢰도와 타당도를 확인하는 것이 매우 중요하다. 신뢰도는 설문 문항이 일관된 결과를 도출하는 정도를 의미하는데, 동일한 문항을 반복 측정했을 때 비슷한 결과가 나오는지를 판단하는 지표다. 타당도는 설문 문항이 측정하고자 하는 바를 정확하게 측정하는지에 대한 지표다. 타당도가 높을수록 문항이 측정하고자 하는 개념을 잘 반영하는 것으로 본다.

4.1. 문항의 신뢰도 측정

설문 문항의 신뢰도 평가에서 가장 일반적으로 사용하는 것이 크론바흐 알파 분석(Cronbach's alpha)이다. 크론바흐 알파 분석에서는 알파값이 높을수록 설문 문항들에 대한 응답이 일관성을 유지하고 있다는 것을 의미한다. 일반적으로 0.7 이상일 때 신뢰도를 확보한 것으로 간주하며 0.8 이상일 때는 문항에 대한 신뢰도가 매우 높은 것으로 본다.

크론바흐 알파 분석을 위해 psych 함수를 설치하고 실행한다(17). 데이터에 있는 조직문화 관련 변수 oc1~oc12만 추출하여 oc라는 이름의 데이터프레임에 저장한다(18). alpha( ) 함수를 사용하여 조직문화 설문 문항이 담긴 oc 데이터에 대해서 크론바흐 알파 분석을 수행하고 alpha_result에 결괏값을 저장한 뒤, 이를 출력하여 알파값을 확인한다(19~20). 출력 결과물이 길어 본문에서는 꼭 확인해야 할 부분만 제시하였다. 아래 결과물에서 raw_alpha가 0.88인데, 이는 알파값이 0.88이라는 것이다. 설문 문항에 대한 응답들이 매우 높은 일관성을 갖는다는 것을 확인해 준다.

```
> print(alpha_result)
Reliability analysis
Call: alpha(x = oc)

raw_alpha  std.alpha  G6(smc)  average_r  S/N  ase    mean  sd    median_r
0.88       0.88       0.92     0.38       7.4  0.011  3.3   0.65  0.34
                                   ...
                               (이하 생략)
```

4.2. 문항의 타당도 측정

데이터에서 12개의 조직문화 관련 문항은 경쟁가치 모형에 의한 조직문화 유형에 따라 설계된 것이다. oc1~oc3은 혁신문화를, oc4~oc6는 집단문화를, oc7~oc9는 위계문화를, oc10~oc12는 합리문화를 의도한 문항들이다. 이처럼 설문 문항이 이론적 모형에서 도출된 것이라면, 각 문항이 의도한 개념을 제대로 반영해야 한다. 이렇게 문항이 의도한 개념을 잘 반영한다면 문항의 타당도가 높다고 말할 수 있다. 이러한 맥락에서 문항의 타당도를 측정하는 한 가지 방법이 확인적 요인분석(confirmatory factor analysis, CFA)이다.

확인적 요인분석을 수행하기 위해서는 먼저 각 문항이 그에 대응하는 조직문화를 제대로 측정한다고 가정한다. 예를 들어, oc1~oc3은 혁신문화를 측정하기 위한 문항들이고, oc4~oc6은 집단문화를 측정하기 위한 문항들이라고 가정하는 식이다. 만약 이러한 가정이 맞다면 oc1~oc3은 하나의 요인으로 묶일 것이고, oc4~oc6은 또 다른 하나의 요인으로 묶일 것이다. oc7~oc9, oc10~oc12도 마찬가지다. 이렇게 사전적으로 도출된 이론적 구성물(여기서는 각 조직문화 유형)을 설정하고 그에 대응하는 문항들이 해당 구성물에 제대로 묶이는지를 살펴보는 것이 확인적 요인분석이다.

확인적 요인분석을 수행하기 위해 lavaan 라이브러리를 설치한다(21). 신뢰도 분석에서처럼 조직문화 문항 oc1~oc12 변수만 추출하여 oc라는 데이터프레임으로 저장한다(22). 만약 이전에 만든 데이터프레임 oc를 그대로 사용한다면 이 단계는 생략해도 좋다. cfa_model에 문항 간 경로를 설정하고 저장한다(23). 각 경로는 하나의 가설적 요인을 의미한다. 예를 들어, 'a =~ oc1+oc2+oc3'은 이 세 가지 조직문화 문항이 a라는 가설적 요인으로 귀속된다는 뜻이다. 작은 따옴표로 전체 경로를 묶어준다는 점에 주의해야 한다. 다음으로 cfa 함수를 이용하여 확인적 요인분석을 실시한다(24). oc에 있는 문항들로 cfa_model 경로에 적합한지를 분석하고 그 결과를 oc_fit에 저장한다는 뜻이다. 저장된 결과를 summary( ) 함수를 이용하여 출력한다(25).

summary( )를 실행하면 확인적 요인분석 모델의 적합도를 평가하는 다양한 지표가 산출된다. 이 지표들을 일일이 설명하기는 어렵고, 일반적으로 가장 많이 사용되는 두 가지 지표에 대해서만 간단히 설명한다. 첫째, CFI(Comparative Fit Index; 비교 적합 지수)이다. CFI는 모델이 데이터에 얼마나 잘 부합하는지 상대적으로 평가하는 지표로 0.95 이상이면 매우 우수한 적합도로 간주하고 0.90 이상이면 수용이 가능한 수준으로 본다. 둘째, SRMR(Standardized Root Mean Square Residual; 표준화된 평균 제곱근 잔차)인데, 이는 모델의 공분산 행렬과 실제 데이터 간의 잔차를 측정하는 절대적 적합도 지표로 모델이 데이터와 얼마나 차이가 나는지를 알 수 있다. 0.05 이하일 때 모델의 적합도가 매우 높다고 평가되며 0.08 이하일 때 수용이 가능한 수준으로 본다[33]. fitMeasures( ) 함수를 이용하여 결괏값에서 CFI, SRMR만 추출하여 oc_fit_result에 저장하고, oc_fit_result를 출력한다(26~27).

```
> print(oc_fit_result)
CFI       SRMR
0.908     0.114
```

CFI = 0.908, SRMR = 0.114로 전체적으로 그대로 사용하기에는 타당도가 다소 떨어지는 것으로 보인다. 타당도가 기준에 못 미치는 이유는 아마도 일부 문항이 가설적 개념에 부합하지 않기 때문일 것이다. 가령, 경로에 지정된 세 개의 문항 중 2개는 해당 개념과 잘 일치하지만, 나머지 하나가 그 개념을 반영하지 못하는 경우가 있을 수 있다.

33 Hu, L. T., & Bentler, P. M. (1999). Cutoff criteria for fit indexes in covariance structure analysis: Conventional criteria versus new alternatives. Structural equation modeling: a multidisciplinary journal, 6(1), 1-55.

이를 확인하기 위해 각 문항이 해당 가설적 개념에 기여하는 정도를 나타내는 적재값을 확인해 본다. 보통 적재값이 0.7 미만이면 그 문항이 해당 개념을 잘 반영하지 못한다고 볼 수 있다. parameterEstimates( ) 함수를 통해 요인 적재량을 포함한 모델 추정치를 반환하고, op 연산자가 "=~"인 항목(요인 적재량)을 필터링한다. std.all은 각 요인별 적재값을 나타내며, 적재값이 0.7 미만인 항목을 추출해 lf_result에 저장하고 결과를 출력한다(28~29). 이를 통해 적재값이 낮아 잠재 요인을 충분히 설명하지 못하는 항목을 식별할 수 있다.

```
> print(lf_result)
   lhs op  rhs   est    se    z      pvalue  ci.lower  ci.upper  std.lv  std.all
7    c =~  oc7   1.000  0.00  NA     NA      1.000     1.000     0.392   0.454
9    c =~  oc9   1.583  0.31  5.108  0       0.976     2.191     0.621   0.657
10   d =~  oc10  1.000  0.00  NA     NA      1.000     1.000     0.294   0.316
```

제시된 결과를 보면, oc7, oc9, oc10의 적재값(std.all)이 각각 0.454, 0.657, 0.316으로 이 세 문항이 대응하는 조직문화 유형을 제대로 반영하지 못하다는 것을 알 수 있다. 이제 타당도를 낮추는 문항을 찾아냈으므로, 이 문항을 제거하고 확인적 요인분석을 다시 실시해야 한다. 만약 이 문항들을 제거한 후 실시한 확인적 요인분석이 기준을 충족한다면, 그 문항들을 가지고 조직문화 유형을 구성할 수 있다.

먼저 조직문화 문항 oc1~oc12 중 부적합 문항 oc7, oc9, oc10을 제외한 나머지 문항만을 추출하여 oc1이라는 데이터프레임에 저장한다(30). 다음으로 이 문항들을 가지고 새롭게 경로를 지정한다(31). oc7, oc9은 세 번째 조직문화 유형(c)에 대응했던 것인데, 이것을 제외하면 이 유형에는 oc8만 남는다. 마찬가지로 d 경로에는 oc10을 제외하고 oc11과 oc12만 넣는다. 위에서 수행했던 절차를 다시 진행하여 결괏값을 확인한다(32~35).

```
> print(oc1_fit_result)
CFI      SRMR
0.975    0.036
```

도출된 결과를 보면, CFI = 0.975, SRMR = 0.036으로 나타나, 새롭게 구성된 문항의 타당도가 기준을 충족했다는 것을 알 수 있다. 따라서 타당도를 충족하는 9개 문항을 사용하여 네 가지 조직문화 유형을 파악하는 것이 적절하다고 할 수 있다.

5 구성원의 조직문화 인식

개인별 조직문화 인식을 알아보기 위해 신뢰도와 타당도가 확보된 설문 문항을 가지고 조직문화 변수를 생성한다. 조직문화는 혁신문화, 집단문화, 합리문화, 위계문화 등 총 네 개로 구성한다. 먼저 각 개인별 혁신문화 점수는 oc1, oc2, oc3 세 문항 점수의 평균으로 측정한다(36). 예를 들어, 어떤 구성원이 oc1에 3점, oc2에 4점, oc3에 5점을 부여했다면, 이 사람의 혁신문화 점수는 4점이 된다. 이때 세 개 문항의 점수를 합한 후 3으로 나누는 간단한 연산을 수행할 수도 있지만, 코드에 제시된 것처럼 행방향으로 평균을 구하는 RowMeans( )를 활용할 수도 있다. 마찬가지 방법으로 집단문화, 합리문화, 위계문화 각각에 대해 점수를 계산한다(37~39). 합리문화의 경우에는 oc10을 제외한 두 개 문항이 사용되고, 위계문화의 경우에는 oc8 하나만 사용된다. 마지막으로 summary( ) 함수를 통해 각 조직문화별로 기초통계량을 확인한다(40).

```
> summary(df[, c("혁신", "집단", "위계", "합리")])
            혁신        집단        위계        합리
Min.        1.000       1.000       1.000       1.000
1st Qu.     2.000       3.000       3.000       3.000
Median      3.000       3.000       4.000       3.500
Mean        2.888       3.284       3.596       3.363
3rd Qu.     3.667       4.000       4.000       4.000
Max.        5.000       5.000       5.000       5.000
```

결과를 보면, 중앙값(median)은 혁신문화 3점, 집단문화 3점, 위계문화 4점, 합리문화 3.5점이었다. 위계문화의 중앙값이 다른 문화에 비해 높은 것을 알 수 있다. 평균(Mean)은 혁신문화 2.888점, 집단문화 3.284점, 위계문화 3.596점, 합리문화 3.363점으로 혁신문화가 가장 낮고 위계문화가 가장 높았다.

5.1. 전사 차원의 조직문화 인식

각 조직문화 유형별로 간략히 기초통계량을 구해보았지만, 조직문화에 대한 조직 구성원의 인식을 보다 직관적으로 이해하기 위해 그래프를 그려보자. 먼저 시각화를 위해 데이터 변환에 필요한 tidyr 함수를 설치한다(41). 각 문화 유형별로 평균과 표준편차를 구하고 pivot_longer( )을 사용해 시각화에 적합한 구조로 변환한다(42). 다음으로 mutate( )를 사용해 표준오차와 신뢰구간을 구한 뒤, 그 결과를 출력한다(43~44).

```
> print(전체평균)
# A tibble: 4 × 5
  문화유형  mean   sd     se      ci
  <chr>    <dbl>  <dbl>  <dbl>   <dbl>
1 혁신      2.89  1.03   0.0711  0.14
2 집단      3.28  0.865  0.0599  0.118
3 위계      3.6   0.846  0.0586  0.116
4 합리      3.36  0.89   0.0617  0.122
```

이제 이 결과를 시각화해 보자. ggplot을 사용해 각 문화 유형별 평균과 신뢰구간을 표현할 수 있다. geom_errorbar( )로 신뢰구간의 하한과 상한을 계산해 bar로 나타내고 geom_text( )로는 평균 점수를 점 위에 텍스트로 표시할 수 있다. 또 scale_y_continuous( )를 사용해 특성이 잘 나타날 수 있도록 y축의 범위를 설정하고 그래프의 제목과 축 라벨은 labs( )를 사용해 설정한다(45).

그림을 통해 확인할 수 있는 것과 같이, 위계 문화(3.60)의 평균 점수가 가장 높고 혁신 문화(2.89)가 가장 낮은 것을 확인할 수 있다. 여기서 상한과 하한으로 표시된 신뢰구간은 각 문화에 대한 인식 점수의 평균이 들어갈 수 있는 범위를 의미한다. 만약 특정한 두 조직문화 유형의 신뢰구간이 겹친다면, 두 유형 중 어느 하나가 특별히 높다고 말하기는 어렵다. 한편 두 조직문화 유형의 신뢰구간이 겹치지 않는다면, 어느 하나에 대한 인식이 다른 것에 대한 인식보다 높다(혹은 낮다)고 말할 수 있다. 여기서 가장 점수가 높은 위계문화의 신뢰구간은 다른 모든 유형의 신뢰구간과 겹치지 않는다. 따라서 이 조직의 구성원들은 다른 어떤 문화 유형보다는 위계문화를 특별히 강하게 인식하고 있다고 말할 수 있을 것이다. 한편, 혁신문화는 가장 낮은 위치에 있으며 다른 문화유형과 신뢰구간이 겹치지 않는다. 따라서 이 조직의 구성원들은 여러 조직문화 유형 중 혁신문화가 이 조직에 특별히 약하다고 인식하고 있는 것으로 해석된다.

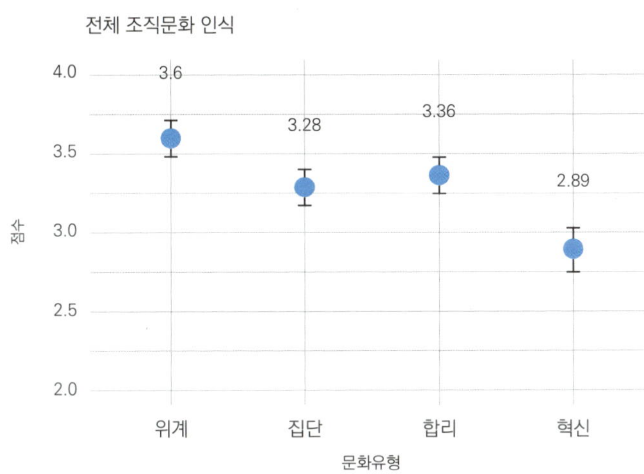

5.2. 직급별 조직문화 인식

직급별로 조직문화 인식에 차이가 있는지를 알아보자. 우선 각 직급별로 네 가지 조직문화에 대한 인식의 평균값을 구해 본다. group_by( )를 통해 직급별로 그룹화한 뒤, 각 직급에 대해 혁신문화, 집단문화, 위계문화, 합리문화의 평균값을 구해서 그 값을 직급평균이라는 객체에 저장한다(46). 저장할 때는 이후 시각화를 고려하여 pivot_longer를 적용해 데이터의 구조를 변경해 준다. 그 다음 직급평균을 출력하여 평균값을 확인한다(47). 결과를 보면 5개 직급별로 4개 조직문화 유형에 대한 평균값이 제시되어 있다.

```
> print(직급평균)
# A tibble: 20 × 3
     직급     문화유형   점수
     <fct>    <chr>     <dbl>
 1   사원급    혁신      3.01
 2   사원급    집단      3.43
 3   사원급    위계      3.71
 4   사원급    합리      3.46
 5   대리급    혁신      2.91
 6   대리급    집단      3.26
 7   대리급    위계      3.64
 8   대리급    합리      3.42
 9   과장급    혁신      2.58
10   과장급    집단      3.12
              ...
           (이하 생략)
```

이 결과를 보기 좋게 시각화해 보자. ggplot( )를 사용해 선그래프를 그려본다(48). geom_line( )으로 설정하면 선그래프가 그려지는데, 이때 scale_color_manual( )을 사용하여 집단별로 색상을 다르게 표시할 수 있다. x축의 직급 라벨 또한 눈에 잘 보이게 하기 위해 theme()를 사용해 글자 크기를 조절하였다.

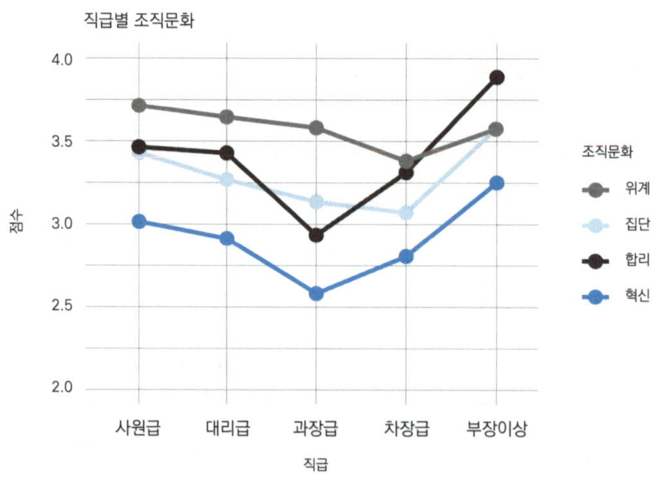

그래프를 보면, 부장이상을 제외한 모든 직급에서 위계문화를 가장 강하게 인식하고 있다. 한편 부장이상급에서는 합리문화에 대한 인식이 유독 높았고, 집단문화와 혁신문화에 대한 인식도 다른 직급에 비해 월등히 높았다. 조직문화에 대한 인식이 직급에 따라 다르다는 점은 어찌 보면 당연할 것일 수도 있지만, 자칫 업무수행에 불필요한 마찰을 일으킬 소지가 있다. 특히 낮은 직급일수록 위계문화에 대한 인식이 높고 부장 이상의 높은 직급에서는 합리문화에 대한 인식이 높은 것으로 나타났다. 높은 직급에서는 합리적이라고 생각하는 업무 절차를 낮은 계층에서는 위압으로 받아들일 수도 있다는 뜻이다.

또 한 가지 눈에 띄는 것은 과장급에서 합리문화와 혁신문화에 대한 인식이 크게 낮았다는 점이다. 조직에서 허리 역할을 하는 중간관리층에서 혁신문화에 대한 인식이 크게 낮은 데에 주목할 필요가 있다. 변화관리에서는 주로 중간관리자들의 역할이 특히 중요하다. 변화를 주도하는 리더십을 떠받치고, 하위직급 구성원의 참여를 독려하는 역할을 수행하는 이들이 바로 중간관리자들이기 때문이다. 혁신문화에 대한 이들의 인식이 크게 낮은 것은 향후 변화관리 과정에서 커다란 장애물이 될 수도 있다.

아울러 모든 직급에서 혁신문화에 대한 인식이 가장 낮았다는 점에도 주목할 필요가 있다. K사가 추진하는 조직개편과 변화는 혁신을 지향한다. 그러나 혁신적 변화를 주도하고 관리할 계층이 뚜렷하게 보이지 않는다는 점은 향후 변화관리를 준비하는 과정에서 주요하게 다루어져야 할 이슈라고 할 수 있다.

5.3. 부서별 조직문화 인식

이제 조직문화에 대한 인식에서 부서별 차이가 있는지를 분석해 보자. 부서를 기준으로 각 조직문화 유형에 대한 평균을 계산하고 시각화를 하기 위한 데이터로 변환하여 저장한 뒤, 그 값을 출력하였다(49~50).

```
> print(부서평균)
# A tibble: 20 × 3
     부서         문화유형    점수
     <fct>        <chr>      <dbl>
1    IT전문       혁신        2.49
2    IT전문       집단        3.00
3    IT전문       위계        3.67
4    IT전문       합리        3.01
5    경영지원     혁신        3.21
6    경영지원     집단        3.34
7    경영지원     위계        3.21
8    경영지원     합리        3.64
9    마케팅영업   혁신        3.33
10   마케팅영업   집단        3.43
                ...
            (이하 생략)
```

마찬가지로 ggplot()으로 점그래프를 그려 조직문화의 차이를 쉽게 파악할 수 있도록 한다. 직급과 달리 점그래프를 그린 이유는, 직급의 경우는 순서가 의미를 갖지만 부서는 순서가 사실상 아무런 의미를 갖지 않기 때문이다. scale_color_manual()과 scale_shape_manual()을 사용하여 조직문화별로 색상과 모양을 지정한다(51).

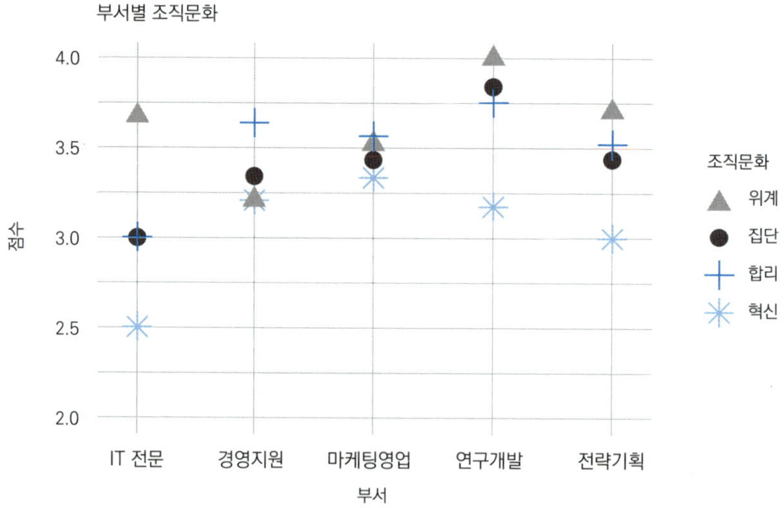

IT전문부서에서는 다른 문화 유형에 비해 위계문화에 대한 인식이 매우 강한 것으로 나타났으며, 혁신문화에 대한 인식은 가장 낮았다. 일반적으로 IT부서는 혁신이 가장 강하게 요구되는 부서이고, 위계적인 일처리를 가장 경계해야 하는 부서이기도 하다. 그런데 여기서 보여주는 결과는 그러한 일반적인 인식과는 정반대이다.

경영지원부서는 다른 부서와 달리 합리문화에 대한 인식이 가장 강하게 나타났다. 마케팅영업부서의 직원들은 특별히 강하게 인식하는 조직문화가 없었다. 연구개발부서와 전략기획부서는 위계문화에 대한 인식이 가장 높았고 혁신문화에 대한 인식이 가장 낮았다.

6 K-Means 클러스터링을 활용한 하위문화 판별

6.1. K-Means 클러스터링 사전 준비

조직에는 여러 가지 이유로 하위문화가 자연스럽게 형성될 수 있다. 하위문화 형성에는 직급이나 부서와 같은 요인뿐만 아니라, 나이, 성별, 사내 동아리 등과 같은 각종 비공식 관계가 영향을 미칠 수 있다. 여기서는 클러스터링 기법을 통해 K사에 하위문화가 존재하는지, 그렇다면 그 양상은 어떠한지를 분석해 본다.

클러스터링을 수행하는 다양한 방법이 있는데, K-Means 클러스터링도 그 한 가지이다. K-Means 클러스터링은 데이터를 k개의 그룹(클러스터)으로 나누는 알고리즘이다. 데이터 간 유사성 혹은 거리를 계산하여 가까운 데이터들끼리 묶어주는 방식이다. 즉, 같은 클러스터에 묶이는 데이터 간에는 유사성이 높고, 다른 클러스터에 속한 데이터 간에는 거리가 멀도록 구성한다. 여기서는 조직문화 유형에 대한 인식이 유사한 사람들을 하나의 클러스터로 묶어주고, 그 인식에서 큰 차이가 나는 사람들은 다른 클러스터에 묶이도록 하는 방식이다.

먼저 K-Means 클러스터링을 위해 factoextra 라이브러리를 설치한다(52). 클러스터링을 수행하기 위해 네 가지 조직문화 유형 점수만을 뽑아 새로운 데이터를 생성한다(53). 이 네 가지 조직문화 인식을 가지고 직원 간 유사성을 계산하기 위해서이다. View( )를 통해 데이터를 확인해 보면, 이 데이터에는 총 네 개의 변수가 들어가 있는 것을 확인할 수 있다(54).

클러스터링에서 가장 중요한 단계 중 하나가 적절한 클러스터의 수를 찾는 것이다. 말하자면, 데이터를 몇 개의 집단으로 나누는 것이 좋을까와 관련된 의사결정이다. 극단적으로 모든 데이터를 하나의 클러스터로 묶는다면 클러스터는 하나만 존재한다. 반대로 모든 데이터를 개별 클러스터라고 본다면 클러스터의 수는 데이터의 수와 같다. 물론 적절한 클러스터는 그 사이 어딘가에 존재한다. k값, 즉 클러스터의 수가 작으면 과소분류가 일어나고 너무 크면 불필요하게 많은 클러스터가 형성되어 과대분류가 발생한다.

적절한 클러스터 수를 찾는 방법으로 엘보우 방법(Elbow Method)과 실루엣 분석(Silhouette Analysis)이 자주 사용된다. 먼저 엘보우 방법에 대해 알아보자. 이 방법은 각 클러스터 수에 따라 클러스터 내 오차(WCSS: within-cluster sum of squares)를 계산한 뒤 그 오차가 급격히 감소하는 지점을 찾아 그에 대응하는 클러스터 수를 선택하는 방법이다. fviz_nbclust( )를 사용해 클러스터 수가 늘어남에 따라 WCSS가 어떻게 달라지는지를 시각화해 보자(55).

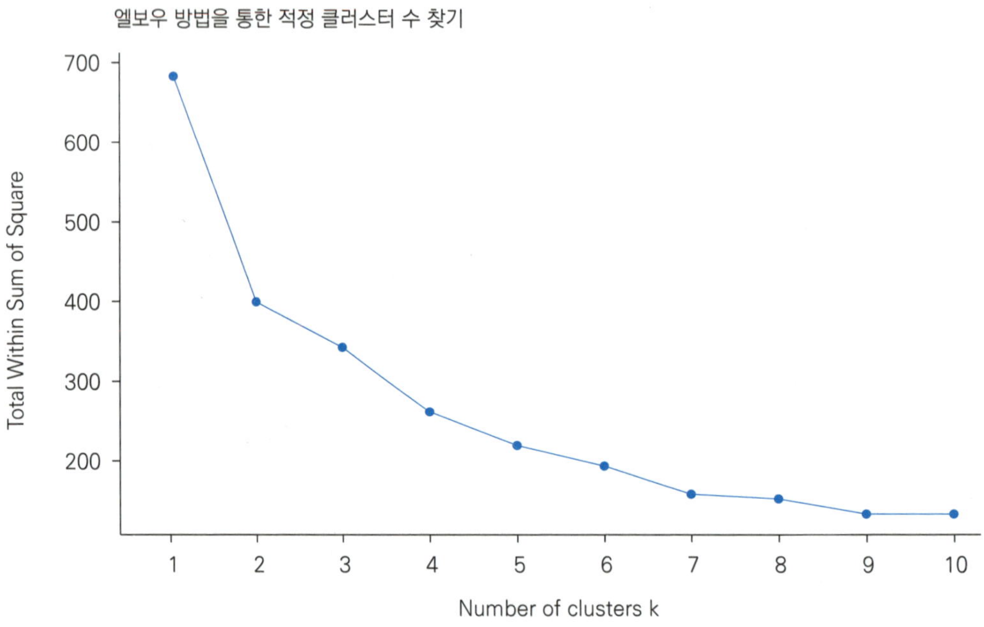

산출된 그래프는 클러스터 수에 따라 WCSS가 어떻게 달라지는지를 보여준다. 만약 모든 데이터포인트를 하나의 클러스터에 묶는다면 WCSS는 최대치가 된다. 클러스터 내에 속하는 데이터포인트들의 이질성이 그만큼 크기 때문이다. 한편 모든 데이터포인트를 개별 클러스터라고 본다면 WCSS는 0이 된다. 각 클러스터에 속하는 데이터포인트가 하나밖에 없으므로 오차 자체가 존재할 수 없다. 이제 WCSS가 급격히 떨어지는 지점을 찾아보자. 두말할 것도 없이 1에서 2로 넘어가는 지점이다. 3개에서 4개로 넘어가는 지점에서도 WCSS가 큰 폭으로 하락한다. 그렇다면 클러스터 수에 대한 잠정적 후보는 2개 혹은 4개이다.

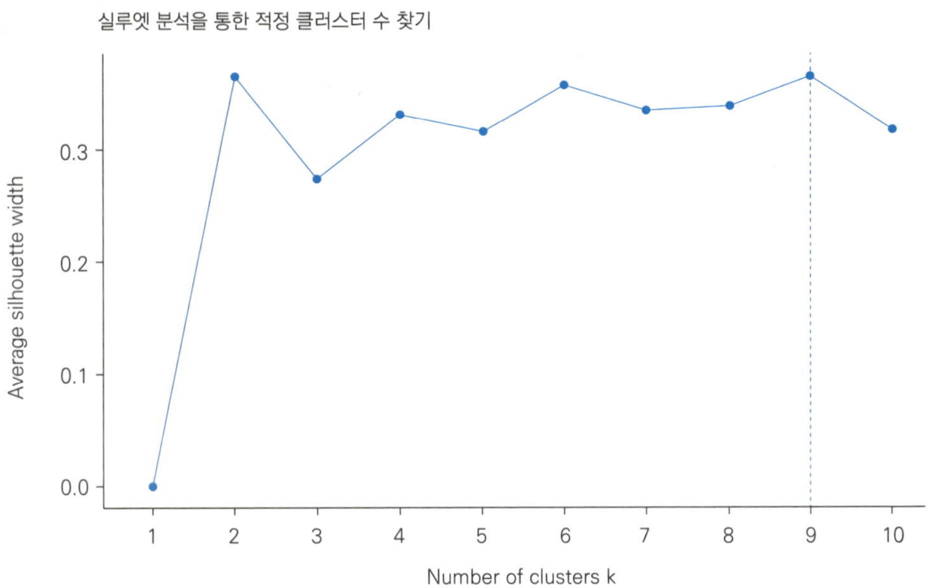

이제 실루엣 분석도 수행해 보자. fviz_nbclust( )를 사용해 실루엣 계수를 계산하고 시각화한다(56). 실루엣 계수는 각 데이터가 자신의 클러스터와 얼마나 유사한지를 계산하여 산출되는데, 클러스터링이 잘 되었다면 1에 가깝고, 잘못되었을 때는 0 또는 음수에 가까운 값을 갖는다. 실루엣 계수가 가장 높은 지점은 k=2이고 4, 6, 9개도 후보에 들어갈 수 있다. 여기서는 엘보우 방법과 실루엣 분석을 종합하여 클러스터 수를 2개로 선택하였다.

6.2. K-Means 클러스터링

이제 클러스터의 수를 2개로 설정하였으니, 이에 맞춰 K-Means 클러스터링을 수행하면 된다. 먼저 set.seed( )를 통해 난숫값을 고정한다. 난숫값을 고정하는 이유를 이해하려면 K-Means 클러스터링 알고리즘의 작동 방식을 알아야 한다. 이 알고리즘은 맨 처음 임의의 위치에 k개의 중심점을 설정한다. 여기서는 클러스터 수를 2개로 설정했으므로 임의의 중심점은 2개다. 다음으로 각 데이터포인트와 각 중심점 간의 거리를 계산해 가장 가까운 중심점에 데이터포인트를 할당한다. 이렇게 되면 임의의 중심점을 중심으로 데이터포인트의 클러스터가 만들어진다. 이제, 각 클러스터 내에 속하는 데이터포인트의 평균을 구해 새로운 중심점을 재계산하고 그 위치로 중심점을 이동시킨다. 이 과정을 반복하다 보면 중심점이 더 이상 변하지 않는 상태가 되는데, 이때 클러스터링이 종료된다. 따라서 K-Means 클러스터링 알고리즘의 핵심은 초기에 임의로 중심점을 설정하고, 계산을 반복하면서 그 중심점이 데이터포인트가 많이 몰려있는 지점을 찾아가도록 하는 과정이라고 생각할 수 있다. 이때 초기 중심점을 어떻게 잡느냐에 따라 결과가 미세하게 달라질 수 있다. 난숫값은 초기 중심점의 위치를 결정하기 때문에, 난숫값이 달라지면 클러스터링의 결과에서 미세한 차이가 발생할 수 있다. 따라서 다음 실행에서도 똑같은 결과를 얻고 싶다면 난숫값을 고정해 주는 것이 좋다. 여기서는 임의의 수 123을 난숫값으로 설정했다(57).

이제 클러스터링을 실시해 보자. kmeans( ) 함수를 사용하는데, centers = 2로 적정 클러스터 수를 2로 지정하고 nstart = 25로 실행 횟수를 설정한다(58). 클러스터링 결과는 kmc_result에 저장했다. 클러스터링이 잘 되었다면 클러스터 내에서는 데이터포인트 간 유사성이 높고 다른 클러스터에 속한 데이터포인트와는 거리가 멀다.

이를 직접적으로 확인하기 위해 kmc_result에 저장된 클러스터링 결과를 fviz_cluster( ) 함수를 사용해 시각화할 수 있다(59). ellipse.type를 convex로 설정하면 클러스터 주변에 테두리로 영역이 표시된다. 각 클러스터가 서로 다른 영역에 분포하는 것을 쉽게 확인하게 할 수 있다. 각 데이터포인트는 점으로 표시하도록 설정하였다.

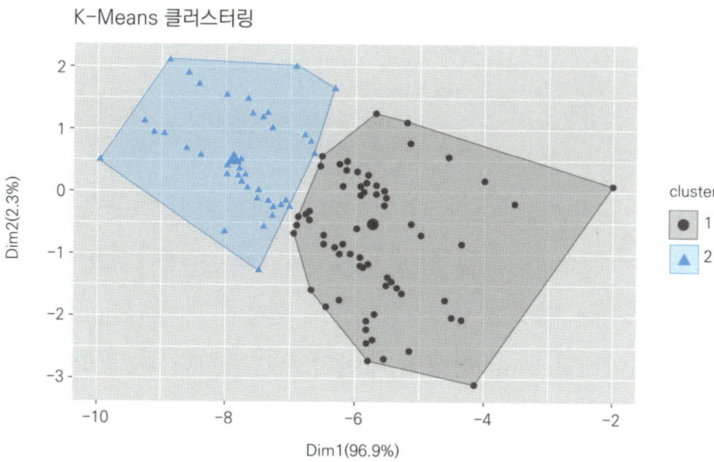

그림을 보면 데이터포인트들이 두 개의 클러스터로 나뉜 것을 확인할 수 있다. 또한 적색 계통 클러스터에 속하는 데이터포인트들은 큰 원으로 표시된 중심점 주변에 비교적 고르게 분포하고 있는 것을 확인할 수 있다. 마찬가지로 하늘색 계통 클러스터의 데이터포인트들은 큰 삼각형으로 표시된 중심점에 가까이 자리 잡고 있다.

print( ) 함수로 클러스터의 중심값을 출력한다(60). 1번 클러스터는 전반적으로 조직문화에 대한 인식이 낮은 가운데, 위계문화(3.456)가 가장 높고 혁신문화(2.256)가 가장 낮은 특징을 보인다. 반대로 2번 클러스터는 조직문화에 대한 인식이 대체로 높은데, 특히 합리문화(4.138)와 집단문화(4.016)에 대한 인식이 높다. 한편 혁신문화(3.839)와 위계문화(3.807)에 대한 인식은 상대적으로 낮다. table( ) 함수로 각 클러스터에 할당된 데이터포인트의 개수를 출력한다(61). 첫 번째 클러스터에는 총 125개, 두 번째 클러스터에는 총 83개의 데이터포인트가 포함된다. 클러스터 할당 결과를 원래 데이터에 부착하면 다양한 분석에서 이 정보를 변수로 활용할 수 있다(62).

```
> print(kmc_result$centers)
     혁신        집단        위계        합리
1    2.256000    2.797333    3.456000    2.848000
2    3.839357    4.016064    3.807229    4.138554
```

```
> table(kmc_result$cluster)
1          2
125        83
```

클러스터별 혁신문화, 집단문화, 위계문화, 합리문화의 평균을 시각화해 보자. 먼저 결과에 포함된 centers 값을 뽑아 subculture라는 데이터프레임을 생성한다(63). 시각화를 위해서는 이것을 long 형식으로 변환해야 한다. mutate( )를 사용해서 wide 형식의 데이터를 long 형식의 데이터로 변환한다(64). print( ) 함수를 이용해 어떻게 변환되었는지 확인해 보자(65). kmc_results$centers와 똑같은 정보를 가지고 있지만, 제시된 형식이 가로로 긴 형태가 아니라 세로로 긴 형태이다. 예를 들어, 첫 번째 행은 클러스터1의 혁신문화 평균 점수가 2.26이라는 것을 보여준다.

```
> print(long_sc)
A tibble: 8 × 3
   클러스터      문화유형    평균
   <chr>        <chr>      <dbl>
1  클러스터1     혁신        2.26
2  클러스터1     집단        2.8
3  클러스터1     위계        3.46
4  클러스터1     합리        2.85
5  클러스터2     혁신        3.84
6  클러스터2     집단        4.02
7  클러스터2     위계        3.81
8  클러스터2     합리        4.14
```

이제 ggplot을 이용하여 이 데이터를 시각화한다(66). scale_color_manual( )로 각 문화별 색상을 지정하고 scale_shape_manual( )을 사용해 모양을 지정한다. 첫 번째 클러스터와 두 번째 클러스터가 뚜렷이 대비되는 것을 직관적으로 확인할 수 있다. 전체적으로 첫 번째 클러스터에 속한 직원들은 조직문화에 대한 인식이 강하지 않은 반면, 두 번째 클러스터에 속한 직원들은 모든 조직문화 유형을 비교적 강하게 인식하고 있다. 한편 클러스터별로 인식하고 있는 조직문화도 다른 것을 알 수 있다. 첫 번째 클러스터에서는 위계문화가 다른 문화를 월등히 압도하고 혁신문화에 대한 인식은 매우 낮다. 이와는 달리 두 번째 클러스터에 속한 직원들은 합리문화를 가장 강하게 인식하고 있는 반면 위계문화는 상대적으로 약한 것으로 인식하고 있었다.

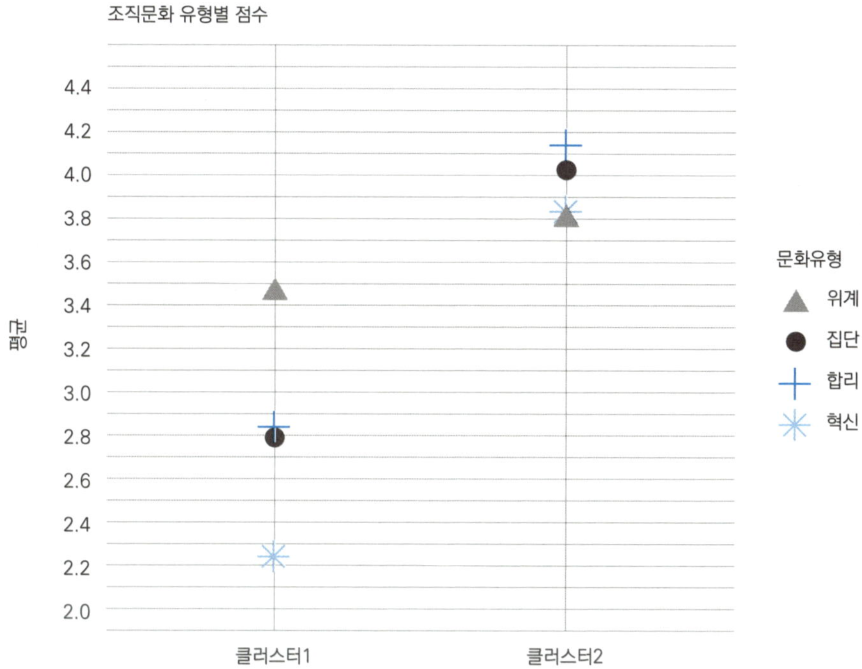

7 핵심 인사이트

K사는 새로운 성장동력을 확보하기 위해 조직변화를 추진하고 있다. 조직변화가 성공하려면 구성원의 광범한 참여가 필수적이다. 또한 구성원의 참여를 유도하고 촉진하기 위해서는 조직문화의 변화도 병행되어야 한다. 이를 위해 이 리포트

에서는 K사의 구성원들이 조직의 문화를 어떻게 인식하고 있는지를 분석함으로써 조직변화와 문화변화 전략 마련을 위한 기초 자료를 제공하고자 하였다. 분석 결과를 요약하면 다음과 같다.

첫째, 전사적 차원에서 보면, 구성원들은 위계문화가 가장 강한 것으로 인식하고 있는 반면, 혁신문화는 크게 약한 것으로 인식하고 있었다. 구성원들은 K사의 조직문화가 자율성, 유연성, 개성보다는 공식화된 규칙이나 절차, 권한 및 책임 관계를 중시하는 경향이 있다고 인식하고 있는 것으로 분석되었다. K사는 혁신지향적인 방향으로 조직변화를 추진하고 있다. 그러나 구성원들이 인지하고 있는 조직문화는 혁신과는 다소 거리가 있는 것으로 보인다. 보수적이고 안정 지향적인 위계문화가 지배하면, 구성원들은 조직 차원에서 진행되는 조직변화에 소극적으로 참여할 가능성이 높다. 따라서 K사의 조직변화가 성공하려면 규칙과 절차를 강조하기보다는 자율성과 도전정신을 증진하는 방향으로 조직문화를 개선할 필요가 있다.

둘째, 직급과 부서에 따라 조직문화에 대한 인식이 뚜렷하게 차이가 난다. 특히 직급 간 차이에 주목할 필요가 있다. 직급이 낮을수록 위계문화에 대한 인식이 강하며, 직급이 높아질수록 혁신문화와 합리문화에 대한 인식이 높아지는 경향이 있었다. 다양한 추가 분석을 통해 직급 간 차이가 발생하는 이유를 규명하는 작업이 이루어질 필요가 있다. 한 가지 우려스러운 점은 똑같은 업무처리에 대해서 직급에 따라 생각하는 바가 다를 수 있다는 것이다. 예를 들어, 고위관리자가 하위직 구성원에게 업무 지시를 내리는 경우를 가정해 보자. 고위관리자는 규정과 절차에 따라 내리는 업무 지시이므로 합리적이라고 생각할 수 있지만, 그것을 받아들이는 직원들은 이를 위압적 명령이나 압박으로 인식할 수도 있다. 이처럼 똑같은 사안에 대해 고위관리자와 하위구성원 간에 인식하는 바가 다르다면, 이는 조직 내 계층 간 갈등을 일으키는 잠재적 요인이 될 수 있다. 조직변화를 주도하는 리더십이 합리적 정당성을 획득하지 못하면 직원들이 조직변화에 자발적으로 참여할 가능성은 그만큼 떨어진다. 따라서 조직문화에 대한 인식 차이가 어디에서 유래한 것인지를 면밀히 따져보고, 이 차이를 좁히는 방안을 마련해야 할 것이다.

셋째, 클러스터 분석을 통해 조직문화에 대해 서로 다른 인식을 갖는 두 개의 집단이 있음을 확인하였다. 한 집단에서는 K사는 위계문화가 지배적이고 혁신문화는 크게 약하다고 인식하고 있다. 다른 집단은 네 가지 조직문화 유형 모두가 비교적 강하게 존재한다고 보고 있으며, 그중에서도 합리문화가 특별히 강하다고 인식하고 있다. 직급 간에 나타나는 인식의 차이와 유사하다. 그러나 직급 이외에도 이러한 인식의 차이를 유발하는 다양한 요인이 있을 수 있기 때문에, 조직문화에 대한 인식의 균열이 어디에서 유래하는 것인지에 대한 추가적인 연구가 필요하다고 하겠다.

조직문화 R코드

```
# 기본 라이브러리 설치 ####
library(readxl)     # 엑셀파일 불러오기_read_excel()     (1)
library(dplyr)      # 데이터프레임 처리_select(), filter(), mutate(), summarize()     (2)
library(psych)      # 기술통계량_describe()     (3)
library(descr)      # 빈도분석_freq()     (4)
library(ggplot2)    # 시각화_ggplot     (5)

# 데이터 불러오기 ####
df <- read_excel("ch7_organization_culture.xlsx")     (6)
View(df)     (7)
str(df)     (8)


# 3. 데이터 전처리 ####
df$성별 <- as.factor(df$성별)     (9)
df$혼인상태 <- as.factor(df$혼인상태)     (10)
df$부서 <- as.factor(df$부서)     (11)
df$연령대 <- factor(df$연령대, levels=c("20대", "30대", "40대", "50대이상"))     (12)
df$학력 <- factor(df$학력, levels=c("학사미만", "학사", "석사이상"))     (13)
df$직급 <- factor(df$직급, levels=c("사원급", "대리급", "과장급", "차장급", "부장이상"))     (14)
df$근속기간 <- factor(df$근속기간, levels=c("10년미만", "10년이상", "20년이상"))     (15)
str(df)     (16)


# 4. 문항의 신뢰도와 타당도 분석 ####
## 4.1. 문항의 신뢰도 측정
library(psych)     (17)
oc <- df[, c("oc1", "oc2", "oc3", "oc4", "oc5", "oc6",     (18)
             "oc7", "oc8", "oc9", "oc10", "oc11", "oc12")]
alpha_result <- psych::alpha(oc)     (19)
print(alpha_result)     (20)

## 4.2. 문항의 타당도 측정
library(lavaan)  #확인적 요인분석(CFA) 수행하기 위한 라이브러리     (21)
oc <- df[, c("oc1", "oc2", "oc3", "oc4", "oc5", "oc6",     (22)
```

```
            "oc7", "oc8", "oc9", "oc10", "oc11", "oc12")]
cfa_model ='                                                            (23)
a =~ oc1 + oc2 + oc3
b =~ oc4 + oc5 + oc6
c =~ oc7 + oc8 + oc9
d =~ oc10 + oc11 + oc12
'
oc_fit = cfa(cfa_model, data = oc)                                      (24)
summary(oc_fit, fit.measures=T, standardized=T)                         (25)
oc_fit_result <- fitMeasures(oc_fit, c("CFI", "SRMR"))                  (26)
print(oc_fit_result)                                                    (27)

lf_result <- subset(parameterEstimates(oc_fit, standardized = TRUE),    (28)
                    op == "=~" & std.all < 0.7)  #요인 부하량 0.7미만인 변수 필터링
print(lf_result)                                                        (29)

### 문항의 타당도 재측정
oc1 <- df[, c("oc1", "oc2", "oc3", "oc4", "oc5", "oc6",                 (30)
              "oc8", "oc11", "oc12")]
cfa_model ='                                                            (31)
a =~ oc1 + oc2 + oc3
b =~ oc4 + oc5 + oc6
c =~ oc8
d =~ oc11 + oc12
'
oc1_fit = cfa(cfa_model, data = oc1)                                    (32)
summary(oc1_fit, fit.measures=T, standardized=T)                        (33)
oc1_fit_result <- fitMeasures(oc1_fit, c("CFI", "SRMR"))                (34)
print(oc1_fit_result)                                                   (35)


# 5. 구성원의 조직문화 인식 ####
## 조직문화 변수 생성
df$혁신 <- rowMeans(df[, c("oc1", "oc2", "oc3")])                       (36)
df$집단 <- rowMeans(df[, c("oc4", "oc5", "oc6")])                       (37)
df$합리 <- rowMeans(df[, c("oc11", "oc12")])                            (38)
```

```
df$위계 <- df$oc8                                                        (39)
summary(df[, c("혁신", "집단", "위계", "합리")])                           (40)

## 5.1. 전사 차원의 조직문화 인식
library(tidyr) # pivot_longer()를 실행하기 위한 라이브러리                   (41)

전체평균 <- df %>%                                                         (42)
  summarise(across(c(혁신, 집단, 위계, 합리),
                   list(mean = ~ mean(.x, na.rm = TRUE),
                        sd = ~ sd(.x, na.rm = TRUE)))) %>%
  pivot_longer(cols = everything(),
               names_to = c("문화유형", ".value"),
               names_pattern = "(.*)_(.*)")

전체평균 <- 전체평균 %>%                                                    (43)
  mutate(se = sd / sqrt(nrow(df)),
         ci = qt(0.975, df = nrow(df) - 1) * se)
print(전체평균)                                                             (44)

ggplot(전체평균, aes(x = 문화유형, y = mean)) +                              (45)
  geom_point(size = 4, color = "blue") +
  geom_errorbar(aes(ymin = mean - ci, ymax = mean + ci), width = 0.1) +
  geom_text(aes(label = round(mean, 2)), vjust = -3, size = 4) +
  scale_y_continuous(limits = c(2, 4), breaks = seq(2, 4, 0.5))+
  labs(title = "전체 조직문화 인식", x = "문화유형", y = "점수") +
  theme_minimal() +
  theme(axis.text.x = element_text(size = 15))

## 5.2. 직급별 조직문화 인식
직급평균 <- df %>% group_by(직급) %>%                                        (46)
  summarise(across(c(혁신, 집단, 위계, 합리), mean)) %>%
  pivot_longer(cols = -직급, names_to = "문화유형", values_to = "점수")
print(직급평균)                                                             (47)

ggplot(직급평균, aes(x = 직급, y = 점수, group = 문화유형, color = 문화유형)) +   (48)
  geom_line(linewidth = 1.2) +
  geom_point(size = 4) +
```

```
  scale_y_continuous(limits = c(2, 4), breaks = seq(2, 4, 0.5)) +
  labs(title = "직급별 조직문화", x = "직급", y = "점수",
       color = "조직문화") +
  scale_color_manual(values = c("집단" = "orange",
                                "혁신" = "blue",
                                "위계" = "red",
                                "합리" = "purple")) +
  theme_minimal() +
  theme(axis.text.x = element_text(size = 15))

## 5.3. 부서별 조직문화 인식
부서평균 <- df %>% group_by(부서) %>%                                          (49)
  summarise(across(c(혁신, 집단, 위계, 합리), mean)) %>%
  pivot_longer(cols = -부서, names_to = "문화유형", values_to = "점수")
print(부서평균)                                                                (50)

ggplot(부서평균, aes(x = 부서, y = 점수, color = 문화유형, shape = 문화유형)) +   (51)
  geom_point(size = 4) +
  scale_y_continuous(limits = c(2, 4), breaks = seq(2, 4, 0.5)) +
  labs(title = "부서별 조직문화", x = "부서", y = "점수",
       color = "조직문화", shape = "조직문화") +
  scale_color_manual(values = c("집단" = "orange",
                                "혁신" = "blue",
                                "위계" = "red",
                                "합리" = "purple")) +
  scale_shape_manual(values = c("집단" = 16,
                                "혁신" = 8,
                                "위계" = 17,
                                "합리" = 3))  +
  theme_minimal() +
  theme(axis.text.x = element_text(size = 15))


# 6. K-Means 클러스터링을 활용한 하위문화 판별 ####
## 6.1. K-Means 클러스터링 사전 준비
library(factoextra) #  fviz_nbclust()를 실행하기 위한 라이브러리                 (52)
```

```
cd <- df[, c("혁신", "집단", "위계", "합리")]                    (53)
View(cd)                                                        (54)

### elbow
fviz_nbclust(cd, kmeans, method = "wss") +                      (55)
  labs(title = "엘보우 방법을 통한 적정 클러스터 수 찾기")

### silhouette
fviz_nbclust(cd, kmeans, method = "silhouette") +               (56)
  labs(title = "실루엣 분석을 통한 적정 클러스터 수 찾기")

## 6.2. K-Means 클러스터링
set.seed(123)                                                   (57)
kmc_result <- kmeans(cd, centers = 2, nstart = 25)              (58)

fviz_cluster(kmc_result, data = cd,                             (59)
             ellipse.type = "convex",
             geom = "point",
             stand = FALSE,
             main = "K-Means 클러스터링")

print(kmc_result$centers)                                       (60)
table(kmc_result$cluster)                                       (61)
df$그룹 <- as.factor(kmc_result$cluster)                         (62)

### 클러스터링 결과 시각화
subculture <- as.data.frame(kmc_result$centers)                 (63)
long_sc <- subculture %>%                                       (64)
  mutate(클러스터=c("클러스터1", "클러스터2")) %>%
  pivot_longer(
    cols=-클러스터,
    names_to = "문화유형",
    values_to = "평균"
)
print(long_sc)                                                  (65)
```

```
ggplot(long_sc, aes(x = 클러스터, y = 평균, color = 문화유형, shape = 문화유형)) +           (66)
  geom_point(size = 4) +
  scale_y_continuous(limits = c(2, 4.5), breaks = seq(2, 4.5, 0.2)) +
  labs(title = "조직문화 유형별 점수", x = "클러스터", y = "평균",
       color = "문화유형", shape = "문화유형") +
  scale_color_manual(values = c("집단" = "orange",
                                "혁신" = "blue",
                                "위계" = "red",
                                "합리" = "purple")) +
  scale_shape_manual(values = c("집단" = 16,    # 채워진 원
                                "혁신" = 8,     # 별
                                "위계" = 17,    # 채워진 삼각형
                                "합리" = 3)) +  # 플러스
  theme_minimal()

# End of File ####
```

VIII

다양성관리

Ⅷ 다양성관리

1 조직에서의 다양성관리

다양성은 일차적으로 개인 간에 사회적, 문화적, 개인적 차이가 존재한다는 것을 의미한다. 하지만, 넓은 의미에서는 성, 인종, 민족, 연령, 종교, 성적 지향, 장애 유무, 사회적 배경 등 사람들이 가지고 있는 다양한 특성을 인정하고 존중한다는 것까지 내포하는 개념이다.

인사관리 분야에서 다양성관리는 각 나라의 사회적·문화적 맥락에 따라 초점을 두는 바가 다르다. 그러나 어느 나라에서든 다양성관리는 조직의 포용성과 경쟁력을 높이기 위한 핵심 전략으로 자리매김하고 있다는 점에서는 차이가 없다. 여기서 포용성이란 각 구성원이 존중받고 소속감을 느낄 수 있도록 하는 환경을 조성하는 것을 뜻한다. 포용성이 높아지면 모든 직원이 차별 없이 기여하고, 조직 내에서 성장할 기회를 제공하는 문화가 형성될 수 있다. 포용성을 높이는 다양성관리는 다음과 같은 몇 가지 측면에서 조직의 경쟁력 제고에 기여한다.

첫째, 다양한 배경, 경험, 시각을 가진 인재의 참여로 창의성과 혁신이 촉진된다. 서로 다른 특성을 가진 인재들은 독특한 방식으로 문제에 접근하는 경향이 있다. 차이에 대한 인정과 존중이 일상화된 조직에서는 다양한 시각을 반영한 창의적인 의사결정이 이루어질 수 있다. 나아가 창의적인 해결책은 조직 혁신과 기술 혁신의 근간을 제공한다. 2015년에 출간된 McKinsey 보고서에 따르면, 다양한 인재를 고용한 기업이 수익성과 혁신성이 더 높게 나타났다[34]. 특히, 다양한 시각을 가진 인재들이 모이면 급변하는 변화에 유연하게 적응할 수 있기 때문에, 불확실한 환경에서 조직의 지속 가능한 성장을 달성하는 데 도움이 된다.

둘째, 다양성은 개별화된 소비자 욕구를 해결하는 데 도움이 된다. 소비자들은 획일적인 제품보다 자신의 기호와 취향에 맞는 개인화된 제품과 서비스를 선호하는 경향이 있으며, 그러한 추세는 시간이 갈수록 강화되고 있다. 다양한 배경과 시각을 가진 직원들은 개별 소비자 입장에서 제품과 서비스를 분석하여, 고객의 구체적인 요구와 기대에 부합하는 의사결정을 도출할 수 있다. 이러한 역량은 빠르게 변화하는 시장 트렌드를 선제적으로 파악하고 맞춤형 솔루션을 제안해 시장에서 경쟁 우위를 확보하는 데 기여한다.

셋째, 다양한 인재의 고용은 조직문화 개선에도 중요한 역할을 한다. 각기 다른 배경과 관점을 가진 구성원들이 차이를 인정하고 존중하면서 서로 협력하게 되면, 팀워크와 의사소통이 개선되며 조직 내에서 협력적인 분위기가 자연스럽게 조성될 수 있다. 이는 직원 간 신뢰와 유대감을 강화하고, 서로의 차이를 존중하는 건강한 근무 환경을 만드는 데 일조한다. 포용적인 조직문화는 직원들이 자유롭게 의견과 아이디어를 제안할 수 있는 기반을 마련하며, 이를 통해 창의성과 문제 해결 능력을 극대화한다.

넷째, 다양성을 갖춘 조직은 ESG를 비롯한 외부의 압력에 효과적으로 대응할 수 있다. 주지하는 바와 같이 다양성은 ESG 경영의 핵심 요소이다. 특히 ESG 중 사회 분야에서는 배경과 특성에 관계없이 공정한 채용과 승진 기회를 보장하는 것을 강조한다. 아울러, 다양한 배경을 가진 리더들의 참여는 기업의 지배구조 개선을 통해 장기적인 성과 향상에도 기여한다. 다양한 관점이 반영된 리더십은 더 나은 재무 성과를 도출하고 지속 가능한 성장을 가능하게 하여 기업 경쟁력을 높인다. 이와 더불어 다양성을 중시하는 ESG 경영은 기업의 브랜드 이미지 개선과 우수 인재 유치에도 긍정적인 영향을 미친다. 사회적 책임을 실천한다는 이미지는 소비자와 투자자, 그리고 미래 인재들에게 매력적인 요소가 될 수 있다.

---

34 Hunt, V., Layton, D., & Prince, S. (2015). Why diversity matters. McKinsey & Company. Retrieved from https://www.mckinsey.com/capabilities/people-and-organizational-performance/our-insights/why-diversity-matters

2 여성 인력과 다양성 이슈

국가의 사회적 · 문화적 환경에 따라 다양성과 포용성의 초점은 다르게 나타난다. 서구에서는 주로 인종, 장애, 성소수자 등 다양한 집단의 권리와 기회 보장을 중심으로 다양성 논의가 활발하게 이루어지고 있다. 반면, 한국에서는 여성의 직장 내 지위와 일-가정의 양립이 주요한 이슈로 다루어진다. 성별 다양성이 기업의 경쟁력을 제고할 수 있다는 당위적인 주장에도 불구하고, 현실은 그리 녹록지 않다. 포용성과 다양성이 조직의 경쟁력으로 이어지기 위해서는 고용 안정성이 확보되고 경력을 이어 나갈 수 있는 조건이 형성되어야 한다. 하지만 현재 우리나라 여성은 경력 단절이나 고용 불안정과 같은 구조적 문제에 강하게 노출되어 있다. 따라서 성별 다양성의 긍정적 효과를 극대화하기 위해서는 노동시장에서 여성 근로자가 겪고 있는 문제 상황을 명확히 이해하고, 그러한 문제를 해결하기 위한 인사제도를 기업 내에 구축하는 것이 중요하다.

여성이 노동시장에서 겪고 있는 어려움은 매우 다양하다. 첫째, 여성은 경력 단절과 복귀에서 커다란 어려움을 겪고 있다. 출산과 육아로 인해 노동시장을 떠난 여성들의 복귀 비율이 매우 낮다. 복귀 시 선택할 수 있는 일자리가 제한적인 점, 유연한 근무 환경이 부족한 점 등이 주요 원인으로 꼽힌다. 경력 지속을 지원하는 사회적 환경과 제도가 충분하지 않은 것도 복귀를 어렵게 만드는 요인이다. 또한, 노동시장에 복귀하더라도 고용 지위 약화에 내몰리는 여성 근로자도 적지 않다. 경력 단절 이후 재취업하는 경우, 비정규직이나 임시직과 같이 고용 안정성이 낮은 일자리로 복귀하거나 이전보다 낮은 직급과 역할에 머무르게 되는 경우가 빈번하다.

둘째, 성별 임금 격차와 고위직 진출 제한의 문제도 심각하다. 한국의 남녀평등지수(Gender Development Index, GDI)를 보면, 한국은 OECD 국가 중에서도 성별 임금 격차가 큰 국가로 꼽힌다[35]. 특히, 결혼과 출산 후 여성의 소득이 급격히 감소하는 현상이 두드러진다. 출산과 육아로 인한 고용 형태 변화와 전통적인 성역할 기대

35 OECD. (2021). Gender wage gap (indicator). Retrieved from https://data.oecd.org/earnwage/gender-wage-gap.html

가 격차를 심화시키는 주요 원인으로 작용하고 있다.

셋째, 여성 관리자 비율이 낮다는 점이다. 한국의 여성 관리자 비율은 14.6%에 불과해, OECD 평균인 34.2%의 절반에도 미치지 못하고 있으며 일본에 이어 두 번째로 낮은 수준이다[36]. 이렇게 여성 관리자 비율이 낮은 이유는 조직 내 유리천장 문제가 여전히 심각하며, 이에 따라 여성들이 경력을 개발하고 리더십을 발휘할 기회가 크게 제약받고 있기 때문이다. 여성들의 고위직 진출이 제한되면 조직 내 다양한 시각을 반영한 의사결정이 어려워지고, 이는 조직의 경쟁력과 혁신에도 부정적인 영향을 미칠 수 있다.

이러한 문제들을 해결하려면 일차적으로 정부 정책을 비롯하여 사회 전반에 걸친 노력이 필요하다. 하지만, 기업 차원에서도 포용성을 강화하고, 여성 리더십을 적극적으로 지원하기 위한 인사 제도를 마련하기 위해 노력해야 한다. 유리천장을 허물고 여성 인재의 참여를 확대하는 것은 비단 기업의 사회적 책임이라는 차원에서뿐만 아니라, 지속 가능한 성장과 경쟁력 강화라는 차원에서도 반드시 고려해야 할 요소임에 틀림이 없다.

3 효과적인 여성 인력 확보 방안

여성이든 남성이든 젊은 세대는 일과 삶의 균형을 매우 중시한다. 이러한 트렌드를 무시하는 기업은 인재 유출 문제에 직면할 수밖에 없다. 장시간 근로와 높은 업무 강도는 개인의 삶의 질뿐만 아니라 조직의 생산성에도 부정적인 영향을 미친다. 이러한 상황에서 여성 인력을 효과적으로 활용하고 경력 단절을 예방하기 위해서는 다음과 같은 노력이 요구된다.

첫째, 법적 · 제도적 지원을 강화해야 한다. 한국에서는 '남녀고용평등과 일 · 가정 양립 지원에 관한 법률'을 통해 근로자의 일과 가정의 균형을 법적으로 보장하고 있다. 이 법률은 출산휴가, 육아휴직, 육아기 근로시간 단축 등을 포함하여 여

36 통계청. (2024). 대한민국 SDG 이행보고서 2024 (p. 45). 대한민국 통계청.

성 근로자뿐만 아니라 남성 근로자도 가정과 직장 사이의 균형을 유지할 수 있도록 지원한다. 또한, 경력 단절 후 복귀를 지원하는 재교육 프로그램과 경력 복귀 프로그램을 제공함으로써 여성들이 최신 직무 역량을 갖추고 노동시장에 원활히 재진입할 수 있도록 돕는 것이 중요하다. 기업은 이러한 법적, 제도적 요구를 수용하는 수준을 넘어, 이를 전략적으로 활용하기 위해 노력해야 한다.

둘째, 유연한 근무 환경을 조성하는 일이다. 재택근무제, 탄력 근무제, 시간제 근무와 같은 유연근무제는 출산과 육아를 병행하는 여성들에게 큰 도움이 된다. 이러한 제도는 직원들이 가정과 직장 사이에서 균형을 유지하면서도 경력 개발을 지속할 수 있도록 지원한다. 실제로 간호사 주 4일제를 1년간 시범으로 운영한 결과, 퇴사율 0%로 떨어지는 긍정적인 결과가 나타났다[37]. 이는 유연한 근무 환경이 직원 만족도와 몰입도를 높이고 조직의 이직률을 낮추는 데 효과적임을 시사한다. 유연한 근무 환경을 통해 직원들은 삶의 질을 높일 수 있고, 조직은 성과와 직원 충성도를 높일 수 있다. 따라서 유연 근무를 촉진하는 인사제도는 기업의 장기적 성장을 위한 중요한 전략이 될 수 있다.

셋째, 보육 지원을 강화해야 한다. 직장 내 어린이집 설치와 보육비 지원 확대는 여성 근로자들이 출산과 육아로 인한 경력 단절을 피하고 안정적으로 경제활동을 지속할 수 있게 해 준다. 이러한 보육 지원은 직원들이 업무에 전념할 수 있는 환경을 조성하고, 조직의 장기적인 고용안정에 긍정적인 영향을 미친다.

넷째, 성평등 조직문화를 조성하고, 여성 리더십을 강화해야 한다. 성평등 인식 교육을 정기적으로 시행해 성에 따른 차별을 제거하고, 공정한 기회를 제공하는 문화를 형성해야 한다. 이러한 문화는 다양한 인재들이 자신의 역량을 충분히 발휘할 수 있는 환경을 조성하며, 조직 전체의 성과를 높이는 데 기여한다. 더 나아가, 여성 리더십 강화를 위한 노력도 필요하다. 기업은 여성 리더를 육성하기 위한 리더십 프로그램을 운영하고, 승진 과정에서의 공정성을 보장해야 한다. 여성 리더가 늘어나면 의사결정 과정에 다양한 시각이 반영되어 창의적이고 혁신적인 해결책을 도출할 수 있다. 또한, 여성 롤모델이 많아질수록 후배 여성들에게 영감을 주어 성공적인 경력을 이어갈 수 있는 동기를 부여할 수 있다.

---

37 KBS. (2024년 7월 24일). 간호사 '주 4일제' 실험 1년…"퇴사율 0%, 삶의 질↑". https://news.kbs.co.kr/news/pc/view/view.do?ncd=8019828

오늘날 여성 인력의 활용과 성평등 문화 구축은 기업의 지속 가능한 성장과 경쟁력 강화를 위한 필수 요소로 자리 잡고 있다. 다양한 인재들이 각기 다른 시각과 역량을 발휘할 수 있는 환경을 조성하면, 조직의 창의성과 혁신이 촉진될 뿐만 아니라 포용적인 조직문화를 통해 직원 만족도가 높아져 인재 유출을 방지할 수 있다. 특히, 법적 · 제도적 지원, 유연근무제 도입, 성평등 조직문화 조성, 그리고 여성 리더십 강화는 경력 단절을 예방하고 여성 인재들이 경력을 지속적으로 개발할 수 있도록 돕는 핵심 방안이다. 이를 통해 기업은 변화하는 환경 속에서 경쟁 우위를 확보할 수 있다.

이러한 노력이 실질적인 변화로 이어지기 위해서는 데이터 기반의 의사결정이 필수적이다. 기업이 당면하고 있는 문제와 그 해법은 기업마다 다를 수밖에 없다. 기업의 역사와 전통, 인사제도, 조직문화, 조직구조가 모두 상이하기 때문에, 보편적이고 일률적인 해법은 존재하지 않는다. 따라서 기업이 보유하고 있는 인사데이터와 더불어 정기적인 서베이 등을 통해 구축한 데이터를 활용하여 성별 다양성의 효과를 극대화하기 위한 전략을 마련해야 한다. 예를 들어, 유연근무제, 육아휴직, 초과근무 시간 조정 등의 정책이 실제로 직무 만족도와 이직률에 어떤 영향을 미치는지 분석할 수 있을 것이다. 이러한 효과가 직무나 생애주기에 따라 달라질 수도 있기 때문에 개인의 상황을 고려한 세심한 데이터 분석이 이루어져야 한다. 또한 데이터 분석을 통해 경력 단절 시점과 원인, 복귀 이후의 승진 및 보상 격차 등을 파악한다면 맞춤형 정책의 실효성을 제고할 수 있을 것이다.

성별 다양성의 현황과 모성보호정책 사용이 승진에 미치는 영향

1 문제 정의

L사는 약 2만 명의 직원을 보유한 제조 대기업으로, 최근 직무 만족도가 크게 저하하는 현상이 나타나고 있다. 특히, 모성보호정책을 사용한 사람이 승진에 불이익을 받는다는 우려가 확산하고 있다. 그러한 이유로 모성보호정책 사용을 꺼리는 분위기도 생겨나고 있다. 그 결과 여성 직원들의 직무 만족도가 빠르게 하락하고 있으며, 성과 저하와 이직률 증가의 조짐도 생겨나고 있다. 직무 만족도 저하는 단순히 개인의 업무 효율성만 떨어뜨리는 것이 아니다. 이는 조직 전체의 생산성과 지속 가능성에도 부정적인 영향을 미칠 수 있다.

한편, L사는 수출을 확대하고 글로벌 시장에서 경쟁력을 강화하기 위해 ESG 경영을 주요 목표로 설정하였다. 경영진에서는 ESG가 글로벌 시장에서 신뢰받는 기업으로 자리매김하기 위한 필수 전략이라고 인식한다. 이러한 맥락에서 경영진은 조직 내 다양성(Diversity), 공정성(Equity), 그리고 포용성(Inclusion)을 위한 실질적인 정책 효과를 점검하겠다는 의견을 밝혔다. 특히, ESG 평가에서 중요한 항목으로 다뤄지는 여성 임원 비율과 성별 다양성을 강화하는 것이 필수적이라고 생각한다.

L사는 조직 내 남성과 여성의 비율이 5:5로, 경쟁사들에 비해 여성 직원의 비율이 꽤 높은 편이다. 그러나 승진 과정에서 성별이나 모성보호정책 사용 여부에 따른 모종의 차별이 존재한다면, 이는 조직에 대한 신뢰와 공정성 인식을 훼손할 우려가 있다. 아울러 L사가 야심차게 추진하고 있는 ESG 전략에도 부정적인 영향을

미칠 것이다. 승진과 같은 주요 의사결정에서 여성이 차별적으로 배제되는 것은 장기적으로 기업의 지속 가능성에도 부정적인 영향을 미칠 가능성이 크다고 하겠다.

이를 해결하기 위해 승진과 모성보호정책 사용 등에 대한 인사데이터를 활용하여 분석을 진행한다. 먼저, 성에 따라 승진에 차이가 존재하는지를 살펴본다. 다음으로, 모성보호정책 사용이 승진에 어떠한 영향을 미치는지 살펴볼 것이다. 이러한 분석을 통해 공정하고 투명한 인사관리 절차를 확립하고 여성 근로자의 직무 만족도를 높이는 방안을 제안하고자 한다.

2 활용 데이터 소개

사용할 데이터셋은 'ch8_diversity.xlsx' 파일이다. 2만 명 규모의 제조 대기업에서 올해 승진 대상자 1,099명을 추출한 데이터이며, 각 대상자의 승진 여부를 포함하여 아래와 같은 변수들이 포함되어 있다.

PID	직원 고유 번호
성별	0: F / 1: M
연령대	30대이하 / 40대 / 50대이상
결혼여부	0: 미혼 / 1: 기혼
학력	1: 고졸 / 2: 대졸(초대졸포함) / 3: 석박사
사업부	생산 / 경영지원 / 기술개발 / 기타
직급	평사원 / 중간관리자 / 고위관리자 / 임원
초과근무	월 단위 초과근무 시간
근속년수	근속 연수
모성정책사용	0: 사용 경험 없음 / 1: 사용 경험 있음
실적성과	1: 미달 / 2: 달성 / 3: 초과
동료평가	1: 하 / 2: 중 / 3: 상
승진	0: 탈락 / 1: 승진

3 데이터 준비

데이터 분석을 위해 필요한 기본 라이브러리를 불러온 뒤(1~6), 사용할 데이터셋을 호출하여 df라는 이름의 데이터프레임에 저장한다(7). View( ) 명령어를 실행하여 데이터프레임 df를 스프레드시트 형태로 열어 그 구조와 사용할 변수들을 확인한다(8). str( ) 명령어를 실행하여 각 변수의 데이터 타입과 각 열에 포함된 데이터 요약 정보를 출력한다(9).

```
> str(df)
tibble [1,099 × 13] (S3: tbl_df/tbl/data.frame)
$ PID          : num  [1:1099]  524701 780102 596102 700002 38402 ...
$ 성별          : num  [1:1099]  0 0 0 1 0 0 0 1 0 0 ...
$ 연령대        : chr  [1:1099]  "40대" "50대이상" "50대이상" "40대" ...
$ 결혼여부      : num  [1:1099]  1 0 1 1 1 1 1 1 1 1 ...
$ 학력          : num  [1:1099]  3 1 3 3 3 3 3 3 3 3 ...
$ 사업부        : chr  [1:1099]  "기술개발" "생산" "생산" "생산" ...
$ 직급          : chr  [1:1099]  "고위관리자" "평사원" "평사원" "평사원" ...
$ 초과근무      : num  [1:1099]  84 60 75 70 62 60 60 50 50 50 ...
$ 근속년수      : num  [1:1099]  12 26 22 17 16 22 9 17 12 3 ...
$ 모성정책사용  : num  [1:1099]  0 0 0 0 0 0 0 0 0 0 ...
$ 실적성과      : num  [1:1099]  2 2 1 2 1 1 2 3 3 1 ...
$ 동료평가      : num  [1:1099]  1 1 2 1 3 1 2 3 2 1 ...
$ 승진          : num  [1:1099]  0 0 0 0 1 0 0 0 0 0 ...
```

위 출력물에서 num은 변숫값이 숫자로 되어 있는 수치형 변수이고, chr는 변숫값이 문자열로 되어 있다. 문자열로 된 변수는 대체로 범주형 변수이므로, 문자열로 된 연령대, 사업부, 직급은 범주형 변수로 변환해 주어야 한다. 앞에 제시된 변수 목록을 보면 성별, 결혼여부, 학력, 모성정책사용, 실적성과, 동료평가, 승진도 2~4개의 범주로 구성된 범주형 변수이다. 현재는 수치형으로 되어 있지만, 이 변수들도 범주형 변수로 변환해 주어야 한다. factor( )를 사용하여 이들 변수를 모두 범주형 변수로 변환해 준다(10~19). 필요하다면 levels를 통해 변숫값의 순서를 정하고, labels를 사용하여 변숫값에 라벨을 부여할 수 있다.

분석을 수행하기 전에 검토해 보아야 할 것이 한 가지 더 있다. 모성정책은 극히 예외적인 경우를 빼고는 기혼자만 사용할 수 있다. 따라서 모성정책사용 변수는 기혼자 중 미사용, 기혼자 중 사용, 미혼자 등 세 개로 재범주화 하는 것이 좋다. 먼저 table( ) 함수로 결혼여부와 모성정책사용의 교차표를 만들어 보자(20).

```
> table(df$결혼여부, df$모성정책사용)
         사용     사용안함
기혼     248      637
미혼     0        214
```

예상대로 미혼자들은 모두 모성보호정책을 사용하지 않았다. ifelse( ) 구문을 두 번 사용하여 모성정책사용 변수의 범주를 기혼미사용자, 기혼사용자, 미혼의 세 개로 설정하였다(21). 이 코드를 간략히 설명하자면 다음과 같다. 결혼여부가 미혼이라면, 그대로 미혼을 부여한다. 미혼이 아닌 사람(기혼)에 대해서는 한 번 더 ifelse( )구문을 적용하여 정책을 사용한 사람은 기혼사용자를, 나머지는 기혼미사용자를 부여한다. 이 변환 결과를 '모성정책유형'이라는 새로운 변수로 저장한다.

모성정책유형 변수에 table( )을 적용하여 결과를 확인해 보자(22). 이제 모성정책유형 변수는 기혼미사용자(637명), 기혼사용자(248명), 미혼(214명)으로 구성된 변수가 되었다. 마지막으로 새로 구성된 모성정책유형 변수에 factor( )를 적용한다(23). 다시 한번 str( ) 함수를 실행하여 변환이 제대로 되어 있는지 확인한다(24). 변환이 제대로 되었다면 일단은 본격적으로 데이터 분석을 수행할 준비가 된 것이다.

```
> table(df$모성정책유형)
기혼미사용자    기혼사용자    미혼
637             248           214
```

```
> str(df)
tibble [1,099 × 14] (S3 : tbl_df/tbl/data.frame)
$ PID          : num [1:   1099]   524701 780102 596102 700002 38402 ...
$ 성별          : Factor    w/ 2     levels "남성","여성": 2 2 2 1 2 2 2 1 2 2 ...
$ 연령대        : Factor    w/ 3     levels "30대이하","40대",..: 2 3 3 2 2 3 1 2 2 1
$ 결혼여부      : Factor    w/ 2     levels "기혼","미혼": 1 2 1 1 1 1 1 1 1 1 ...
$ 학력          : Factor    w/ 3     levels "고졸","대졸",..: 3 1 3 3 3 3 3 3 3 3 ...
$ 사업부        : Factor    w/ 4     levels "생산","경영지원",..: 3 1 1 1 1 4 1 1 3 1
$ 직급          : Factor    w/ 4     levels "평사원","중간관리자",..: 3 1 1 1 1 3 3 3
$ 초과근무      : num [1:   1099]   84 60 75 70 62 60 60 50 50 50 ...
$ 근속년수      : num [1:   1099]   12 26 22 17 16 22 9 17 12 3 ...
$ 모성정책사용  : Factor    w/ 2     levels "사용","사용안함": 2 2 2 2 2 2 2 2 2 2 ..
$ 실적성과      : Factor    w/ 3     levels "미달","달성",..: 2 2 1 2 1 1 2 3 3 1 ...
$ 동료평가      : Factor    w/ 3     levels "하","중","상": 1 1 2 1 3 1 2 3 2 1 ...
$ 승진          : Factor    w/ 2     levels "승진","탈락": 2 2 2 2 1 2 2 2 2 2 ...
$ 모성정책유형  : Factor    w/ 3     levels "기혼미사용자",...: 1 3 1 1 1 1 1
```

4 탐색적 분석

4.1. 기술통계량

데이터 분석은 기본적으로 기술통계량을 확인하는 절차부터 시작된다. 다른 장에서도 많이 언급되었듯이 describe( )와 summary( ) 명령어를 사용하여 기술통계량을 확인할 수 있다. 특정 변수의 기술통계량을 확인하고 싶다면 describe(데이터프레임$변수)나 summary(데이터프레임$변수)와 같이 특정 변수를 지정해 주면 된다. 확인하고자 하는 통계량이 분산, 평균, 표준편차, 중간값, 왜도, 첨도 등이라면 describe( )를, 최소값, 1사분위값, 중간값, 평균값, 3사분위값, 최댓값 등이라면 summary( )를 사용한다.

평균, 표준편차 등을 포함한 기술통계량은 수치형 변수일 때 의미가 있다. 따라서 여기서는 초과근무, 근속연수에 대해서만 기술통계량을 확인한다. 우선 두 변수만 뽑아 새로운 객체 continuous_vars를 생성한 후(25), describe( )와 summary( )를 실행해 보자(26~27). 본문에서 출력물은 생략한다. 각자 R 코드를 실행하여 결과를 확인해 보자. 세 변수 모두 1,099명의 데이터 포인트가 있고, 평균, 표준편차 등 다양한 통계량이 제시되어 있다. 전체적인 분포를 살펴보면서 데이터에 이상이 있는지 확인해 보면 된다.

1,000개 단어보다 그림 한 장이 낫다는 말이 있다. 기초통계량은 변수가 가지고 있는 다양한 특성을 잘 요약해 주지만 일일이 확인하는 것이 번거로운 때도 있다. 전체 분포를 그림 한 장으로 표현하면 변수의 특성을 직관적으로 이해할 수 있다. 시각화를 위해 먼저 tidyr 라이브러리를 불러온다(28). tidyr 라이브러리에 있는 pivot_longer( )를 사용하여 초과근무와 근속연수 변수를 long format으로 변환한다(29). 여기서 long format은 초과근무, 근속연수로 된 2개의 열을 하나의 열에 통합하여 길게 늘어놓은 것이다. 가령 10명에 대해 2개의 변수가 있다면 이 데이터는 10개의 행과 2개의 열로 구성된 행렬이다. pivot_longer( ) 함수를 사용하면 이것을 하나의 열에 20개의 데이터를 늘어놓는다. names_to 옵션을 사용하여 변수명이 들어간 새로운 열을 생성한다. View(df_long)을 실행하면 데이터 구조를 쉽게 확인할 수 있다. 초과근무와 근속년수라는 문자열을 갖는 이름의 변수가 새로 생성되었고, 각 근로자의 초과근무 혹은 근속연수를 기록한 값이라는 이름의 변수도 생성된 것을 확인할 수 있다. 변수 두 개를 늘어놓은 것이기 때문에 행은 두 배로 늘어나 있다.

연속형 변수의 분포를 시각화하기 위해서는 히스토그램을 사용한다. 시각화를 위해서는 ggplot2 패키지의 ggplot( ) 함수를 활용한다(30). X축에는 두 개 변수의 값을 사용하고, geom_histogram( )을 이용하여 10개의 구간(bin)을 가진 하늘색 히스토그램을 그린다. facet_wrap( )은 데이터의 변수 열을 기준으로 분리하여 초과근무와 근속연수에 대한 히스토그램을 따로 그린다는 뜻이다.

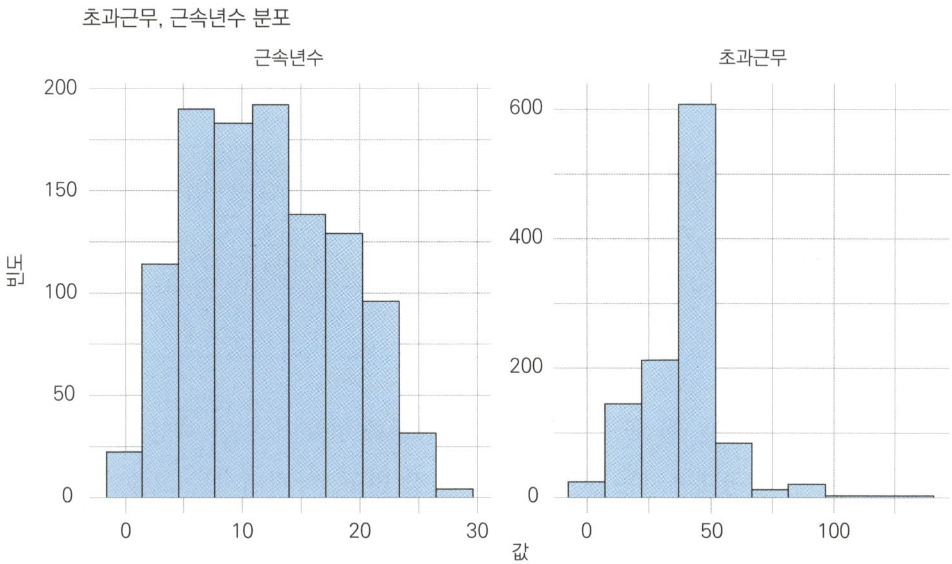

시각화 결과를 확인해 보자. 근속연수는 10년을 전후한 곳에 많이 몰려 있고 15년 정도부터 인원수가 꾸준히 감소한다. 초과근무는 40시간 근처에 집중된 뾰족한 분포를 보인다.

4.2. 범주형 변수에 대한 탐색적 분석

이 데이터에 들어 있는 변수 대부분은 범주형 변수이다. 범주형 변수를 탐색하기 위해서 가장 흔히 사용하는 것이 빈도분석이다. 빈도분석을 통해 각 범주에 얼마나 많은 데이터가 들어 있는지를 확인할 수 있다. 보통 table( ) 명령어를 사용한다 (31~39). 변수가 많은 만큼 출력물이 길어서, 여기서는 보기 좋게 정리하여 제시했다.

table(df$성별)	남성 538	여성 561		
table(df$연령대)	30대이하 454	40대 435	50대이상 210	
table(df$학력)	고졸 686	대졸 364	석박사 49	
table(df$사업부)	생산 563	경영지원 237	기술개발 163	기타 136

table(df$직급)	평사원 754	중간관리자 258	고위관리자 67	임원 20
table(df$실적성과)	미달 304	달성 617	초과 178	
table(df$동료평가)	하 399	중 436	상 264	
table(df$모성정책유형)	기혼미사용자 637	기혼사용자 248	미혼 214	
table(df$승진)	승진 89	탈락 1010		

몇 가지만 살펴보자. 올해 승진 대상자를 성별로 나누어 보면 여성과 남성의 수가 엇비슷했다. 연령대에서는 30대이하가 가장 많고, 학력에서는 고졸이 가장 많았다. 사업부별로 보면 생산부서가 절반가량을 차지했으며, 경영지원부서가 그다음으로 많았다. 직급에서는 평사원이 압도적으로 많았다. 올해 승진 대상자 중 실제로 승진한 사람은 89명으로 전체의 10%에 미치지 못했다.

간단히 변수별로 분포를 확인했으므로, 이제 조금 더 깊이 들어가 보자. 먼저, 사업부별로 성별 분포는 어떻게 될까? 사업부별 성별 분포를 확인하면 조직 내 성별 다양성의 현 상태에 대해 감을 잡을 수 있을 것이다. 사업부별로 역할과 책임, 직무 특성 등이 다르기 때문에 남성과 여성의 분포가 다를 것이라고 예상할 수 있다. 이러한 분석을 통해 특정 사업부에서 성별 불균형이 존재하는지, 성별 다양성을 확보하기 위해 어떤 부서에 집중해야 하는지 등에 대한 초기적 인사이트를 얻을 수 있다.

이번 분석의 목적은 사업부별로 남성과 여성의 분포가 어떻게 되는지를 시각화하는 것이다. 가장 먼저 그래프에 적용할 데이터를 요약하는 절차가 필요하다. group_by( ) 함수로 데이터프레임에서 사업부와 성별 기준으로 데이터를 그룹화한 후, summarise( ) 함수로 각 사업부-성별 조합에 몇 명이 있는지를 계산한다(40). print( )를 적용하여 분포를 확인할 수 있는데, 시각화 결과와 일치하기 때문에 여기서는 생략한다(41).

이어서 이렇게 만들어진 요약 데이터를 막대그래프로 시각화한다(42). X축에 사업부, Y축에 인원수를 설정하고 성별에 따라 막대 색깔을 구분하여 시각화한다. 막대그래프를 보면 경영지원부서와 기술개발부서에는 남성이 많지만, 생산부서에는 여성이 많이 분포하고 있는 것을 확인할 수 있다. 이번 승진 평가 대상자는 여성과 남성의 비율이 5:5로 엇비슷하지만, 위의 분석 결과를 보면 부서별로 승진 대상자의 분포가 다르다는 것을 알 수 있다. 그런데 부서별로 전체 승진 평가 대상자 수 자체가 다르기 때문에, 빈도분석만 가지고는 남성과 여성 승진 대상자의 비율을 직관적으로 알기는 어렵다.

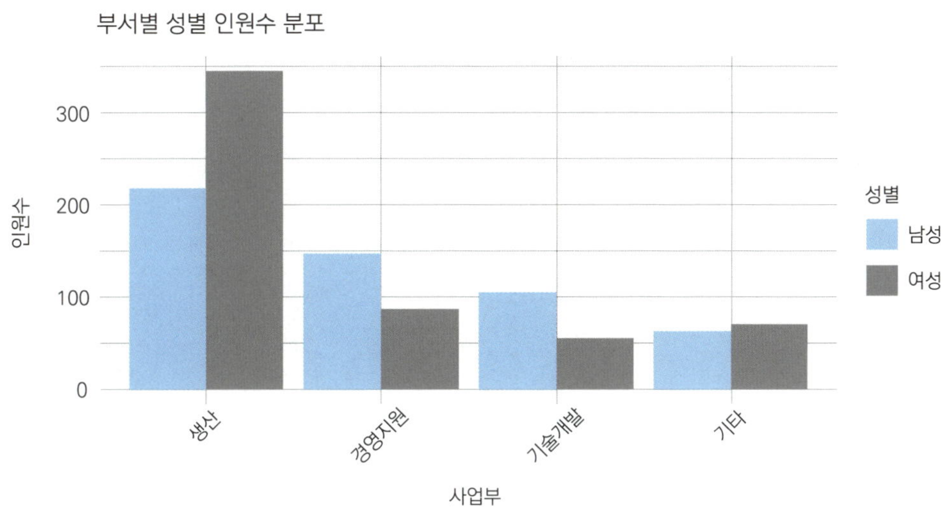

table() 함수를 활용하여 부서별 남성과 여성의 승진 대상자 비율이 어떻게 되는지 살펴보자. 먼저 table() 함수에 사업부와 성별 두 개의 변수를 넣어주면 각 사업부의 남성과 여성 빈도가 산출된다(43~44).

```
> table_사업부성별 <- table(df$사업부, df$성별)
> table_사업부성별
          남성    여성
생산       218     345
경영지원   149      88
기술개발   107      56
기타        64      72
```

prob.table( ) 함수를 이용하여 만들어진 빈도분포 데이터를 비율로 변환한다(45). 이때 margin=1 옵션을 주면 행 방향으로 비율을 계산한다. 위 빈도표를 가지고 보면, 행 방향으로 비율을 계산한다는 것은 각 부서별로 남성과 여성의 비율을 계산한다는 뜻이다. round( )함수를 이용해, 소수점 2자리까지 결과를 출력한다. 분석 결과를 보면, 여성 승진 대상자가 생산부서에서는 61%, 경영지원부서에서는 37%, 기술개발부서에서는 34%로 나타났다.

```
> round(prop.table(table_사업부성별, margin=1),2)
          남성     여성
생산       0.39     0.61
경영지원    0.63     0.37
기술개발    0.66     0.34
기타       0.47     0.53
```

5 승진에서의 성별 격차

이 분석의 목적과 관련하여 가장 중요한 분석은 승진 대상자 중 실제 승진자의 비율이 성별로 차이를 보이는가 하는 것이다. 만약 남성과 여성의 승진자 비율이 엇비슷하다면 성별 격차가 있다고 말하기는 어렵다. 그러나 어느 한쪽 성이 더 높은 비율로 승진하는 것으로 나타난다면, 단순한 격차를 넘는 차별이 존재하는지를 면밀히 따져보아야 한다.

먼저 prop.table( )을 이용하여 승진자의 비율을 계산해 보자(46). 이번에는 round( )에 3을 부여하여 소수점 셋째 자리까지 출력했다. 남녀를 따로 구분하지 않았을 때 승진자의 비율은 8.1%로 나타났다.

```
> round(prop.table(table(df$승진)),3)
승진          탈락
0.081         0.919
```

그렇다면 성별로 이 비율이 달라질까? 이를 위해 먼저 성별과 승진의 교차표를 만들고 그 결과를 산출한다(47~48). 여성은 522명이 탈락했고 39명이 승진했으며, 남성은 488명이 탈락하고 50명이 승진했다. 다시 prop.table( )을 활용하여 남성 중 승진 비율과 여성 중 승진 비율을 계산해 보자(49). 성별이 있는 행 방향으로 비율을 계산하므로 margin=1을 설정하고, 소수점 세 자리까지 구해보았다.

```
> table_성별승진 <- table(df$성별, df$승진)
> table_성별승진
        승진      탈락
남성    50        488
여성    39        522

> round(prop.table(table_성별승진, margin=1),3)
        승진      탈락
남성    0.093     0.907
여성    0.070     0.930
```

여성은 7%가 승진에 성공한 반면, 남성은 9.3%가 승진에 성공했다. 결과적으로 여성에 비해 남성의 승진 성공률이 더 높은 것으로 나타났다. 이번에는 승진자 중 여성의 비율이 얼마나 되는지를 살펴보자. 열 기준으로 비율을 계산해야 하므로 margin=2로 설정하였다(50). 승진자는 총 89명이었는데, 그중 남성은 56%였으며 여성은 43.8%였다.

```
> round(prop.table(table_성별승진, margin=2),3)
        승진      탈락
남성    0.562     0.483
여성    0.438     0.517
```

지금까지 간단히 분석해 본 결과 남성과 여성이 승진에서 차이가 있다는 점을 확인할 수 있었다. 이러한 차이가 정말로 유의미한 차이라고 할 수 있을까? 말하자면, 승진 가능성에서 남녀 간에 체계적인 격차가 존재한다고 말할 수 있는지를 분석해 볼 필요가 있다. 관찰된 차이가 실제로 유의미한 차이인지를 살펴보는 방법에는 여러 가지가 있다. 가장 간단한 것이 t-검정과 카이제곱 검정이다. 여기서는 두 범주형 변수 간의 독립성을 검증하는 카이제곱 검정을 활용해 본다.

카이제곱 검정은 교차표에서 실제 관찰되는 빈도와 독립성을 가정할 때의 기대빈도 간의 차이를 기반으로 통계량을 계산한다. 그 통계량이 카이제곱 분포를 따른다고 하여 카이제곱 검정이라는 용어가 붙었다. 카이제곱 검정에서는 두 변수가 독립적이라고 가정하는 귀무가설을 설정하고, 산출된 카이제곱 통계량에 의해 이 귀무가설이 기각되면 두 변수가 독립적이지 않다는 대립가설을 믿을만하다고 판정한다. 여기서 독립적이지 않다는 말은 곧 두 변수가 서로 영향을 준다는 의미이다. 따라서 카이제곱 통계량이 미리 정해놓은 기준을 넘을 때, 두 변수가 통계적으로 관련되어 있다고 결론을 내리게 된다.

앞에서 만든 교차표 "table_성별승진"에 chisq.test( ) 함수를 적용하면 그 결괏값이 산출된다(51~52). 분석 결과를 보면 카이제곱 통계량이 1.72였으며, 그에 대응하는 p-값은 0.19이다. 두 변수가 독립적이라는 귀무가설을 기각했을 때, 그 판단이 오류일 가능성이 19%나 된다는 것이다. 보통 수용할 수 있는 오류의 기준이 5%(0.05) 미만이므로 귀무가설을 기각하기에는 충분한 증거가 있다고 말하기는 어렵다. 다시 말하면, 두 변수가 서로 관련 있다고 자신있게 말하기는 어렵다는 뜻이다. 결론적으로, 현재의 데이터로는 승진에서 성에 따른 격차가 존재한다고 보기는 어렵다.

```
> chi2_result <- chisq.test(table_성별승진)
> chi2_result

        Pearson's Chi-squared test with Yates' continuity correction
data:  table_성별승진
X-squared = 1.7212, df = 1, p-value = 0.1895
```

6 모성보호제도 사용이 실적성과와 동료평가에 미치는 영향

많은 직원이 모성보호제도 사용으로 성과나 평가에서 불이익을 받을까 우려하고 있다. 이러한 분위기로 인해 제도 사용을 주저하는 직원들이 늘어나고 제도 자체에 대한 신뢰도 약화되는 것으로 보인다. 따라서 직원들이 가지고 있는 이러한 우려가 근거 없는 편견인지, 혹은 실제로 불이익이 존재하는지를 명확히 밝혀 볼 필요가 있다.

6.1. 모성보호제도 사용이 실적성과에 미치는 영향

이를 위해 우선 모성정책사용 여부와 실적성과 간의 교차표를 만들고 그 결과를 출력해 보자(53~54). 빈도를 간단히 확인했다면, 이제 모성보호정책 사용 여부에 따라 설직성과의 비율이 어떻게 달라지는지 살펴보자. prop.table( )을 앞서 산출한 교차표 "table_정책실적성과"에 작용하고, margin=1을 주어 행 방향으로 비율을 계산하도록 하였다(55).

```
> table_정책실적성과 <- table(df$모성정책유형, df$실적성과)
> table_정책실적성과
            미달    달성    초과
기혼미사용자  177     359     101
기혼사용자    81      124     43
미혼         46      134     34

> round(prop.table(table_정책실적성과, margin=1),2)
            미달    달성    초과
기혼미사용자  0.28    0.56    0.16
기혼사용자    0.33    0.50    0.17
미혼         0.21    0.63    0.16
```

기혼미사용자의 경우, 미달이 28%, 달성이 56%, 초과가 16%였다. 기혼사용자는 각각 33%, 50%, 17%였다. 미혼자는 미달이 21%, 달성이 63%, 초과가 16%였다. 성과를 초과한 사람의 비율은 세 집단이 16~17%로 비슷했으나 성과 미달과 성과 달성에서는 집단 간에 다소 차이가 있는 것으로 보인다. 성과 달성을 기준으로 보면 미혼 > 기혼미사용자 > 기혼사용자 순이었다.

그렇다면 이러한 차이가 통계적으로는 유의미한 차이라고 말할 수 있을까? 이를 살펴보기 위해 카이제곱 검정을 실시했다. 앞서 chisq.test( ) 함수로 카이제곱 검정을 실시했지만, 이번에는 다른 함수를 사용해 본다. assocstats( ) 함수를 활용하는 방법인데, 이 함수는 카이제곱 검정 결과와 함께 변수 간 연관성의 강도를 나타내는 Cramér's V 통계량도 산출한다.

먼저 assocstats( ) 함수를 포함하는 vcd 라이브러리를 설치한다(56). table_정책실적성과 교차표에 assocstats( ) 함수를 적용해 보자(57). Pearson으로 되어 있는 카이제곱 통계량은 8.71로 나타났으며, p-값은 0.06이었다. 통상적인 기준인 p=0.05에는 미치지 못하지만, 그렇다고 두 변수 간에 아무런 관련이 없다고 말하기도 어렵다. 이런 관계가 우연히 나타날 확률이 6%라는 의미이기 때문에, 모성보호정책 사용 여부에 따라 실적성과에 다소 차이가 날 수도 있다.

```
> assocstats(table_정책실적성과)
                    X^2        df    P(> X^2)
Likelihood Ratio    8.8389     4     0.065255
Pearson             8.7141     4     0.068657

 Phi-Coefficient   : NA
 Contingency Coeff.: 0.089
 Cramer's V        : 0.063
```

그런데 카이제곱 검정을 할 때에는 주의해야 할 것이 하나 있다. 일반적으로 카이제곱 통계량은 표본 수(N)와 교차표의 크기(행과 열의 범주 수)에 크게 영향을 받는다. 따라서 표본 수가 증가하고 범주의 수가 많아지면 카이제곱 통계량이 증가하게 되고, 이에 따라 p-값은 줄어들게 된다. 예를 들어, 똑같은 비율로 분포해 있더라도 표본 수가 100명인 경우보다는 1000명인 경우에 카이제곱 통계량이 크게 계산된다. 따라서 카이제곱 검정에서는 표본수에 따라 귀무가설이 기각될 확률이 달라진다.

이렇게 교차표 분석에서 표본 수와 범주의 수의 영향을 통제하기 위해 사용하는 방법이 Cramér's V이다. 보통 이 값이 0.1 이하인 경우 연관성이 매우 낮다고 판단하고, 0.1 ~ 0.3인 경우 약한 연관성이 있다고 본다. 0.3 ~ 0.5은 중간 정도의 연관성, 0.5 ~ 1.0이라면 강한 연관성이 있다고 판단한다. 분석 결과를 보면 Cramér's V값은 0.063로 나타났다. 따라서 모성보호제도 사용과 실적성과 간의 연관성은 매우 약하다고 볼 수 있다. 카이제곱 통계량과 Cramér's V 결과를 종합하면, 모성보호제도 사용 여부가 실적성과에 커다란 영향을 미친다고 보기는 어렵다. 즉 모성보호제도를 사용하더라도 실적이 떨어진다고 볼만한 충분한 근거는 없다는 것이다.

6.2. 모성보호제도 사용이 동료평가에 미치는 영향

모성보호제도 사용이 실적성과에는 유의미한 영향을 미치지 못하는 것으로 분석되었다. 그렇다면 모성보호제도 사용과 동료평가 간에는 어떤 관련성이 있을까? 모성보호제도를 사용하고 좋은 성과를 달성했음에도 불구하고 그 제도의 사용 자체로 평가에서 불이익을 받는다면 평가제도에 문제가 있는 것이다. 직원들이 우려하는 바가 바로 이것이기 때문에, 그 우려가 실제로 근거를 가지고 있는지를 살펴볼 필요가 있다.

마찬가지로 모성보호제도 사용과 동료평가 간의 교차표를 만들어 보았다(58~59). 빈도분석을 보면 동료평가 대부분은 중간이 우세하고, 그 뒤를 이어 낮은 평가와 높은 평가 순으로 나타난다. 모성보호제도 사용이 동료평가에 어떤 영향을 미치는지를 보다 정확히 파악하기 위해 prop.table( )을 사용하여 모성보호제도 사용별 동료평가 결과의 비율을 뽑아보았다(60). 기혼사용자는 동료평가에서 "상"을 받는 비율이 28%로 다른 집단보다 높았다. 한편 기혼미사용자 집단은 동료평가에서 "하"를 받는 비율이 40%로 나타나 30% 초반에 머문 다른 집단보다 높았다.

```
> table_정책동료평가 <- table(df$모성정책유형, df$동료평가)
> table_정책동료평가
              하      중      상
기혼미사용자  235     239     145
기혼사용자    77      102     69
미혼          69      95      50

> round(prop.table(table_정책동료평가, margin=1),2)
              미달    달성    초과
기혼미사용자  0.40    0.38    0.23
기혼사용자    0.31    0.41    0.28
미혼          0.32    0.44    0.23
```

이번에도 통계적 유의미성을 검증하기 위해 assocstats( ) 함수를 교차표에 적용했다(61). 분석 결과, 카이제곱 통계량은 8.93이었고, p-값은 0.06으로 나타났다. 실적성과에 대한 분석에서와 마찬가지로 통상적인 유의수준 기준인 0.05를 약간 넘어섰지만, 그렇다고 모성정책사용과 동료평가 간에 아무런 관계가 없다고 말하기는 어려운 수준이다. 연관성의 강도를 알아보기 위해 Cramér's V값을 살펴보았다. 0.064로 연관성의 강도 또한 그리 높지 않았다.

```
> assocstats(table_정책실적성과)
                    X^2     df   P(> X^2)
 Likelihood Ratio   8.9097  4    0.063396
 Pearson            8.9318  4    0.062826

 Phi-Coefficient       : NA
 Contingency Coeff.: 0.09
 Cramer's V            : 0.064
```

종합해 보면, 모성보호제도 사용 여부는 실적성과와 동료평가에 커다란 영향을 미치지는 못하는 것으로 보인다. 이렇게 볼 때, 성과와 평가라는 측면에서는 조직 내 모성보호제도에 대한 우려가 충분한 근거를 가지고 있다고 보기는 어렵다.

7 승진에 영향을 미치는 요인

지금까지 살펴본 바를 종합하면 다음과 같다. 첫째, 승진에서 성별 차이가 일부 나타나기는 하지만, 그렇다고 성별 격차가 유의미한 수준이라고 말하기는 어렵다. 둘째, 모성보호제도 사용은 성과나 평가에 커다란 영향을 미치지 않는다. 이러한 발견을 토대로 승진에 영향을 주는 요인이 무엇인지 조금 더 깊게 살펴보자.

많은 사람들이 알고 있듯이, 직원들이 가장 민감하게 여기는 이슈 중 하나가 바로 승진이다. 승진은 개인의 노력에 대한 인정이자, 직장 내 공정성과 투명성을 평가하는 핵심적인 기준이다. 따라서 성별 다양성이라는 관점에서 승진 기회가 성에 따라 차이가 있는지, 그리고 성별 다양성의 제도적 기초인 모성보호제도의 사용이 승진에 어떤 영향을 주는지 살펴볼 것이다. 특히 모성보호제도 사용이 실적성과나 동료평가에서 커다란 불이익을 초래하지 않는다면, 승진에서도 차별이 없어야 하는 것이 논리적 귀결이다. 그런데 과연 그러할까?

여기서 관심을 두는 승진 여부는 이번 승진 대상자 1,099명 중 실제로 승진한 사람과 승진하지 못한 사람으로 이분화된 이진변수이다. 따라서, 성별과 모성보호제도 사용 여부를 포함한 여러 독립 변수들이 승진 가능성에 어떤 영향을 미치는지 살펴보기 위해 이항 로지스틱 회귀분석을 사용한다. 이항 로지스틱 회귀분석은 종속변수가 두 개의 값만을 갖는 이진변수인 경우에 사용되는 분석 방법으로서, 보통 로지스틱 회귀분석이라고 불리기도 한다. 이 책에서 여러 장에 걸쳐 활용되었으므로, 분석 방법에 대한 상세한 내용을 알고 싶다면 다른 장을 참고하기 바란다.

로지스틱 회귀분석은 이진변수를 모형화하는 강력한 방법이지만, 이 분석 방법을 사용할 때에는 주의해야 할 점이 하나 있다. 이진변수를 구성하는 두 개의 범주 간에 데이터 분포가 지나치게 불균형하다면 추정에 문제가 발생할 수 있다. 예를 들어, 1000명 중 10명만이 승진했고 990명이 탈락했다고 가정해 해 보자. 이렇게 되면 승진자 10명 중 한두 명만 바뀌더라도 결괏값이 크게 달라질 수 있다. 반면 1000명 중 300명이 승진을 했고 700명이 탈락했다면 한두 명이 분석 결과에 미치는 영향은 그리 크지 않다. 마치 10명으로 한국인의 평균임금을 추정하는 것보다 300명으로 한국인의 평균임금을 추정하는 것이 훨씬 안정적인 것과 같은 이치이다.

이렇게 이진형 종속변수에서 특정 범주에 해당하는 데이터가 희소하다면, 독립변수의 개수를 정하는 데에도 주의를 기울여야 한다. 위의 예로 돌아가서 1000명 중 10명이 승진했다고 할 때, 독립변수를 10개 사용하면 어떻게 될까? 정확한 비유는 아니지만, 대략적으로 말하자면 하나의 변수로 탈락자 99명과 승진자 1명의 특성을 비교하는 꼴이 된다. 이렇게 되면, 추정 결과가 매우 불안정해진다. 따라서 로지스틱 회귀분석을 수행할 때에는 종속변수의 분포를 고려하여 독립변수 개수를 정하는 것이 좋다. 일반적으로 적은 수의 데이터가 포함된 범주(클래스)를 기준으로 독립변수 하나당 최소 20개의 데이터가 매칭되도록 독립변수의 수를 제한하기를 권한다. 아무리 낮춰 잡더라도 10개 이하로 내려가지 않는 것이 좋다. 이 리포트에서 사용하는 데이터셋에는 1099명의 승진 대상자가 있고, 이중 실제로 승진한 사람은 89명이다. 따라서 기준을 20개로 잡는다면, 독립변수의 수는 4~5개를 넘지 않도록 해야 한다.

이러한 기준에 따라 본 연구에서는 성별, 연령대, 모성보호정책 사용, 실적성과 등 4개의 독립변수를 가지고 승진 여부를 예측한다. 이 리포트에서는 성별과 모성보호정책 사용에 따라 승진 여부가 달라지는지를 살펴보는 것이므로 이 두 변수는 반드시 포함되어야 한다. 나아가 연령은 승진에 중요한 영향을 미칠 수 있다. 기업마다 승진 정책이 다르기 때문에 연령대에 따라 승진 할당량도 다를 수 있고, 인사적체의 정도 또한 다를 수 있다. 성과평가는 승진 여부를 결정하는 데 가장 중요한 기준이 될 수 있으므로 이 변수도 로지스틱 회귀분석 모형에 포함하였다.

승진을 종속변수로, 성별, 연령대, 모성정책유형(기혼미사용자, 기혼사용자, 미혼으로 구성), 실적성과 등을 독립변수로 설정한 로지스틱 회귀분석을 실시한다(62). 일반화된 선형모형을 추정하는 glm( ) 함수를 사용하고, 종속변수가 이진변수이므로 family=binomial을 설정한다.

다른 장에서도 여러 번 언급되었듯이, 독립변수 간에 과도하게 높은 상관관계가 존재한다면 모델의 신뢰도가 떨어진다. 예를 들어 두 개의 독립변수가 매우 높은 상관관계를 가지고 있다고 하자. 그렇다면 이 두 개 독립변수는 사실상 거의 유사한 것을 측정하는 것이므로 두 개를 모두 넣을 필요가 없다. 또한 어떤 변수가 다른 변수와 높은 상관관계를 갖는다면, 해당 변수에서 발생하는 작은 변화가 다른 변수의 추정치에 지나치게 큰 영향을 끼칠 수 있다. 이렇게 특정 독립변수가 다른 독립변수들과 지나치게 높은 상관관계를 가지고 있는 상태를 다중공선성이라고 한다.

모형에 다중공선성 문제가 없는지를 확인하기 위해 VIF 값을 뽑아본다(63). 보통 VIF(일반화된 선형모형에서는 GVIF)가 10 이상이면 해당 변수가 다중공선성 문제를 일으킬 수 있다고 판단한다. 만약 다중공선성 문제가 있는 변수가 있다면, 이 변수를 제외하고 모형을 다시 적합시켜야 한다. 결과를 보면 GVIF 값이 모두 1을 약간 넘는 수준이라 네 개의 독립변수 모두 다중공선성 문제는 없다고 판단한다.

```
> vif(model)
              GVIF       Df    GVIF^(1/(2*Df))
성별          1.004647   1     1.002321
연령대        1.006924   2     1.001727
모성정책유형  1.012907   2     1.003211
실적성과      1.013203   2     1.003284
```

다중공선성을 확인했으므로, 이제 summary( ) 함수를 이용하여 추정 결과를 뽑아보자(64). 먼저 성에 따른 승진 가능성의 차이는 확인되지 않았다. 연령대로 보면, 기준 범주인 30대이하와 비교할 때 50대이상의 계수(Estimate)는 양수이고 p-값은 0.058이었다. 일반적인 p-값의 기준은 0.05이하인데, 0.058이므로 기준값과 거의 차이가 나지 않는다. 따라서 30대이하보다는 50대이상 승진 대상자의 승진 가능성이 다소 높다고 말할 수 있을 것이다. 한편, 실적성과 측면에서는 미달, 달성, 초과 간에 승진 가능성에서 유의미한 차이가 발견되지 않았다.

```
> summary(model)

Call:
glm(formula = 승진 ~ 성별 + 연령대 + 모성정책유형 +
    실적성과, family = binomial, data = df)
    Coefficients:
                         Estimate   Std. Error   z value   Pr(>|z|)
(Intercept)               2.838     0.3206        8.851    < 2e-16    ***
성별여성                   0.3044    0.2249        1.353    0.1759
연령대40대                 0.0158    0.238         0.066    0.94708
연령대50대이상              0.6924    0.3659        1.892    0.05845    .
모성정책유형기혼사용자      -0.7102    0.2631       -2.699    0.00696    **
모성정책유형미혼           -0.6319    0.2786       -2.268    0.02332    *
실적성과달성               -0.4409    0.2843       -1.551    0.12097
실적성과초과               -0.4492    0.3605       -1.246    0.21273
---
Signif. codes:  0 '***'  0.001 '**'  0.01 '*'  0.05 '.'  0.1 ' '  1

(Dispersion parameter for binomial family taken to be 1)

Null deviance     :   618.00 on 1098 degrees of freedom
Residual deviance:   599.58 on 1091 degrees of freedom
AIC: 615.58
```

여기서 특별히 주목해야 할 것은 모성정책사용 여부이다. 앞서 카이제곱 검정을 상기해 보면, 모성정책사용 여부는 실적성과나 동료평가에 별 영향을 주지 못했다. 승진 결정이 실적성과나 동료평가에 기초하고 있다면, 모성정책사용 여부 또한 승진 결정에 별다른 영향을 주지 않아야 한다. 모성정책사용 여부가 승진에 어떠한 영향을 미치는지 확인하기 위해 계수와 p-값을 살펴보자. 기혼사용자의 계수는 -0.7102로 음수이며, p-값은 0.007로서 유의미한 수준이다. 여기서 기준범주는 기혼미사용자이다. 따라서 모성정책을 사용한 기혼자가 모성정책을 사용하지 않은 기혼자에 비해 승진 확률이 유의미하게 낮다고 해석할 수 있다.

이러한 분석 결과를 종합하면, 모성정책 사용이 실적성과나 동료평가에는 영향을 미치지 않지만, 승진에는 부정적 영향을 미친다고 할 수 있다. L사에서 모성정책 사용에 따른 차별을 우려하는 목소리는 사용자와 미사용자 간의 승진격차에서 유래하는 것은 아닌가 짐작해 볼 수 있다. 모성정책 사용자들이 미사용자들과 비교하여 성과나 평가 면에서 떨어지지 않음에도 불구하고 승진에서 탈락하는 사례가 누적된다면, 모성정책 사용자에 대한 체계적인 불이익을 충분히 의심할 수 있기 때문이다.

그렇다면 기혼사용자가 기혼미사용자보다 승진 가능성이 얼마나 떨어지는지 살펴보자. 이를 위해서 오즈비(odds ratio)를 확인하는 것이 좋다. 오즈비란 두 상태 간에 사건 발생 확률이 얼마나 다른지를 직관적으로 이해할 방법이다. 예를 들어, 남성의 승진 비율이 10%이고 여성의 승진 비율이 20%라면 남성 대비 여성의 승진 오즈비는 2.00이고, 남성보다 여성의 승진 비율이 100% 높다고 말할 수 있다. 반대로 남성의 승진 비율이 10%이고 여성의 승진 가능성이 6%라면 남성 대비 여성의 승진 오즈비는 0.60이고 여성이 남성보다 승진 가능성이 40% 낮다고 할 수 있다.

오즈비를 계산하기 위해서는 계수를 지수함수로 표현하면 된다. 오즈비를 계산하고 소수점 두 자리까지 나오도록 출력하였다(65~66). 이를 토대로 기혼미사용자보다 기혼사용자의 승진 가능성을 살펴보면, 오즈비가 0.49로 나타났다. 즉, 기혼미사용자보다 사용자의 승진 가능성이 절반 수준에 머무른다고 할 수 있다.

```
> round(odds_ratios, 2)
(Intercept)              성별여성         연령대40대      연령대50대이상
  17.08                   1.36             1.02              2.00
모성정책유형기혼사용자    모성정책유형미혼   실적성과달성      실적성과초과
      0.49                   0.53            0.64              0.64
```

종합하면, 승진에서 성에 따른 유불리는 존재한다고 보기는 어렵지만, 모성보호정책 사용에 따라서는 승진 가능성에서 비교적 큰 차이가 있는 것으로 보인다. 모성보호정책을 사용한 기혼자는 그렇지 않은 기혼자에 비해 승진 가능성이 절반가량에 불과했다. 물론 모델에 포함된 변수가 많지 않았다는 한계는 있다. 따라서

향후 이를 고려한 추가적인 데이터 분석이 필요하다고 하겠다. 이를 통해 모성보호정책 사용과 승진 가능성 간의 관계를 보다 명확히 규명할 수 있을 것이다.

8 핵심 인사이트

L사는 ESG 경영의 한 축으로 다양성과 포용성 확대를 전면에 내세우는 전략을 추진하고 있다. 이 리포트는 이러한 전략의 일환으로 조직 내 성별 다양성과 모성보호제도라는 측면에 개선해야 할 부분이 있는지, 있다면 어떤 것인지를 규명하는 데 목적을 두었다. 또한 최근 조직 내에서 모성보호제도 사용에 따른 인사상의 불이익을 거론하는 목소리가 높아지고 있어서, 이에 대한 빠르고 정확한 대응이 필요한 시점이기도 하다.

다양한 기초 분석을 거친 후, 승진에서 성별 격차가 있는지를 살펴보았다. 남성 승진 대상자 중 9.3%가 승진에 성공하였고, 여성의 경우 그 수치는 7.0%로 나타났다. 남성보다 여성의 승진 성공률이 낮은 것으로 보고되었지만, 통계적으로 유의미한 수준은 아니었다.

다음으로 모성보호제도 사용이 실적 성과와 동료평가에 미치는 영향을 분석했다. 모성보호제도 사용자와 미사용자 간에 약간의 차이는 있었지만, 통계적으로는 의미 있는 차이는 아니었다. 말하자면, 모성보호제도를 사용하든 사용하지 않든 실적 성과나 동료평가는 크게 달라지지 않는다는 뜻이다. 따라서 모성보호제도 사용자도 미사용자와 크게 다르지 않은 성과를 내고 있으며, 평가에서도 큰 불이익이나 차별을 받는다고 보기는 어렵다.

그렇다면 모성보호제도 사용이 승진에는 어떤 영향을 미칠까? 승진은 개인의 커리어에서 매우 중요한 이벤트이다. 불합리한 이유로 승진에서 불이익을 받았다고 생각하는 직원은 조직에 대해 불만을 품게 되고, 조직에 대한 몰입도도 떨어지게 된다. 이러한 분위기가 확산하면 비단 승진뿐만 아니라 조직의 인사시스템 전반에 대한 불신이 퍼질 수 있다. 로지스틱 회귀분석을 실시한 결과, 모성보호제도 사용자가 미사용자보다 승진 성공 가능성이 유의미하게 낮은 것으로 나타났다. 구체적으로 미사용자와 비교할 때, 사용자의 승진 성공 가능성이 절반가량으로 분석되었다.

이는 모성보호제도 사용이 실적 성과와 동료평가에 미치는 영향이 별로 없다는 분석 결과와 대조된다. 즉, 모성보호제도를 사용하는 기혼자들이 나름대로 준수한 성과를 달성하고 동료들로부터 괜찮은 평가를 받는데도 불구하고, 승진에 성공할 확률은 미사용자에 비해 크게 떨어진다는 것이다. 최근 사내에서 모성보호제도 사용과 관련한 우려와 불만이 확산하고 있는 것도 이와 무관하지 않을 것으로 보인다. 승진에서 탈락한 사람들은 승진이 성과나 평가 결과와는 무관하게 모성보호제도 사용 여부에 따라 결정되는 것이 아닌지 의문을 제기할 수 있을 것이다.

인사팀에서는 모성보호제도 사용자에게 불합리하게 작용할 만한 승진제도가 있는지를 면밀히 점검해 보아야 할 것이다. 이번 리포트에서는 지난 1년 간의 승진 데이터를 활용하였지만, 포괄적이고 세심한 분석을 위해서는 기간을 늘려 분석해 보는 것도 좋을 것이다. 아울러 승진뿐만 아니라 보상을 포함한 다양한 인사제도로 분석의 범위를 확장하는 것도 중요하다. L사가 ESG 경영의 하나로 야심 차게 추진하고 있는 다양성과 포용성 전략이 성공적으로 안착하기 위해서는 지금보다 더 섬세한 데이터 분석이 뒤따라야 할 것이다.

다양성관리 R코드

```
# 기본 라이브러리 설치 ####
library(readxl)     # 엑셀파일 불러오기_read_excel()                                        (1)
library(dplyr)      # 데이터프레임 처리_select(), filter(), mutate(), summarize()           (2)
library(psych)      # 기술통계량_describe()                                                 (3)
library(descr)      # 빈도분석_freq()                                                       (4)
library(ggplot2)    # 시각화_ggplot                                                         (5)
library(car)        #다중공선성확인_vif()                                                   (6)



# 데이터 불러오기 ####
df<-read_excel("ch8_diversity.xlsx")                                                        (7)
View(df)                                                                                    (8)
str(df)                                                                                     (9)



# 3. 데이터 준비 ####
## 범주형 변수 처리
df$연령대 <- as.factor(df$연령대)                                                           (10)
df$사업부 <- factor(df$사업부,                                                              (11)
                levels = c("생산", "경영지원", "기술개발", "기타"))
df$직급 <- factor(df$직급,                                                                  (12)
                levels = c("평사원", "중간관리자", "고위관리자", "임원"))
df$성별 <- factor(df$성별,                                                                  (13)
                levels = c(1, 0), labels = c("남성", "여성"))
df$결혼여부 <- factor(df$결혼여부,                                                          (14)
                levels = c(1, 0), labels = c("기혼", "미혼"))
df$학력 <- factor(df$학력,                                                                  (15)
                levels = c(1, 2, 3), labels = c("고졸", "대졸", '석박사'))
df$모성정책사용 <- factor(df$모성정책사용,                                                  (16)
                   levels = c(1,0), labels = c("사용", "사용안함"))
df$실적성과 <- factor(df$실적성과,                                                          (17)
                 levels = c(1, 2, 3), labels = c("미달", "달성", "초과"))
df$동료평가 <- factor(df$동료평가,                                                          (18)
                 levels = c(1, 2, 3), labels = c("하", "중", "상"))
df$승진 <- factor(df$승진,                                                                  (19)
```

```
            levels = c(1, 0), labels = c("승진", "탈락"))

## 파생변수 생성
table(df$결혼여부, df$모성정책사용)                                         (20)
df$모성정책유형 <- ifelse(                                                  (21)
  df$결혼여부 == "미혼", "미혼",
  ifelse(df$모성정책사용 == "사용", "기혼사용자", "기혼미사용자"))
table(df$모성정책유형)                                                      (22)
df$모성정책유형 <- factor(df$모성정책유형,                                  (23)
                    levels = c("기혼미사용자", "기혼사용자", "미혼"))
str(df)                                                                     (24)


# 4. 탐색적 분석 ####
## 4.1. 기술통계량
continuous_vars <- c('초과근무', '근속년수')                               (25)
describe(df[, continuous_vars])                                             (26)
summary(df[, continuous_vars])                                              (27)

library(tidyr) #pivot_longer()                                              (28)
df_long <- df %>%                                                           (29)
  pivot_longer(cols = c(초과근무, 근속년수),
               names_to = "변수",
               values_to = "값") # 데이터 재구성: 각 변수를 long format으로 변환

ggplot(df_long, aes(x = 값)) +                                              (30)
  geom_histogram(fill = 'skyblue', bins = 10, color = 'black') +
  facet_wrap(~ 변수, scales = "free") +  # 변수별로 분리된 히스토그램
  theme_minimal() +
  labs(title = "초과근무, 근속년수 분포",
     x = "값",
     y = "빈도")

## 4.2. 범주형 변수에 대한 탐색적 분석
table(df$성별)                                                              (31)
table(df$연령대)                                                            (32)
```

```
table(df$학력)                                                              (33)
table(df$사업부)                                                            (34)
table(df$직급)                                                              (35)
table(df$실적성과)                                                          (36)
table(df$동료평가)                                                          (37)
table(df$모성정책유형)                                                      (38)
table(df$승진)                                                              (39)

df_summary <- df %>%                                                        (40)
  group_by(사업부, 성별) %>%
  summarise(Count = n())
print(df_summary)                                                           (41)

ggplot(df_summary, aes(x = 사업부, y = Count, fill = 성별)) +               (42)
  geom_bar(stat = "identity", position = position_dodge(width = 0.9)) +
  scale_fill_manual(values = c("여성" = "red", "남성" = "blue")) +
  theme_minimal() +
  labs(title = "부서별 성별 인원수 분포",
       x = "사업부",
       y = "인원수",
       fill = "성별") +
  theme(axis.text.x = element_text(angle = 45, hjust = 1))  # X축 레이블 회전

table_사업부성별 <- table(df$사업부, df$성별)                               (43)
table_사업부성별                                                            (44)
round(prop.table(table_사업부성별, margin=1),2) # 열기준 비율 : 부서별 성비율   (45)


# 5. 승진에서의 성별 격차 ####
round(prop.table(table(df$승진)),3)                                         (46)

table_성별승진 <- table(df$성별, df$승진)                                   (47)
table_성별승진                                                              (48)

round(prop.table(table_성별승진, margin=1),3) # 행기준 비율: 성별 승진자 비율   (49)
round(prop.table(table_성별승진, margin=2),3) # 열기준 비율: 승진별 성비율     (50)
```

```
chi2_result <- chisq.test(table_성별승진)                                    (51)
chi2_result                                                                  (52)


# 6. 모성보호제도 사용이 실적성과와 동료평가에 미치는 영향 ####
## 6.1. 모성보호제도 사용이 실적성과에 미치는 영향
table_정책실적성과 <- table(df$모성정책유형, df$실적성과)                    (53)
table_정책실적성과                                                           (54)
round(prop.table(table_정책실적성과, margin=1),2)                            (55)

library(vcd)        #카이스퀘어 검정 결과의 강도 확인 위한 라이브러리리      (56)
assocstats(table_정책실적성과)                                               (57)

## 6.2. 모성보호제도 사용이 동료평가에 미치는 영향
table_정책동료평가 <- table(df$모성정책유형, df$동료평가)                    (58)
table_정책동료평가                                                           (59)
round(prop.table(table_정책동료평가, margin=1),2)                            (60)

assocstats(table_정책동료평가)                                               (61)


# 7. 승진에 영향을 미치는 요인 ####
model <- glm(승진 ~ 성별 + 연령대 + 모성정책유형 + 실적성과,                 (62)
             data = df, family = binomial) #로지스틱 회귀분석 시행
vif(model) # 다중공선성 확인                                                 (63)
summary(model)                                                               (64)

odds_ratios <- exp(coef(model))                                              (65)
round(odds_ratios, 2)                                                        (66)

# End of File ####
```

데이터로 이해하는 HR 실무: R을 활용한 피플 애널리틱스

초판발행 2025년 6월 13일

지은이 정동일 · 문영주 · 이다인 · 송승민 · 오소욱 · 공민정 · 김민서
펴낸이 안종만 · 안상준

편 집 탁종민
기획/마케팅 정성혁
표지디자인 BEN STORY
제 작 고철민 · 김원표

펴낸곳 (주) 박영사
서울특별시 금천구 가산디지털2로 53, 210호(가산동, 한라시그마밸리)
등록 1959.3.11. 제300-1959-1호(倫)
전 화 02)733-6771
f a x 02)736-4818
e-mail pys@pybook.co.kr
homepage www.pybook.co.kr
ISBN 979-11-303-2292-6 93320

정 가 23,000원